近世の女性相続と介護

柳谷慶子著

吉川弘文館

目次

第二部　看病・介護をめぐる「家」と家族

序章　相続および介護にみる女性と家族

一　本書の構成と課題

本書は、日本近世における女性と家族の位相を明らかにすることをめざして一九九〇年から執筆・発表してきた論考を、第一部「『家』の相続・運営と女性」、第二部「看病・介護をめぐる『家』と家族」の二部構成で収録するものである。

第一部「『家』の相続・運営と女性」では、主に武家を検討の対象として、「家」の継承ならびに運営において女性がおかれた状況を個別具体的に描き出すことにより、ジェンダーの視座から近世社会の特質を明らかにすることを試みる。一九八〇年代に始まる女性史研究の本格的な取り組みにおいて、近世女性史については、公共領域からの女性排除の具体相を問うことが課題の一つに掲げられてきた。女性が政治・社会の表舞台に登場できなかったのはなぜか。その実情をとらえ、要因を探るための分析視角として、役負担のありかたや、「家」の拘束力、「表」と「奥」の分業などの問題が取り上げられ、成果が積み上げられてきた。本書はそうした分析視角に拠りながら、東北諸藩の実態を検証することにより、上記の課題にアプローチするものである。先行研究の大半は関東以西の析出事例をもって立論されており、対象地域を広げた検討が必要であると考えてのことであるが、東北に生まれ住む者として、地元の女性史を発掘することに固執してきたのも事実である。東北諸藩の史料を女性史の視点から読み解く作業を続けるなかで、いくつかの歴史的事実を掘り起こし、そこからあらたな視座の提示に努めてきた。

第一部の構成および各章の概要は、以下に述べる通りである。なお、それぞれ初出論文の原題および掲載先を括弧内に記しておく。

第一章「近世初頭の女性領主——盛岡藩八戸南部氏清心尼の家相続——」

（原題同、ジョン＝モリス・白川部達夫・高野信治編『近世社会と知行制』思文閣出版、一九九九年）

武家の相続人は男性であることが自明とされてきたが、近世初頭の盛岡藩には女性が家を相続していた例がある。藩主家南部氏の一族である八戸南部氏の歴代当主のなかに、清心尼の名で呼ばれた女性の当主がおり、家系図にはその地位を明確に伝える表記がなされている。清心尼の家相続は地元では周知の歴史であるが、本章では諸種の系譜史料および藩政文書をあらためて読み直すことにより、相続の経緯、領主としての姿、系図の記載上の問題を明らかにし、近世初頭に女性による家相続が生まれ得た要因を探った。

第二章「女性による武家の相続——盛岡藩・仙台藩の事例から——」

（原題同、桜井由幾・菅野則子・長野ひろ子編『ジェンダーで読み解く江戸時代』三省堂、二〇〇一年）

盛岡藩および仙台藩の家臣の家における女性相続について、個々の事例に検討を加え、女性による武家の相続が近世中期まで存続していた事情を追究したものである。あわせて系図作成にみられるジェンダー規制のありかたにも言及した。実は第一章の論考を仕上げた直後に、盛岡藩の家臣団系図のなかで、あらたな女性相続を発見することになった。しかも近世中期の事例であることから、女性相続の存在を過渡期の問題としてとらえるだけでは不十分であることを考えざるを得なかった。そこで仙台藩の家臣家にも分析対象を広げ、一八世紀の半ば頃まで男系男子による相続が貫徹してはおらず、ただし系図編纂にさいしては、女性による相続を可視化させない操作が行われていたことを明らかにした。

第三章「大名および家臣家の女性知行――新庄藩を事例として――」

（「近世大名家の女性知行――新庄藩の場合――」『宮城歴史科学研究』三二号、一九九〇年、および「近世武家女性の知行と相続――新庄藩の場合――」横山昭男教授還暦記念会編『山形地域史の研究』文献出版、一九九〇年、を再構成）

大名家および家臣家の女性知行の実態を、出羽新庄藩戸沢家の事例により検証したものである。女性知行については従来、近世初頭の西南諸藩、および幕府大奥を対象に検討されており、長野ひろ子氏は薩摩藩島津氏を例に、当該期の大名権力の公的役割を反映して創出された、幕藩制的女性知行として、あらたな観点からその存在意義をみている。本章では、長野氏の研究視角に示唆を得て、新庄藩で女性知行が近世後期まで確認されることを明らかにし、また家臣の家では女性を始祖とする家の創設や、女性を介した家の再興、相続がみられることを検証した。なお本章は、独立した二本の論考を一章にまとめたものである。

第四章「大名家の『奥』と改革――仙台藩伊達家を事例として――」

（「仙台藩伊達家の『奥方』――七代重村の時代を中心に――」大口勇次郎編『女の社会史』山川出版社、二〇〇一年）

大名家において当主の家族とこれに仕える奥女中が居住する奥向は、跡継ぎを産み養育して「家」の存続を保証する任務を帯びた場所である。その意味で奥向は、当主と男性家臣が政治・軍事を担う表と並び、「家」の運営を女性たちが分業する領域として位置づけることができる。本章は奥向をこのように女性の性別分業領域とする理解に立って、仙台藩の奥である「奥方」の全体構造、および改革の模様を七代藩主重村の時代を中心に検討するものである。幕府大奥については奥女中の職制を中心に実証研究の蓄積をみているが、大名家の奥向を対象とした研究は、まだ数少ない。本章はそうした研究動向のなかで、奥向についての一事例研究として位置づけられるものである。

第五章「姉家督と女性相続――仙台藩領牡鹿郡根岸村の事例から――」

（「仙台藩領における姉家督慣行――牡鹿郡根岸村の宗門人別帳の分析から――」『石巻の歴史』特別史編、石巻市、一九九二年）

武士の家に着目してきた前章までの論考と異なり、本章は庶民の家の相続慣行として姉家督を取り上げ、女性の位置づけを探った。初生の子供に男女の別なく家を継がせる姉家督は、近代以降の慣行の残存が注目されて、民俗学・社会学・法社会学の分野で研究が蓄積されているが、歴史学の考察はこれまでなされてこなかった。仙台藩領の牡鹿郡根岸村に残る宗門人別帳の分析により、天保年間から明治初年に至る姉家督の相続実態を明らかにし、あわせて中継的な相続役割を越えた女性相続を析出して検討を行った。

第二部「看病・介護をめぐる『家』と家族」は、高齢者や病人など看病・介護を要する人々の生活と生存を支える「家」と家族の役割に関心を向け、さらに地域社会、公権力の関わりかたに言及するものである。日本の社会福祉をめぐる現状は、とりわけ高齢者の生活の保障と介護の問題、ならびにこれと関わる財産相続において、深刻度を増しており、法的・社会的な見地からの論議が高まりをみせている。一方で、現在の状況は過去の時代のどのような問題を引き継ぎ、あるいはいかなる変化を経て生じてきたのか、問題の根源と変容の過程に関心を向ける歴史的な視点も必要とされている。そうした現状認識のもとに、近世史研究においても、高齢者の問題に関心を寄せる研究が始まり、多くの事実が検証され議論がなされているが、私自身の問題意識は、嫁・妻・娘など女性による無償の介護を自明とする現代社会の通念が、歴史的にどのように形成されてきたものか、介護役割をめぐるジェンダー規制の歴史性を追究することに出発している。このような観点から史料と向きあい、考察を重ねることにより、近世社会をとらえ直すことに努めてきた。

第二部の構成および各章の概要は以下の通りである。

第一章「近世の『家』と扶養・介護――『仙台孝義録』の分析から――」

(「近世家族における扶養と介護――『仙台孝義録』の分析から――」渡辺信夫編『近世日本の民衆文化と政治』河出書房新社、一九九二年)

仙台藩の善行者表彰の収録である『仙台孝義録』の分析を通して、高齢者・病人・障害者など、いわゆる社会的弱者の生存を支える「家」および家族の役割に検討を加え、さらに地域による介護、公権力の関わりについて言及したものである。『仙台孝義録』において善行者の表彰は、加齢や病気によって働けなくなった家族を養い、看病・介護を行った行為を称揚する事例が大半を占めていることに注目し、孝行での表彰に焦点を絞って表彰者の家族内での地位、性別、具体的な行為の中身について考察を加えた。

第二章「介護をめぐる教説と教育」

(「近世社会における介護役割と介護思想」『総合女性史研究』一〇号、一九九三年)

第一章の『仙台孝義録』の考察から得られた結果について、幕府が編纂した『官刻孝義録』により再検証を行い、家族介護における男性の役割の大きさに着目して、近世中期以降の教諭書および子女に対する教育の内容からこれを跡づけたものである。近世の善行者表彰において男性の割合が多いのは、当主および跡取りの男子に対して家族の介護が期待されていたことを推測することができる。実際に近世中期以降に登場してくる養老論や家政書においては、家長の役割として、介護の知識を習得し、介護に携わるべきと説き、子女教育においても、男子に対して介護に関わる者としての心得が説かれており、そのことを明らかにした。

第三章「農民家族の扶養・介護と地域社会」

（「日本近世における家族・地域の扶養・介護」岩本由輝・大藤修編『家族と地域社会』早稲田大学出版部、一九九六年）

「家」を取り巻く地域社会が高齢者・病人など要介護の人々の扶養・介護にどのように関わっていたのか、理念と実態の両面から考察し、あわせて公権力による扶助のありかたに言及したものである。地域社会は基本的には、家族による扶助が得られない者を支える役割を担い、実際に地域の相互扶助機能は小さくなかったこと、近世後期には介護の実質負担を避けて金銭で代替しようとする意識が生まれていたこと、公権力による扶助は地域が面倒をみきれないとされた者に対して憐憫を施すものとして行われ、そうした近世社会の公的扶助のありかたが、近代以降の福祉の源流をなすものであることを論じた。

第四章「武家社会の『看病断』について」

（「近世武家社会の『看病断』について」『日本歴史』五七三号、一九九六年）

武士に身内の病気にさいして退勤を認める「看病断」（かんびょうことわり）の制度について、成立過程および適用の範囲や運用の実態を、幕府および諸藩の事例から検討したものである。「看病断」は武士の日記をはじめ、藩政史料にしばしばみえる手続きでありながら、これまで関心が向けられることはなく、制度としての存在は知られてこなかった。盛岡藩の運用の実態を明らかにすることにより、身内の看病・介護にあたって柔軟に適用される制度であったことを検証した。

第五章「武士の病気療養と藩――沼津藩『水野伊織日記』の分析から――」

（「病気療養と武家社会――沼津藩『水野伊織日記』の分析から――」『聖和学園短期大学紀要』三三号、一九九六年）

武士の療養生活の一端を、文久二年（一八六二）に江戸で麻疹が流行したさいの沼津藩の勤番藩士たちの行動から考察したものである。領国の家族のもとを離れて江戸藩邸に勤務していた下級武士は、劣悪な療養環境におかれていたが、そうした環境の改善や医療施策を集団で藩に訴え、藩は救済の施策に迫られていたことを明らかにした。

第六章「高齢者の介護と家族」

（「日本近世の高齢者介護と家族」山中永之佑・竹安栄子・曽根ひろみ・白石玲子編『介護と家族』早稲田大学出版部、二〇〇一年）

近世社会の高齢者介護について、これまでの論証を踏まえ、あらためて「家」と家族の機能に基軸を据えて論じたものである。「家」における看病・介護の実態をとらえるために、上層の武家および庶民の日記により、当主の役割、下男・下女による看病、家の外の者による介護などについて抽出し、検討を加えた。また近世社会における高齢者問題の様相について考察を行った。

なお、本書は、既発表の論考について、重複した叙述や表現の一部を手直ししているが、論旨に変更は加えていない。また各章の注記は執筆した時点での研究史の状況であることを断っておきたい。

二 「家」の相続・運営と女性――第一部の論点と課題――

本節では、第一部『「家」の相続・運営と女性』において取り上げた主だった論点と、これと関わる研究史の現状および課題について述べることにしたい。

戦国の乱世を経て、兵農分離を遂げることにより成立した近世は、武士集団が政治と行政を独占的に司るという身分制に基づく権力支配が貫徹される一方、男性が公共領域を占有するという、男性優位の性差構造が体制化された特異な時代である。女性は社会の表舞台から退けられ、それは政治の領域だけでなく、経済および学問・芸術の分野にまで及び、社会全般の女性排除を包含するものとなっていた。このような近世女性のおかれた状況を、近世の社会構造に規定されたジェンダーのありかたとしてとらえ、その実態を究明しようとする試みが、一九八〇年代以降の女性史研究、およびこれに続くジェンダー史研究において積み上げられている[1]。本書第一部は、こうした研究潮流のなかで「家」の公的領域における女性の位相を個別具体的に追究することをめざしたものである。

武家の相続と女性

将軍をはじめ大名・旗本・御家人など、武家の家督相続者は男性によって占められ、女性は「家」を代表する公的役割からは排除されていた。この要因をどのようにとらえるのかという難問を分析的に追究してきたのは、脇田修氏と長野ひろ子氏である。脇田氏は、近世は武家の軍事体制を基軸に構成された社会であったために、男性に軍役負担が必然化し、女性は軍役を担えない存在として地位を低下させたとする見解を提示している[2]。すなわち、武士は戦闘従事者として軍役を務めるために男性の身分となり、したがって武家の家督は男性に必然化されたとみている。同様の原理は庶民の「家」に及ぶものとなり、夫役徴収の対象が男性に限られたことによって、百姓や町人の人別把握も男性中心となったと論じている。つまり、女性が「家」を相続して家の代表に就いたり、社会的に活動する姿がみられないのは、女性が総体として役負担をできない性別とされたことに要因を求めるのである。

このように脇田氏が役の編成原理に基づいて、役負担の有無から男女のジェンダーをとらえ、女性は無役とする見解を示したのに対して、長野ひろ子氏は、将軍家・大名家など公的な家に限定してではあるが、女性は軍役負担を果たすことはできないが公的・儀礼的な場において役割を担っていたことに着目する。近世初頭の薩摩藩島津氏の女性たちの姿から、島津氏近親の女性たちの人質としての役割や、重臣層クラスの女性の政治的役割を析出し、さらに将軍家・大名家の奥向の女性たちの婚姻や出産を公的・儀礼的役割として位置づけることで、これらを幕藩制国家の支配維持と安定に果たした女性たちの役割としてとらえるものである。(3) 脇田氏の女性無役論に対して、長野氏は女性に男性とは異なる役割があったとする男女の役割分担論を提示したものといえよう。ただし長野氏は、女性が政治的役割を公的儀礼に限定され、政治的な手腕を封じ込められたことに、男女の役割分業の非対称性をみており、さらに家父長の男子にのみ主君への奉公が認められたことをもって、「家父長制的原理」の存在を指摘する。

私は近世の武家相続の原理的な説明として、脇田氏の見解を支持するものであり、一方、上層女性に男性と非対称的な公的役割をみる長野氏の見解についても受け入れるものである。ただし、近世の武家相続においては女性の家督が出現していた。この事実からすれば、武家の家督相続者に女性を徹底して排除する強硬なジェンダー規制が及んでいたものか、時期的な推移や階層性、地域性などを検証してみる余地があるのではないかと考えた。こうして第一章・第二章では盛岡藩・仙台藩の家臣の家を分析対象に据えて、女性による相続の事例を掘り起こし、後家や女子による中継相続が近世中期までみられることから、男系男子を相続人とする家督継承が武家の末端まで貫通したものでなかったことを論じた。さらに、この背景には藩主個人の政治的な意向に加え、家の側にも女性を中継ぎとすることによって、直系の血筋による家の継承を保とうとする相続意識があり、当事者の後家や娘もまた、そうした家の存続に奔走する姿があったことを明らかにした。

女性の当主が出現しえたのであれば、役負担との関係を探ってみなければならない。実際、女性当主が軍役負担に対応できたことを、盛岡藩主の一族家臣であった八戸南部氏の例によって明らかにした。すなわち、当主として大坂冬の陣への出陣を課せられた八戸南部氏清心尼は、総勢三二〇人の軍勢を、重臣を名代に出すことにより、無事に動かしている。これは藩主の容認のもとに採られていた措置であるが、幕府にとっては必要な人馬が確保され、軍団編成が整いさえすれば、あえて一藩の軍団内部の問題に関知することはなかったものと考えられる。近世社会がその後、臨戦体制を解除していく時代を迎え、役負担が当事者の労役奉仕でなくとも代人、代銭による代替行為を認められるものとなっていく動向からすれば、脇田氏が説くように軍役負担のみをもって女性家督が出現しない事由をみることは、再考の余地があるのではないかと考えている。

ただし、本書の論考を執筆した時点では、盛岡藩、仙台藩での検証を事例研究にとどめ、女性家督の存在を近世の権力構造においてどのように位置づけたらよいのか、評価を留保せざるを得なかった。これについて長島淳子氏は、幕藩制下の支配原理が東北の藩権力に貫徹されていない段階であるとする見方を述べ、一八世紀後半以降、系図上は女性の姿が消えていくこととあわせて、「東北地方の藩権力における家父長制原理が一七世紀初頭では未成熟であったものが、一八世紀以降に敷衍・定着が進行していく事実」として受け止め、さらに「幕藩制全体を通貫する特質とは一定程度区分して考察する必要」を指摘している(4)。女性による家相続を東北地方に例外的に残存した事例としてとらえるものであるが、私は現段階では、限られた地域の例外的な現象とすることを結論とするつもりはない。幕府直臣の大名・旗本・御家人の場合は男性を家督とする原則が幕府の一元支配のもとに徹底されたものと考えているが、大名の家臣家や陪臣家レベルでは、家にとって効果的な相続のありかたを選択するという志向性が、近世中期まで地域を限らずに存続していたのではないか、その限りで女性相続は生まれ得たのではないかと推測している。東北諸藩のみならず、広い地域での検証作業を今後の課題としているが、留意すべきは史料考証のさいの視点である。後年の系図編纂の現場では、女性の相続を視覚的に抹消する操作が加えられていることを、本書の論点の一つに掲げた。相続人を男性とする人為的操作をくぐって家相続の実態に迫る視点をもたなければ、事実をとらえることはできないのである。系図・家記類の比較検討が必要なゆえんである。

武家の運営と女性

武家の運営において女性はどのような位置を占めていたのか。この点を明らかかするためには、奥向の分析が不可欠である。一九八〇年以降、将軍家・大名家の奥向について、幕政・藩政を執行する政治権力の側面の一つとしてとらえるという視点により、奥向の全体構造の解明に関心が及ぶようになった。奥向は当主の後継者を生み育成することにより、「家」の存続を担う重要な任務を帯びていたが、奥向の果たしていた公的役割は、それだけではなかった。将軍家や大名家、一族との音信贈答を中心とする交際や、「家」の繁栄を祈る宗教儀礼の執行をはじめとして、家風を支えるために儀礼を過不足なく運営することも、奥向の務めとして位置づけられるものである。このような視座によって、奥向の空間構造、奥女中の職制や出自、奥と表との関わりなどに着目した個別研究が蓄積されてきたが、幕府大奥についての関心の高さに比べ、大名家以下の武家の奥向については事例研究はいまだ数少ない状況にある(5)。第四章はこうした研究史の現状を踏まえて仙台藩伊達家の「奥方」を取り上げたものであり、正妻のいる江戸上屋敷と国元の仙台城の双方の奥方について、空間構造および職制に検討を加え、幕府大奥と異なる伊達家の独自性を見出した。また、天明年間に行われた奥方の改革の検討を通して、奥方と表との関係性を探った。第三章では新庄藩戸沢家の奥向の女性の知行・俸禄の分析により、奥女中の働きと実家との関わりについて言及している。

本書での検討と研究史の現状をあわせて奥向についての論点を整理してみると、以下の点が挙げられる。

第一に、奥向の空間、すなわち建物構造や部屋割と、奥向の機能との関係性についてである。大名家の奥向は、当主の正妻の居所である江戸上屋敷の奥向のほか、隠居や世子の家族の居所である中屋敷、下屋敷など複数の屋敷の奥向があり、国許の居城にも奥向空間が設けられている。第四章では伊達家の「奥方」について、江戸上屋敷と仙台城とを比べてその特徴を探ってみたが、江戸上屋敷の奥方は、一八世紀前期の段階で、江戸城大奥に類似した配置となっているのに対して、国元には異なる空間構造が築かれている。伊達家は将軍家から数度にわたり正室を迎えたことで、江戸屋敷の奥の建物構造に幕府大奥の影響が及んでいたのであり、後述するように奥女中の職制についても大奥と類似するものとなったが、国元の仙台城にはそうした影響は及ばず、奥女中の役列に応じた独自の内部構造がつくられたのである。

なお、本書は空間配置についての検討にとどまっているが、長野ひろ子氏は幕府の大奥空間について、幕藩制下における女性たちの政治的役割が儀礼的側面に限定されていくのと同時に、表からの分離化が進展していったとする重要な指摘をしている(6)。大名家の奥向はそれぞれ一様ではなく、さらに屋敷ごとに千差万別の様相を呈しているが、奥向き空間の成り立ちと変容の過程を表の藩政の推移のなかでとらえなくてはならない。

第二に、奥女中の職制については、空間構造と同様に、家ごと、屋敷ごとの相違があるが、大別すれば、畑尚子氏が指摘するように、幕府大奥の影響が及んだとみられる職制の大きい家と、少ない家との違い、また役方と側方の二系統からなることを特徴として挙げられる(7)。これに加えて伊達家の検討によれば、国元の簡素な職制は兼職を多くすることで維持されるものとなっている。職制の人員配置については財政状況や表の改革との関係性を探ってみる視点も必要であるが、今後の課題となる。

第三章では奥女中を始祖とする家の創設や、奥女中への採用を契機とした男性家族の仕官について触れたが、個々の奥女中を追跡する視点には及んでいない。近年は奥女中の出自や経歴、隠居のシステム、さらには解雇の事情と経緯に関心を向けた研究が大きな成果を生んでおり、なかでも畑尚子氏は、山形藩水野家や尾張徳川家について、丹念な史料考証を重ね、奥女中に待遇改善を求める行動があったとする興味深い事実を見出している(8)。奥向が女性の〝職場〟であることからすれば、奥女中の出世や待遇、これと関わる行動について、さらに事例を蓄積して考察を重ねる必要がある。

第三に、奥向と表との関わりについてである。「奥」は表と分離された空間であるが、伊達家においては奥女中のトップである年寄役が奥空間を出て表に顔を出す機会があったことを述べた。これを七代藩主重村の時代以降のこととして指摘したが、その後、六代藩主宗村の時代に、正妻の利根姫が歳暮の祝儀に際して御守殿から表に出ていた例があることを目にした(『伊達家文書』七、二六五八号)。表と奥の分離化が徹底した後の時代であっても、奥の女性たちに表に出向する役割が求められる場面があったのであり、それは「家」の支配において重要な意味を有していたのではないかと考えている。この点の検証は今後の課題であるが、表の政治領域に女性が直接関わる姿があることを指摘した高野信治氏の研究は示唆的である。高野氏は、地方知行制のもとで当主の妻が知行地の支配に関わる場面がみられたことを明らかにした(9)。佐賀藩の家臣知久氏の例として、知行地の年中行事に夫妻で赴き、家臣(陪臣)と対面し、また年頭の知行地の挨拶を夫不在時に妻が受けていることなどから、当主夫妻やその家族が揃う場が家の支配にとって重要であったと指摘している。地方知行制に特有の姿であるのか否かを含めて、武家の運営に関わる個々の場面において、当主の妻および家族の位置と役割に関心を向けていきたいと考える。

庶民の家相続と姉家督

庶民の「家」の相続と女性との関わりについて、第五章では姉家督を取り上げて考察を加えた。姉家督は相続人の選定にさいして、性別よりも出生順位を重視することを特徴とする相続法であるが、これまで民俗学、農村社会学を中心に、近代以降の相続の実態から発生要因を探る試みがなされている。それらを整理すると、姉が婿を迎えることで早期に労働力を補充することをねらったとする労働力補充説(中川善之助)(10)、徴兵逃れのために婿養子に入れたとする徴兵忌避説（小林三衛）[11]、古代の母系制が残存したものとする母系制残存説（洞富雄）[12]、相続の権利に男女の区別がなかったとする男女平等説（前田卓）[13]などの学説に分けることができる。それらの学説の是非はしばらくおき、相続における女性の位置づけを探るという視点に立って、二つの論点を提示した。

第一に、姉家督は初生の子供が男女の別なく家に残ることから、家の相続権利を男女の双方に認める双系的な相続法としてとらえられるという点である。初生子が女子の場合、女子の血筋で家を繋げる女系相続が実現することになる。他の相続法はすべて男系を貫く志向性をもつのに対して、姉家督は女系の血筋が男系と同等に位置づけられているのであり、この点が、相続慣行としての姉家督の特異性を際立たせている。なお宗門人別帳には初生子が女子であっても、初筆の段階から「嫡子」「嫡女」と記されており、初生の女子の跡継ぎとしての立場は、誕生直後から家内のみならず、地域に周知されていたことを推測できる。姉家督が地域の慣行として展開している一帯は、男系・女系の双方の血筋を認める双系的な相続意識が広がる地域ということになり、その実態にも関心を向けたい。

第二に、姉家督は女性家督を出現させる割合が多いという点である。相続人に男性を欠いて女性が一時的に家督に就く例は珍しくはないが、一般的には養子入りなどによって男性の相続人が確保されれば、女性家督は解消されている。だが、本書の分析では、家内に相応の男性がいても女性がしばらく家督の座を譲らないケースが少なからずあることが明らかとなり、これを姉家督の相続の特徴としてとらえられるのではないかと結論づけた。ただし、本書は史料の残存状況から天保年間以降を分析の対象としており、したがって、こうした相続事情は天保飢饉後に強まった可能性が考えられないではない。飢饉後の人口減少の危機にさいして採られた女性による相続の中継という措置が、家を安定的に継承させる相続法として、その後定着していった可能性が推測できるのである。

姉家督の慣行はどこまでさかのぼることができるのか、慣行の要因、および女性の家督権について、近世史に即して個別研究の蓄積が必要である。

三　看病・介護をめぐる「家」と家族——第二部の論点と課題——

1　高齢者問題と歴史学

本節では、第二部「看病・介護をめぐる『家』と家族」の問題関心ならびに論点について取り上げるが、これに先立って、研究の背景にある現代社会の状況と学会の動向について、触れておきたい。

歴史学では一九八〇年代後半から、〝老い〟をめぐる問題への関心がにわかに広がり、実証的研究の機運が高まった。いうまでもなく、現代日本の高齢化の進行を背景として生まれた研究潮流である(14)。

日本は一九七〇年に六五歳以上の人口比率が七パーセントを超え、いわゆる高齢化社会を迎えたが、それから一五年後の一九八五年、六五歳以上人口は一〇パーセントを超え、国連が「高齢社会」と定める人口比一四パーセントの時代の到来が間近となっていた(15)。折しもこの時期、二一世紀初頭には五人に一人が六五歳以上となる、世界に例をみない超高齢社会が訪れるとする予告がなされたことで、高齢者問題への対応が政府・国民をあげて重大関心事として浮上することになった。

こうしたさなかの一九八四年に刊行された沖藤典子氏の『働きながら親を看る』は、女性の就労率の上昇と、バブル経済の萌芽が見え始めた時代状況のなかで、仕事と親の介護の板ばさみとなって離職を余儀なくされた女性たちの現状を指摘して、大きな反響を呼び起こした。だが、本書が与えた示唆は、それだけではなかった。介護が親の扶養義務と一体化して家族によって担われてきた労働であり、さらには嫁の舅仕えとして、隠されてきた労働であることを明るみにしたことが重要である[16]。実際、日本の高齢者介護は長らく家族による在宅介護として行われてきており、それはまた、長男が扶養の義務を負い、長男の嫁が親の面倒をみることを当然とする社会通念を定着させて維持されてきた。七〇年代に入り、寝たきり高齢者の介護問題が広範囲に顕在化したことにより、特別養護老人ホームをはじめ、入所の高齢者福祉施設の整備が課題となり、在宅介護に軸を据えたそれまでの福祉政策は、施設介護へと流れを変えていく。しかし、七〇年代後半から八〇年代後半にかけて、前述のように急速な高齢化の進行を背景に、在宅福祉の重要性に対する認識が高まり、高齢者福祉は在宅介護サービスを中心とする方向へと再度流れを変える。いわゆるゴールドプランの策定に結果する政府方針のもとで、再び家族の介護力への社会の期待が高まり、介護は家族の役割とする意識を根強くするものとなったのである。このような在宅介護の現状と、その中心に嫁をはじめとして妻、娘などの女性たちが居続けているという問題は、法学、社会学、女性学などの分野において、要検討課題としてあらためて関心を呼ぶこととなった。

一九八七年一一月には比較家族史学会が、「〈老い〉の比較家族史」を共通テーマとする大会を開催した。この大会が、歴史学において高齢者問題への取り組みの機運が高まる契機となったといってよいだろう。時代と社会を基軸に、老人の定義、老人の社会的位置づけと役割、老人観、老人扶養の仕組みなどを追究する研究報告とシンポジウムが行われ、この成果は一九九〇年に『老いの比較家族史』[17]として刊行された。大竹秀男氏による「江戸時代の老人観と老後問題」は、法制史の立場から近世社会の高齢者に対する法制と政策について論じており、近世における高齢者問題の先駆的な業績として位置づけられる。

この時期、新村拓氏は古代の医療官人制度の研究を専門とする傍ら、時代を通底して医療と看病・介護のありかたを問う試みを開始していた。その成果は一九八九年、終末期医療と介護をめぐる歴史を焦点に『死と病と看護の社会史』[18]として刊行され、次いで九一年には現在に至る日本人の老人観と高齢者の看取りの変遷を描いた『老いと看取りの社会史』[19]、九二年にはターミナルケアの史的検討というべき『ホスピスと老人介護の歴史』[20]が上梓されている。[21]一連の新村氏の著作のなかでも、『老いと看取りの社会史』は、高齢者の姿と看取りのありかたを諸種の文献によって丹念に描き出し、多くの示唆に富む業績であり、近世の高齢者をめぐるその後の研究にも大きく寄与するものである。[22]八〇年代後半以降、歴史人口学や民俗学の分野でも、高齢者の位置づけや役割をめぐって、従来の成果の見直しや、あらたな検討が開始され、社会政策史、福祉史においても研究が進展していく。[23]

本書第二部に収めた論考は、以上の研究動向のなかで一九九二年以来発表してきたものである。

2 本書の視点と論点

近世の平均寿命と高齢化率の再検討

近世に高齢社会が生まれ、高齢者問題が発生していたことを明らかに示したのは、近年の人口動態をめぐる研究の大きな成果である。本書の問題関心の前提となる部分であるので、はじめにこの点について研究史を整理しておきたい。

歴史人口学の先行研究では、宗門人別帳の統計学的な処理に基づく分析方法によって、近世の平均寿命は幕末の一九世紀半ばの段階で三〇代後半であったことが指摘されてきた。[24]現代と比べて格段に低い平均寿命の数値は、いうまでもなく、乳幼児死亡率の高さに起因するものであり、幼児期を無事に通過すれば、平均で五〇年以上の余命が期待できた。O寺院の過去帳を分析した須田圭三氏は、一七七〇年から一八七〇年の一世紀の平均死亡年齢が六一歳から六四歳であることを明らかにしたうえで、当時の寿命は七一歳から八〇歳と指摘できるとしている[25]。この数値は、現代の平均寿命とさほど変わりがないことになる。だが、近世人のライフサイクルについての一般的なイメージは、冒頭に挙げたような平均寿命の数値によって、老いの時代を生きること、老いを養うことに対して、長らく関心を生まれにくくしてきたのはたしかであろう。

こうした平均寿命についての認識を再考する観点を提示したのが、太田素子氏である[26]。太田氏によれば、近世の平均寿命は自然的・社会的な生活条件に直接的な影響を受けやすく、すなわち身分や階層、地域、そして男女の性差が寿命に差を生じさせており、全体的に庶民より武士、農村より都市民、女性より男性の寿命が高かったとしている。その上で、近世を通じてこうした寿命の差が縮小する傾向に向かったこと、つまり近世の寿命の延長は全体的な年限の延長というより、広範な人々に長寿への可能性が拡大したところに特徴を見出せると指摘する[27]。

平均寿命へのあらたな着目とともに、高齢化率をめぐる検証作業も進展し、その要因を探る試みがなされてきた。従来、近世の高齢者の人口比率については、六五歳以上人口が概ね五パーセント前後で推移したとする平均値が強調され、近世に高齢化社会を想定する見方は定着してこなかった。これに対して近年の研究成果は、地域や時代によっては現在の高齢社会に匹敵する人口構造が生まれていたことを明らかにしている。速水融氏はすでに一九七三年、信濃国諏訪郡で五つの時期に区分して年齢別構成を考察し、六一歳以上の構成比が一八一一年から一八四〇年の時期に、男女とも一〇パーセントを超えている地域が少なくないこと、なかには一七パーセントを超える地区があることを検証し、この時期の人口構成の老齢化を指摘していた[28]。松本純子氏は、奥州守山藩領の上行合村の宗門人別帳の分析により、六〇歳以上の人口比率が一八世紀半ば以降、幕末まで一貫して一〇パーセントを超え、一七七四年には六五歳以上の人口比率が九・六パーセント、六〇才以上では一八・二パーセントに達していたこと、隣藩の二本松藩下守屋村でも一八世紀前期から一九世紀初頭を通じて六〇歳以上が一五パーセントから二〇パーセント、六五歳以上も一〇パーセントから一五パーセントの高比率であったことを検証している[29]。桜井由幾氏による山城国相楽郡西法花野村の分析でも、一八世紀後半を通じて六〇歳以上人口は一〇～一五パーセントに達している[30]。

こうした高齢化の背景について、松本氏は、間引きや堕胎などの人為的な産児制限による少子化の進行と、村外への労働力の流出をみている。高齢化は実際、平均寿命の延長によってのみ起きる現象ではない。出生率と死亡率の比率、人口移動などの諸要因から生じる相対的な人口構成上の問題であり、現代日本は死亡率が下がる一方で、出生率も下がるという、少産少死の社会となったことが、高齢者比率を上げているのである。近世は現代に比べれば、多産多死の社会であり、前述のように、長寿が広範な身分・階層に拡大する一方、生産性の低い地域では、労働力の村外移動や生産力に合わせた人為的な産児制限が行われ、その結果、高齢化率が著しく上昇する地域や時代が現れることになったのである。松本氏は一世紀以上にわたる人口動態のデータを、とくに子ども数と老人数の割合の変化に着目して考察することで、高齢化の現象のみならず、家族と地域の老人扶養の機能低下を問題として発見している。近世において高齢化は地域や時期によって、差異や変動があったのは間違いないことであり、そうした状況の発生要因や、高齢化に対する地域の施策の有無についての検討を必要としている。

「家」による扶養と看病・介護の態勢

加齢により働けなくなり、あるいは病気や障害を患って自活できない状態になれば、「家」において家族の扶養と看病・介護によって生きることになる。治療や療養のための入所施設の設置をみなかった近世社会では[31]、家は家族の生存の拠りどころであったのであり、家のもつ扶助機能は現代的な観点からみれば、福祉役割としてとらえられる。平均寿命の延長と高齢化の進行は、家と家族にどのような影響を及ぼしていたのだろうか。こうした関心から私は、扶養・介護の担い手としての家族の役割に着目し、「孝義録」によって考察を行うことになった[32]が、その後、地域の「孝義録」や『官刻孝義録』に拠りながら高齢者扶養の問題を考える試みが蓄積されてきている[33]。

近世の「家」と家族による看病・介護の特徴として、私は以下の三点を提示した。

第一に、看病・介護の責務は当主が負うものとされていた点である。現代日本の高齢者介護が家族の女性、なかでも長男の嫁の役割とされ、これを当然視する風潮が根強いことと比べて、大きく異なっている。当主による看病・介護は近世の「家」制度に発するものであり、家を統括する家長としての責任の範疇に、病気や加齢や障害者となった家族の生活と生存を支える役割があることを、第二章において論じた。

第二に、当主に看病・介護の責務があることは、近世に特有のジェンダーを浮き彫りにする。当主、およびその予備軍としての跡とりの男性を主体とする介護態勢のなかで、家族の女性はその担い手の一員ではあるが、責任を負う存在とはされていなかった。男子を対象とする教訓書には介護に備えた知識が説かれているのに対して、女子の教育では具体的な知識を授与する方針はみえず、また介護を伴う善行者表彰においては男性の表彰が圧倒的な数を占めている。この点について第一章、第二章、第五章において論証している。近世社会を現代の投影によって推測したり、女性の姿のみを追って史料を読み解くのでは、見えてこない事実である。

それでは、家族の看病・介護役割において、女性が主体者に位置づけられなかった要因は何か。前述したように、近世社会は看病・介護を「家」の機能・役割の一つとして、家を統括する家長の責任領域に割り当て、女性を男性家長の指示にしたがって動く立場においていたことが挙げられるが、さらに、女性を責任のある領域を担えない存在とみるこの時代の性差別観念に基づくものでもあった。したがって、介護をもっぱら女性の役割とする現代社会の風潮は、近世の「家」にその根源があるのではなく、近代の所産としてとらえられるものであって、近代社会では女性を「主婦」役割においてその能力を評価し、その限りにおいて男性と対等の能力を有するとみる性別観念が成立していたことをみておくべきだろう。

なお、新村拓氏は、中世以来の仏教の看取りの教えのなかに、肉親、なかでも妻と子による看取りを「愛執を引き起こす端」として忌避する観念があり、この影響が近世に及んで女性による看病、異性による看病を好ましくないとする著作が現れたことを指摘している(34)。日記類の看病をめぐる記述や、「孝義録」の表彰記録のなかには、女性による介護を忌避している様子をうかがうことはできないが、特定の身分や階層によるものであるのか、検証を要する問題である。

また、これまで家族による看病・介護の実態を検討する材料として、主に男性を書き手とする日記を用いてきたが、浅野美和子氏は、夫の看病を行った神戸氏妻もとの記録の分析により、興味深い事実を抽出している(35)。医者の手配や臨終の場面における作法など、夫の最期を看取ったもとの姿は、男性当主と同様の主体性を備え、知的で人間性豊かな看病のありようを示している。女性の日記類から看病・介護の実態を探る作業は始まったばかりである。史料の発掘を進め検討を重ねたい。

第三に挙げられるのは、家における看病・介護が家族を担い手とするものばかりではなかったことである。武士・庶民ともに上層の家では介護が下男・下女の奉公人の労働とされたり、介護に専従する要員が外からあらたに雇われることがあった。第六章において触れたように、経営状態や家族構成、あるいは階層性と関わっているが、介護のありかたの社会的変化としてとらえられよう。

扶養・介護と養子の導入

「家」による看病・介護のありかたとして、養子の役割にも関心を向けたい。これまで養子の擁立については、家業の継承や「家」の永続のために迎える婿養子が着目されてきたが、日常の暮らしのなかでは、老後の扶養や介護の問題とも密接に関わっている。

各地の宗門人別帳には、高齢者世帯の夫婦養子や養子の存在が少なからず見出される。第三章では、村の鰥寡孤独者に対して養子の擁立が図られた例を挙げ、村が家産のある者には養子を入れて扶養と介護を担わせる施策を採ったものと指摘した。この事例は、地域メンバーの扶養と介護に責任をもたされた村の側の取り組みの一つとして位置づけられるものである。川鍋定男氏は、養親から養子への家督の譲り渡しが、老後の扶養や介護と引き替えに委託されたとする例を紹介し、そうした養子のありかたに注目している(36)。小椋喜一郎氏も天保四年（一八三三）「飛騨国高山一之町村宗門人別帳」などの分析から、『老い』のための養子を迎える慣例」の存在を想定している(37)。興味深い指摘である。これらの事例ないし指摘が示すように、養子縁組は、地域社会における高齢化の進行の度合いや、扶養・介護をめぐる養親子の関係、家内での養子の働きという観点からもとらえられなくてはならない。

武家の「看病断」制度

武家社会には身内の看病・介護のために勤務を退いたり休むことを認める「看病断」が制度化されていた。一七世紀後半から一八世紀半ばにかけての時期に整備され、実質的な運用をみていたことを、第二部第三章で明らかにした。現在まで、幕府をはじめ、弘前藩、八戸藩、盛岡藩、秋田藩、仙台藩、米沢藩、安房勝山藩、新発田藩、小田原藩、松代藩、高崎藩、挙母藩、沼津藩、徳島藩、久留米藩でこの制度を確認しているが、さらに多くの藩の事例を分析して運用の実態を掘り下げてみたい。

家長である武士が家族をはじめ身内の看病に付き添うことを重要とし、その責務を果たそうとする姿を指摘してきたが、「看病断」が制度化された背景にある武士の家族意識や、命をめぐる道徳意識、さらには同時期に確立する服忌令との関連性など、時代の全体の動きのなかでの位置づけを必要としている。

扶養・介護と相続

現代は新民法のもとで、親の扶養を財産相続と同様に子どもたちの均等の義務としている。だが、実態として同居していない子による扶養はなおざりとなり、扶養と相続とが分離して、非相続者である嫁に介護が集中していることが、介護問題を深刻化させる要因の一つとなっている。それでは、近世において扶養・介護と相続はどのような関係にあったのだろうか。これまでみている限りでは、両者は基本的に密接な関係にあり、当主および跡取りは家産の相続権者であることによって、扶養と介護に責任を負っていたものと考えられる。親の扶養と介護を放棄した者が、家産の相続からはずれていた例が少なからず確認され、たとえば、元禄一二年（一六九九）に遠州砂川村で、母と娘を残して単独で江戸に出奔した農民が、村の名主に対し、親の資産の相続を放棄して妹に家屋敷と田畑を譲る代わりに、養子に母の扶養を頼みたいとする一札を出している例がある。家に代わって村が相続の手配をしていることからすれば、扶養の放棄は相続の放棄であることが、社会通念として定着していたことがうかがわれる。跡取り以外の家族や親族が、一時的ではあれ親の扶養に関わることによって、家の財産を分け与えられている例もあり、一定の家産のある家では、扶養と財産分けに明確な対応があったことが考えられる(38)。

一方、高木侃氏は、親が隠居・家督相続にさいして、子供と老後の扶養規定を盛り込んだ親子契約を交わす慣行があったことを検証し、ここに親の側の自助努力をみる興味深い観点を提示している。[39]

近世後期になると、介護負担と相続をめぐるあらたな動向が生まれており、財産相続を放棄した者が、老親の養米を仕送りすることを条件に介護を親類と村に委ねた例が、森安彦氏により紹介されている。[40]菅野則子氏が指摘するように、家族による介護を当然とする観念に揺らぎが生じていたことを看取できるのであるが、後述するように、家族を取り巻く族縁・地縁の扶助システムならびに公的扶助の動向とあわせて、この時期の変容の全体をとらえることが課題となる。[41]

族縁ならびに地縁による扶養・介護

第二部は家と家族による扶養介護に考察の主軸をおいているが、親族ならびに地域社会の役割にも関心を向けるものである。大竹秀男氏は高齢者の扶養原理として、「孝」原理、族縁原理、地縁原理の三段階の私的扶養を提示している。[42]このうち地縁原理についていえば、実際に家族を失い、あるいは家族に介護力のない者について、地域が家族の延長の意識で扶助を行うべきことを幕府や藩は繰り返し通達しており、そうした村や隣人による相互扶助の姿は近世の史料のなかに見出される。

一方、親族間の相互扶助については、「孝義録」や庶民・武士の日記、武士の看病断の申請状況などによって明らかにすることができるが、検証作業はいまだ十分ではない。秋田藩の上級家臣である黒澤家の日記によれば、冠婚葬祭の日ごろの付き合いの延長上に、当主や跡とりによる頻繁な病人の見舞いが行われており、そのうえで、依頼があれば夜詰めの看病・介護に通うという親族交際がみられる。[43]親族ネットワークの全体のなかで介護の支援がどのように発揮されているかが興味深い問題である。

もう一つ、寺院のもつ扶助役割にも関心を向けたい。第二章において甲府の寺院の事例を紹介したが、現在まで断片的な史料でその機能を垣間見ている程度にすぎない。飢饉の発生にさいして寺院が飢人に施行を行うなどの実態があったことは指摘されていることであるが[44]、緊急時と平時を含めて近世の寺院のホスピタリティ機能がどのように働いていたものか、関心は尽きない。

公的扶助の展開

「家」や地域による、いわゆる私的な扶養を超えた、公権力による救済が近世において生まれていた。こうした近世社会の公的扶助の展開と、その質の変化に関心を寄せる研究が増えてきた[45]。だが、近世社会のシステムとしてどのように評価するかについては見解が分かれている。

江戸には周知のように小石川養生所の開設があった[46]。小椋喜一郎氏は、二本松藩で寛政四年（一七九二）、城下に「生育掛り」の支配のもとに、孤独な老人や身寄りのない幼児・子供・病人を収容する御助け小屋の設置があった動向などを検証しながら、江戸だけでなく、地方の藩でも公的救済が「もはや行うべき政策として、民衆からとらえられていた」可能性を提示し、さらに「近世は相互扶助の世界であるとする現代の誤解は解く必要があるのではなかろうか」として、公的救済制度の展開を近世の到達点として高く評価している[47]。

私は近世の公的扶助について、家や地域の機能が限界に達した局面において幕府や藩の恩恵として施されたことに、この時代の特徴をみるものである。ただし、近世の権力が相互扶助の叶わない状況があることを認識するに至ったこと、また庶民の側に公的救済の要求を当然とする認識が生じていたとする指摘は重要であると考えている[48]。

さらに、近世後期から幕末にかけて、公的救済に現象してくる変化についての指摘も注目される。菅野則子氏は、慶応三年（一八六七）に長崎代官所で「幼院又は老院」設置の提案があったことを取り上げ、権力側の認識として、扶持米を支給しても介抱すべき者がいなければ根本的な解決にならないと述べられていたことを紹介し、ここに「老養貧人」の救済を家族の枠組みに固執せずに見直そうとする姿勢を見出している。従来の公的扶養と地域的・私的扶養での解決をみなくなった現実の生活の変化と、人々の意識の変化が不可分に結びついたものとし、それはすなわち、経済的負担と実質の介抱を分離しようとする「養育の観念の深化」としてとらえられるとしている。(49)公権力が家や地域に代わって看病・介護の実質負担を引き受けようとするものであり、いわば私的扶養の実質を公的救済に吸い上げようとする新たな動きといえよう。

私的扶養と公的扶養のそれぞれの質と、両者の関係性、およびその変容をとらえることが、検討されるべき重要課題の一つであり、この作業を通して、現代の高齢者介護をめぐる国家と社会の問題性が歴史的に見極められるものと考えているが、本書の研究はその途上の段階にある。

注

（1）この間の女性史研究およびジェンダー史研究の全体的な動向については、大口勇次郎『女性のいる近世』（勁草書房、一九九五年）、長野ひろ子『日本近世ジェンダー論』（吉川弘文館、二〇〇三年）、長島淳子『幕藩制社会のジェンダー構造』（校倉書房、二〇〇六年）に詳しい。

（2）脇田修「幕藩体制と女性」（女性史総合研究会編『日本女性史　第三巻　近世』東京大学出版会、一九八二年）。

（3）長野ひろ子「幕藩制成立期の家と女性知行」（津田秀夫編『近世国家と明治維新』三省堂、一九八九年、のち、長野前掲書『日本近世ジェンダー論』所収）。同「幕藩制国家の政治構造と女性」（近世女性史研究会編『江戸時代の女性たち』吉川弘文館、一九九〇年、のち、長野前掲書『日本近世ジェンダー論』所収）。

（4）長島淳子前掲書『幕藩制社会のジェンダー構造』三五一～三五四頁。

（5）　奥向を分析した主な研究には、松尾美恵子「江戸幕府女中分限帳について」（『学習院女子短大紀要』三〇号、一九九二年、のち総合女性史研究会編『日本女性史論集　第二巻　政治と女性』吉川弘文館、一九九七年、に収載）、長野ひろ子前掲「幕藩制国家の政治構造と女性」、同「幕末維新期の奥女中―一橋徳川家の場合―」（『茨城県史研究』八六号、二〇〇〇年。のち、長野前掲書『日本近世ジェンダー論』所収）、アン＝ウオルソール「大奥―政治とジェンダーの比較史的考察―」（桜井由幾・菅野則子・長野ひろ子編『ジェンダーで読み解く江戸時代』三省堂、二〇〇一年）、畑尚子「奥女中奉公について」（『東京都江戸東京博物館研究報告』第三号、一九九八年）、同『江戸奥女中物語』（講談社現代新書、二〇〇一年）、同「将軍代替りにおける大奥女中の人事異動」（『国史学』一八三号、二〇〇四年）、同「尾張徳川家の奥女中」（『徳川林政史研究所研究紀要』四〇号、二〇〇六年）、江後迪子『隠居大名の江戸暮らし』（吉川弘文館、一九九九年）、松崎瑠美「天下統一・幕藩制確立期における武家女性の役割―仙台藩伊達家を事例として―」（『国史談話会雑誌』四五号、二〇〇四年）、同「近世武家社会のジェンダーシステムと女性の役割―近世中期の仙台藩伊達家を事例として―」（『歴史』一〇三輯、二〇〇四年）、福田千鶴「近世中期における彦根井伊家の奥向」（彦根城博物館叢書6『武家の生活と教養』二〇〇五年）、氷室史子「大名藩邸における御守殿の構造と機能―綱吉養女松姫を中心に―」（『お茶の水史学』四九号、二〇〇五年）、などがある。

（6）　長野ひろ子前掲書『日本近世ジェンダー論』。

（7）　畑尚子前掲書『江戸奥女中物語』。

（8）　畑尚子前掲「将軍代替りにおける大奥女中の人事異動」。

（9）　高野信治『近世大名家臣団と領主制』（吉川弘文館、一九九七年）。同「給人多久氏夫妻と知行地入部―武家の妻と主従制・領主制―」（秀村選三編『西南地域史研究』一一、文献出版、一九九七年）。

（10）　中川善之助・塩田定一「姉家督相続」（『家族制度全集』史論篇Ⅴ、河出書房、一九三八年）。

（11）　小林三衛「初生女子相続の一考察」（『法社会学』六号、有斐閣、一九五五年）。

（12）　洞富雄『日本母権制社会の成立』（早稲田大学生協出版会、一九五九年）。

（13）　前田卓『姉家督』（関西大学出版部、一九七六年）。同『女が家を継ぐとき』（関西大学出版部、一九九二年）。

（14）　医学史・医療史の分野ではすでに研究の蓄積がみられた。立川昭二『近世病草紙―江戸時代の病気と医療―』（平凡社、一九七六年）、同『日本人の病歴』（中公新書、一九七六年）など。その後現在に至る立川氏の著作には『この生　この死―江戸人の死生観―』（筑摩書房、一九八九年）、同『江戸　老いの文化』（筑摩書房、一九九六年）、同『江戸病草紙』（筑摩書房、一九九八年）などがある。また樺山紘一「養生論の文化」（林屋辰三郎編『化政文化の研究』岩波書店、一九七六年）は、通俗的医学の啓蒙書というべき養生論が乳幼児、妊産婦とともに老人を重要なテーマとしていたことを指摘している。布川清司『近世民衆の家族教育』では、家において、幼児のしつけ、倫理教育、女子教育、家業教育、病気治療、など幅広い教育の実態を明らかにしている。

(15) 実際に一四パーセントを超えたのは一九九四年である。

(16) 七〇年代にも有吉佐和子『恍惚の人』がベストセラーとなっていたが、舅である老人を主体に描いており、嫁の介護については背後の描写となっている。

(17) 利谷信義・大藤修・清水浩明編『老いの比較家族史』（三省堂、一九九〇年）。

(18) 新村拓『死と病と看護の社会史』（法政大学出版局、一九八九年）。

(19) 新村拓『老いと看取りの社会史』（法政大学出版局、一九九一年）。

(20) 新村拓『ホスピスと老人介護の歴史』（法政大学出版局、一九九二年）。

(21) なお、これより以前、新村氏は一九八三年『古代医療官人制の研究』、一九八五年『日本医療社会史の研究』を発表している。

(22) 新村拓氏のその後の業績として、「看護人の系譜」（『歴史の中の病と医学』思文閣出版、一九九七年）、『医療化社会の文化誌』（法政大学出版局、一九九八年）、「文化としての老人介護」（青木保ほか編『近代日本文化論』第一一巻、岩波書店、一九九九年、「看取りの文化の再創造をめざして」（『月刊総合ケア』第一〇巻一号、二〇〇〇年）、「歴史における老いと痴呆と介護」（『歴史評論』六〇八号、二〇〇〇年）、などがある。

(23) 社会福祉の視点からの業績として池田敬正『日本社会福祉史』（法律文化社、一九八六年）、吉田久一『日本社会事業の歴史　全訂版』（勁草書房、一九九四年）、高島進『社会福祉の歴史―慈善事業・救貧法から現代まで―』（ミネルヴァ書房、一九九五年）、などがある。

(24) 鬼頭宏『日本二千年の人口史』（PHP研究所、一九八三年）一三一～一五二頁。

(25) 須田圭三『飛騨O寺院過去帳の研究』（医療法人生仁会須田病院、一九七三年）九六頁。

(26) 「老年期の誕生―一九世紀前期農村の『楽隠居』を手がかりに―」（『叢書〈産む・育てる・教える―匿名の教育史〉3―老いと「生い」隔離と再生』藤原書店、一九九二年）。

(27) ただし太田氏が指摘するように、平均寿命は近世を通じて緩やかに延びていった背景に、飢饉をはじめとする自然災害で死亡率が高まる停滞時期があり、時期的な変動が大きかった。したがって、変動期とこれを越えて寿命が回復し延びていく時代をとらえ、そこに個々の家や地域の対応を探る作業が今後の課題となる。

(28) 速水融『近世農村の歴史人口学的研究』(東洋経済新報社、一九七三年)一一一頁。

(29) 松本純子「近世の子供と老人の扶養」(『歴史』八八輯、一九九七年)。

(30) 桜井由幾「近世農民家族における老人の地位」(『歴史評論』五六五号、一九九七年)。都市部の高齢化の現象を分析したものとして、菅原憲二「老人と子供」(『岩波講座　日本通史　近世三』岩波書店、一九九四年)では京都の菊屋町の文久元年の年齢別構成において、六一歳以上が一三・五パーセントに達していることを示している。

(31) 唯一の存在として、享保七年(一七二二)小石川伝通院前に設置された「養生所」は「極貧之病人」「独身ニて看病人も無之」「妻子有之候得共不残相煩、養生不成者」を対象としている。

(32) 「孝義録」は領主表彰の集録であり、民衆教化に用いられた役割からすれば、為政者の意図に沿って潤色されたりパターン化された部分があることを承知しておく必要がある。だが、庶民の暮らしの一端をうかがうことは可能であり、歴史の表面に登場しない、地域社会に生きた庶民、なかでも女性の日常を考察する史料として関心が寄せられてきた。なかでも幕府が編纂、刊行した『官刻孝義録』は、従来の研究では、民衆に模範とする善行を示すことで風俗の向上をめざしたものとする編纂意図が指摘される一方、その豊富な事例から、民衆の救貧の具体相や、家族のなかでの女性の役割やその変化の様相をとらえる史料として分析されてきた。一方、表彰徳目である孝行をはじめとする道徳規範の具体的な中身として、家族や親族を養い、さらに看病や介護を施したことを称揚されている事例が多く、その具体的な中身が子細に記されている点も注目される。近世において善行として期待されていた行為のなかに、家族を養い、介抱する行為が重要な位置を占めていたことがうかがわれ、また表彰の記録自体が、家族による看病・介護の行為とはどのようなものかを子細に説く、教化マニュアル的な体裁となっている。

(33) 菅野則子「幕藩権力と女性―『官刻孝義録』の分析から―」(同『村と改革』三省堂、一九九二年)においては『官刻孝義録』を用いて女性と家との関係を論じているが、介護の姿を検証する視点はここではみられない。その後菅野の介護に関わる論考として、「養生と介護」(『日本の近世　第十五巻　女性の近世』、中央公論社、一九九三年)、「十七・十八世紀の『孝』について―『官刻孝義録』にみる―」(『帝京史学』一二号、一九九七年)、「江戸時代庶民の養育」(奥山恭子・田中真砂子・義江明子編『扶養と相続』

早稲田大学出版部、一九九八年）『江戸時代の孝行者―「孝義録」の世界―』（吉川弘文館、一九九九年）、「『老』を捉える女と男の意識差」（桜井由幾・菅野則子・長野ひろ子編『ジェンダーで読み解く江戸時代』三省堂、二〇〇一年）、がある。また、鈴木理恵「江戸時代の民衆教化―『官刻孝義録』による孝行の状況分析―」（『長崎大学教育学部　社会科学論叢』六五号、二〇〇四年）、同「江戸時代における孝行の具体相―『官刻孝義録』の分析―」（『長崎大学教育学部　社会科学論叢』六六号、二〇〇五年）は、孝行についての記述を抽出して扶養と介護の具体相を丁寧に分析している。

(34)　新村前掲書『医療化社会の文化誌』三〇五頁。

(35)　「神戸氏もと　夫看病の記（仮題）」（『江戸期おんな考』第十五号、桂文庫、二〇〇四年）。

(36)　川鍋定男「江戸時代、隠居・老人の扶養と村・地域社会」（神奈川大学日本経済史研究会編『日本地域社会の歴史と民俗』創生社、二〇〇三年）。

(37)　小椋喜一郎「日本近世における『老い』の諸相」（『歴史評論』六〇八号、二〇〇〇年）。

(38)　拙稿「近世社会の高齢者扶養と家族・地域」（『歴博』九一、国立歴史民俗博物館、一九九八年）。

(39)　高木侃「江戸の親子契約―老親扶養をめぐって―」（『月刊百科』四〇六号、一九九六年）。

(40)　森安彦『古文書が語る近世人の一生』（平凡社、一九九四年）一六六頁。

(41)　菅野則子前掲、「江戸時代庶民の養育」。

(42)　大竹秀男「江戸時代の老人観と老後問題」（前掲利谷信義・大藤修・清水浩明編『老いの比較家族史』）。

(43)　総合女性史研究会二〇〇五年度大会報告、柳谷慶子「近世の家族と看病・介護」（二〇〇六年三月一八日　中央大学経済学部）。

(44)　菊池勇夫『飢饉の社会史』第三章（校倉書房、一九九四年）。

(45)　小椋喜一郎「近世会津藩にみる公的救済の思想とその実態」『東京ＹＭＣＡ国際福祉専門学校研究紀要』創刊号、一九九七年）。

(46)　南和男氏は、江戸市中は村と違い相互扶助が行われなかったことが公的救済の前提にあることをみている。南和男『江戸の社会構造』（塙書房、一九六九年）三四〇頁。

(47)　小椋喜一郎、前掲「日本近世における『老い』の諸相」。

(48)　菅野則子前掲「江戸時代庶民の養育」。

(49)　同前。

第一部　「家」の相続・運営と女性

第一章　近世初頭の女性領主
――盛岡藩八戸南部氏清心尼の家相続――

はじめに

奥州盛岡藩主南部氏の一族で、領内の八戸一帯を知行していた八戸南部氏の歴代当主のなかに、清心尼という女性がいる。慶長一九年（一六一四）夫直政の急逝により、その遺跡を継いで八戸南部氏を相続し、系譜上に家督としての地位が明記されている。

近世の武家女性の地位や役割については、これまで主に後家や家督の母としての立場に着目した検討がなされてきた。一九八〇年代以降の女性史を中心とする研究動向では、「家」の存続に貢献した女性に家産の一部が分与されたり、「表」に対する「奥」の家臣団として奥女中に俸禄が支給されていたことなどが明らかにされてきた(1)。これに対して清心尼は、名実ともに家のトップの座に就いていたのであり、領主として所領を統括する立場にあった(2)。本章では、清心尼がどのような事情から八戸南部氏を継承することになったのか、相続の経緯と背景とを考察することによって、近世初頭に女性が「家」の相続者として登場し得た歴史的な要因を追究してみる。

一　八戸南部氏の系譜と清心尼

八戸南部氏は所伝によると、図1で示したように、甲斐源氏加賀美次郎遠光の三男光行から始まる南部氏の庶流であり、光行の三男実長を始祖とする家柄とされている。(3)四代師行が元弘三年（一三三三）に陸奥守北畠顕家に従って奥州に下り、糠部郡八戸に根城を築いて以降、北奥支配の基盤を確立し、八代政光の一四世紀末頃に、甲斐国巨摩郡南部郷の本領を去って八戸に土着したとみられている。(4)以来、八戸氏を称し、八戸南部氏、根城南部氏とも呼ばれるこ

図1　八戸南部氏系図

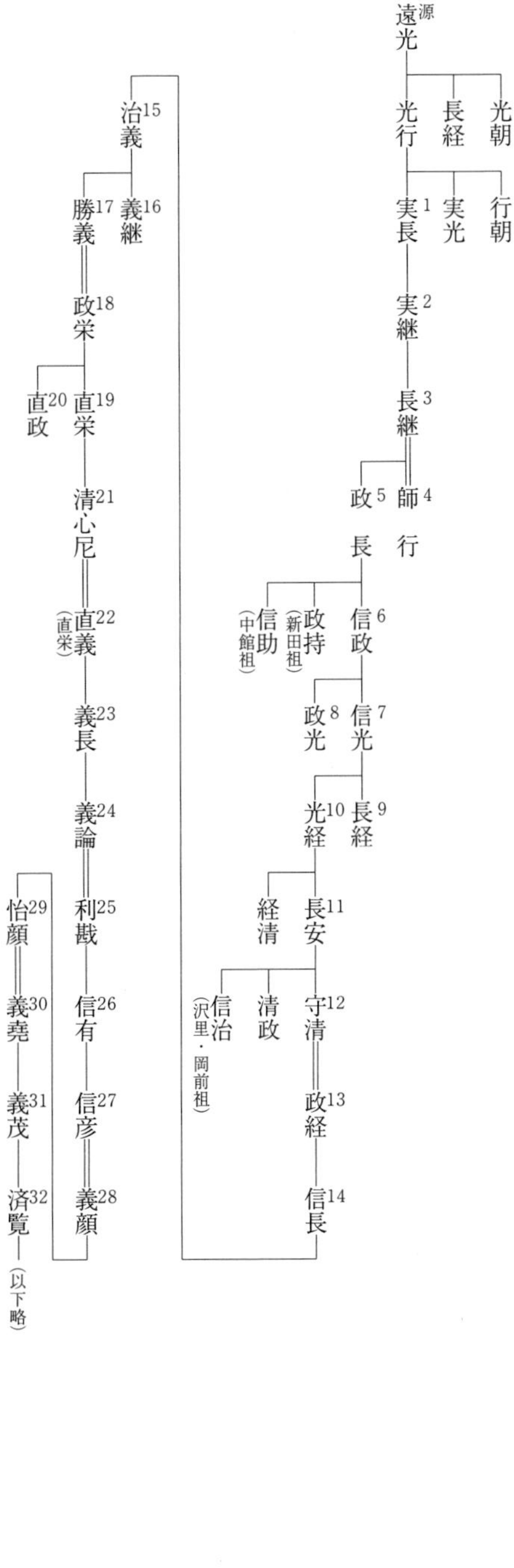

とになる。天正一八年（一五九〇）、一族の三戸南部氏信直は豊臣秀吉から領知安堵の朱印状を得て北奥における大名領主権を認知されたが、八戸南部氏は独立権を認められず、三戸南部氏の従属下におかれることになった。南部氏一族の宗家となった三戸南部氏の信直の子、利直は、慶長五年（一六〇〇）徳川家康から本領を安堵されて盛岡藩一〇万石を立藩する。八戸南部氏は引き続き八戸根城の城主として領内の一万五〇〇〇石を知行することになるが、寛永四年（一六二七）二二代直義のときに、領内の遠野への移封を命じられ、明治維新に至った。遠野への移封に伴い、八戸南部氏は遠野南部氏と呼ばれることになるが、本章では煩雑さを避けるために、遠野時代を合わせて八戸南部氏と称して行論を進めてゆくことにしたい。

さて、八戸南部氏の系譜のなかに、一七世紀初頭の二一代目の当主として、「直政後室」あるいは「後室」と記されている人物がいる。「後室」という言いかたは、二〇代当主三五郎直政の後家としての立場によるもので、俗名を祢々、またはめご（女古、女子）と称し、一般には剃髪後に呼ばれた清心尼という敬称で知られる女性である。(5) 清心尼は八戸南部氏の血脈のなかでどのような位置にあったのか、前後の時代の相続を概観しながら確認しておこう。

図2は八戸南部氏一二代守清から二六代信有までの相続を中心に、宗家の三戸南部氏（後の盛岡藩主）、および八戸南部氏の庶子家の一つであった新田氏との通婚関係を合わせて示したものである。新田氏は八戸南部氏の六代信政の時に、信政の弟の政持を始祖として分かれた家であるが、当主家との間で頻繁に養子や女子を交換して互いに相続を支え合う関係を築いていた。そうした点で新田氏は、八戸南部氏の権力構造において、当主家と並び八戸南部氏の血筋を維持する、準当主家の地位にあった家柄とみてよい。清心尼の前後の時代の一三代政経、一八代政栄、二二代直義の三人の当主はいずれも、新田氏から入った婿養子である。清心尼の時代には当主家に男子がいない場合、女子に新田氏から養子を配して家督とする慣例ができあがっていたことになる。

図2　三戸南部氏と八戸南部氏の婚姻関係

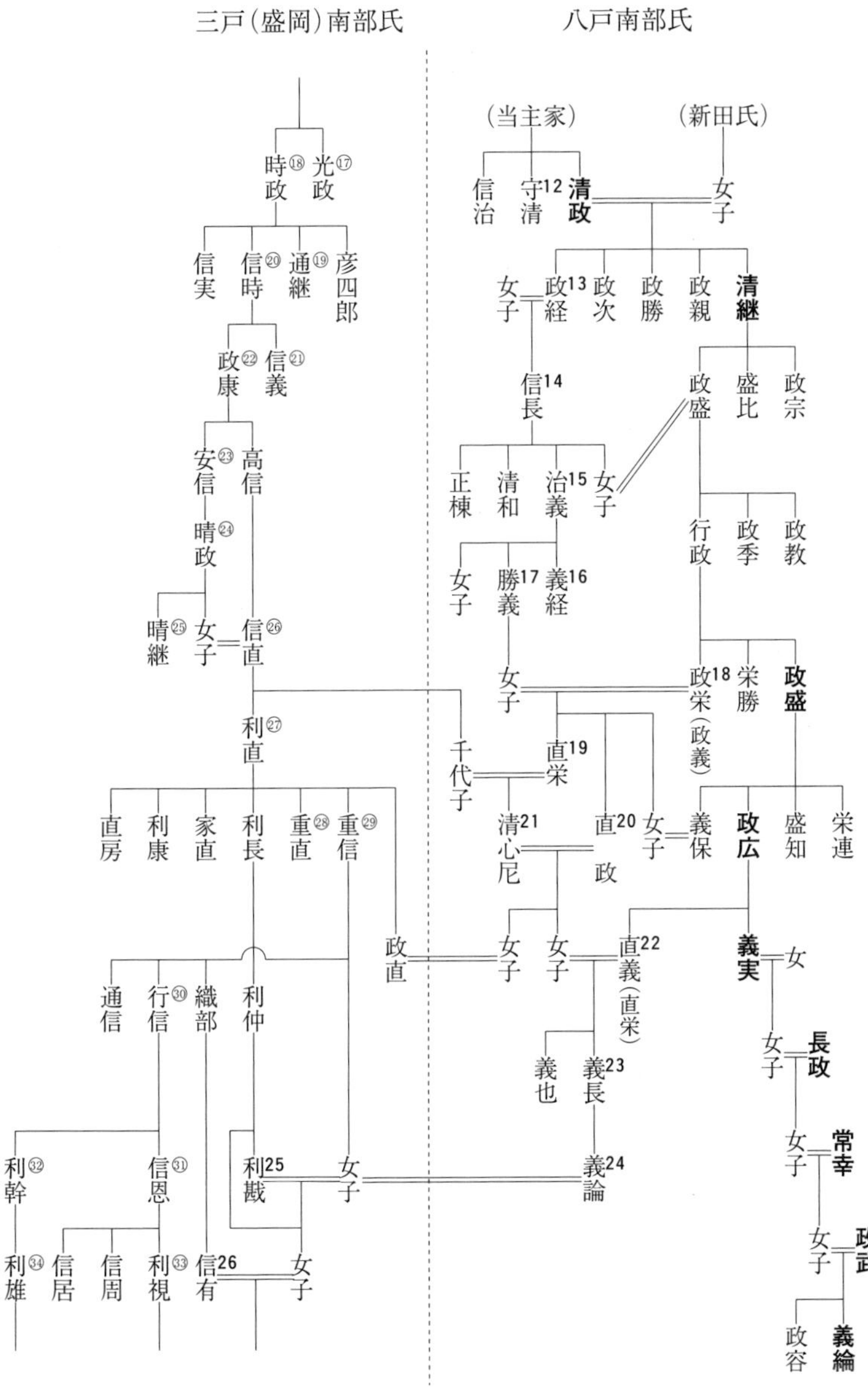

注1　ゴシックの数字は当主家の世代
　2　ゴシック体の名前は新田氏の当主世代
　3　○囲みの数字は三戸南部氏の当主世代

一方、清心尼の父の一九代直栄の時から、三戸南部氏との通婚関係も増え始める。直栄の妻千代子は、三戸南部氏二六代信直の娘である。二人の婚姻は、天正一八年（一五九〇）直栄が二〇歳のときに嫡女の祢々（後の清心尼）が五歳であったので、逆算すれば天正一三年より前、直栄が一五歳以前の時点で取り結ばれたことになる。以来、一七世紀初頭にかけて、三戸南部氏は八戸南部氏に対して、姻戚関係を固めながら内政干渉を強めていった。

図2に拠りながら一九代直栄にさかのぼって各代の相続の経緯をみていこう。直栄は天正一六年（一五八八）に元服を済ませた後、天正一八年七月には父政栄の名代として、南部信直に従い宇都宮に奥州仕置のために在陣していた秀吉に謁見し、翌一九年の九戸政実の乱には父とともに出陣するなど、若い時分から活躍し、この参陣から帰って間もない天正一九年に父の政栄から家督を譲り受けて一九代当主となった。二一歳という若年での家督相続は、父政栄の病身のためのようである。だが、それから四年後の文禄四年（一五九五）八月、直栄は二五歳の若さで隠居の父に先立って他界する。

直栄には継嗣がいなかったため、遺跡は隠居の政栄が宗家の南部信直に諮ったうえで、直栄の弟の直政に譲られた。さらに、直政の跡目相続と同時に、直栄娘の祢々（後の清心尼）を直政に娶わせることが取り決められた。叔父と姪という近しい親族どうし、しかも直政はわずか九歳、祢々も一〇歳という幼い家督夫婦の誕生であった。おそらくこの跡目相続と婚姻には、宗家の南部信直と、その娘で直栄後家の千代子の意向が強くはたらいていたものとみられる。信直の立場からすれば、娘の千代子を直栄の室に入れて八戸南部氏との血脈を築き上げたばかりであるのに、弟の直政に遺跡が譲られたのでは、外舅としての立場を失い、発言力が遠のくことになる。千代子の血筋を引く祢々を直政に配することで、後見の立場を確保することができるのであり、直政の跡目相続は祢々との婚姻をセットとすることで意義をもったのである。一方、八戸南部氏にとって、直政は当主家の血筋の男子であり、祢々も直系の女子であったので、この相続と婚姻になんら支障はなかったはずである。

こうして文禄四年（一五九五）直政はわずか九歳にして二〇代当主となるが、しばらくは隠居の祖父政栄が後見し、外舅信直の影響力も及んだ時代が続いていたものとみられる。直政は慶長一五年（一六一〇）二四歳の時に、信直の跡目を継いだ藩主利直から諱を貫い、直政を名乗った（ただし直政の以前の名前は不明）。この年一月には政栄が他界しており、直政が名実ともに家督の地位に就いたのは、これ以降であった。だが四年後の慶長一九年六月、直政は藩主利直の名代として越後高田の築城に出かけて病を煩い、帰国途中の六月二〇日に二八歳で急逝する。その直政の跡目を継いだのが後家の清心尼である。

直政と清心尼の間には久松という男子が生まれていたが、直政の没後に早世し、八戸南部氏には血筋の男子がいなくなった。後家の清心尼と幼い娘二人の女性ばかりが残されるという状況のなかで、清心尼が遺跡を継承したのである。このとき清心尼は二九歳であった。六年後の元和六年（一六二〇）、清心尼は分家の新田氏から直義一九歳を養子に迎えて娘の千代に娶わせ、家督を譲る。

二二代直義の時代は、前述したように、寛永四年（一六二七）藩主利直によって領内遠野への移封を命じられるという大きな転換期を迎えた。その後、家督は二三代義長、二四代義論と実子の男子によって順当に継承されたが、義論を最後に八戸南部氏の血筋は絶えて、藩主家の血脈に入れ替わる。二四代義論は元禄一二年（一六九九）一八歳で没し、藩主重信の娘である正室との間には跡継ぎがなかったため、後家（正室）に前藩主利直の六男山田利長の孫利戡を婿に迎えて名跡が継承されたのである。八戸南部氏の血脈はここで途絶え、二五代以降、藩主家の血脈で受け継がれて幕末に至っている。

以上、八戸南部氏の相続の模様を概観してきたが、女性による家の継承は、後にも先にも二一代清心尼ただ一人である。

二　清心尼の相続事情

清心尼による八戸南部氏の相続は、近世の武家の相続のありかたに照らして特筆すべき事例であるといってよい。(6)どうしてこのような相続が生まれ得たのだろうか。

八戸南部氏は一七世紀後半の二三代義長の頃から家の系譜の編修事業を開始している。二四代義論の元禄年間に脱稿された、最初の系譜である『源氏南部八戸家系』(7)（以下、『八戸家系』と略する）を筆頭に、主だったものとしては、二六代信有の修史事業である『八戸家伝記』(8)、二七代信彦の寛保元年（一七四一）『八戸家系伝記』(9)、幕末の文久二年（一八六二）に盛岡藩の一門・家臣団の系譜総覧として完成された『参考諸家系図』(10)に収録された系図などがあるが、これらの近世の系譜類はいずれも、清心尼を家の継承者として位置づけている。このうち『八戸家伝記』は、歴代当主を代数で数え上げた最初の系譜であり、清心尼は「廿一代後室称清心尼直政之妻女也」(11)と記されている。『八戸家系伝記』も清心尼を二一代目と代数を添えて事績をまとめている。一方、八戸南部氏の分家の新田氏の一族である新田政箇は、祖父の喜政から生前語り聞かされた話をもとに、古文書や古事録を盛り込みながら、八戸南部氏二二代直義までの代々の事績を明和八年（一七七一）『三翁昔語』と題して集成している。(12)八戸南部氏の系譜史料として現在も史料価値を高く評価されているが、この『三翁昔語』のなかでも、清心尼は八戸南部氏を継承していた人物として記されている。

右の系譜類のうち、『八戸家伝記』は、清心尼の相続について「去歳直政死去以来後室清心掌内外之事」という記述がみえるのみであるが、『八戸家系』ほかの系譜類には相続にまつわる詳細な伝承が書かれている。そこでそれらを比較検討しながら相続の真相に迫ってみたい。

八戸南部氏の最初の系譜である元禄年間の『八戸家系』は、直政の次に「直政後室」と記したうえで、相続の経緯を次のように伝えている。

直政子久松早世而無嗣、由是利直或曰、先是政栄直栄等忠義酷居多、故我家連綿于今日、且我父嘗係誓約於神而告不可疎濶彼子孫、然則今縦雖為婦人不可不使彼続家也、於是以家禄及従士悉属後室、後室素有才量能垂簾治之（中略）其後一日、利直以為用某氏為後室之夫而継彼家、後室聞之、且謝伝、吾恒感貞烈之義、欲敢不再見他、縦雖没収此禄、不可決随公論、而断髪尼名清心、利直無之如何、而遂任其心、既而歴日之後、清心告利直云、嘗聞我家若無嗣則以家族新田養為子、若亦彼無嗣則以我子継彼家、是古来之格例也、方今直義幸抱良器、不乏家督、吾養為子、且以女妻之、乞宥許焉、利直曰、言也荀然矣、任意而可也、於是乎直義相続家督(13)

右の話を要約すると、以下のようになる。八戸南部氏は直政の没後、嫡子の久松も早逝して跡継ぎを失うことになったが、藩主の利直が家の存続策に乗り出し、「女性だからといって家を相続できないことはない」と述べ、直政後家の清心尼に家禄と家臣を引き継がせた。清心尼は才覚を備えており無事に家を統治していた。その後利直は、清心尼に後夫を配して家を継がせようとしたが、清心尼は夫への貞節からこれを拒否し、家禄が没収されても利直の意向に従うことはできないと訴え、剃髪して清心尼と名乗ったので、利直は諦めて清心尼の意に任せることにした。やがて清心尼の方から利直に対して、八戸南部氏と分家の新田氏との養子交換による相続慣例を持ち出して、新田直義を婿養子に入れて家督とすることを願い出ると、利直は承知し、これにより直義が家督を相続することになった。

以上の経緯のなかで、ポイントとなる点は、第一に、藩主の利直が清心尼に家を継がせる決定を下したこと、第二に、その後利直が清心尼に後夫による家の相続を勧め、清心尼が剃髪してこれを拒絶したこと、第三に、清心尼が利直に対して新田氏から婿養子を迎えて次の家督とすることを願い出て承認されたこと、以上の三つであろう。後の系譜類もほぼ同様の話を伝えており、そのうえで、記述の精粗や若干の齟齬がみられる。

まず第一の清心尼の相続が利直の意向で決まったという点であるが、系譜類では皆、直政の没後に利直がただちに八戸南部氏の存続策に乗り出して清心尼を相続者に定めたことを伝えている。利直がこうした行為に出た理由について、前掲『八戸家系』では、清心尼の祖父の政栄と父直栄がかつて、宗家の安泰のために忠義を尽くし、また宗家の信直と神前で互いに子孫を粗略にしないことを誓っており、利直はこれをよく承知していたとしている。一方、『八戸家系伝記』『三翁昔語』『参考諸家系図』では、神前での誓いの部分を九戸政実の乱にさいして三戸八幡の神前で誓ったものだとし、そのさい新田氏を加えた三家の誓いであったと、より詳細に伝えている。当時の情勢からすれば、三家の相続をめぐる申し合わせがあった可能性は考えられることであり、利直がこうした遺言話を持ち出しながら八戸南部氏の名跡の継承を図ろうとしたことは、事実とみてよいだろう(14)。

それでは、利直はなぜ、清心尼を相続者に定めたのだろうか。『八戸家系』では、利直が、女性が家を継いでも不都合はないと述べたとしているが、『八戸家系伝記』は「後室事幸家正統之者候間直政遺跡相続可仕候(15)」とし、『参考諸家系図』も「後室事本家正統の者(16)」と記している。つまり、家の嫡女である清心尼は八戸南部氏の血筋を正統に受け継いでいるので家を継承する資格があるという論理である。家の血脈の由緒が女性である清心尼に対しても適用されたことが興味深いところであるが、それにしても利直がこうした論拠を立てて清心尼に八戸南部氏を相続させた事情をもう少し探ってみる必要がある。

当時の利直は、近世大名として領主権の確立をめざしていた時期にあった。したがって、一族といえども八戸南部氏の勢力を弱体化させなければ、領内の専制支配の実現は難しいことを思案していたはずである[17]。そうした政治的思惑からすれば、八戸南部氏に血筋の男子がいなくなったことは、介入する絶好の機会ととらえたに違いない。南部氏一族としての両家の深い関係や、父信直の遺言の存在から、跡継ぎがいなくなったとはいえ八戸南部氏を断絶させるわけにはいかなかったが、後家の清心尼にひとまず家を継がせることで、利直は後ろ盾を装って八戸南部氏をコントロール下におきやすくなる。さらに、清心尼を中継ぎとして次期当主に自身の息のかかった家臣を送り込むことにより、八戸南部氏を完全に藩主家の家臣列に組み込むことができる。当時の利直の思惑は、次の段階の施策から勘案すればこのように推測することが可能である。

さらにこの点と関連して、八戸南部氏の側が他の相続者を決める動きを封じ込めるねらいもあった。実は八戸南部氏は当時、清心尼以外に相続人が得られない状況ではなかった。清心尼と前当主直政とのあいだには二人の娘が生まれていたが、当主家に男子がいない場合は女子に分家の新田氏から養子を配して家督としてきたそれまでの相続慣例からすれば、娘のどちらかに新田氏から婿養子を迎えるという手段が取り得たからである。新田氏の嫡子直義は当時一三歳の若年であったが、二〇代直政は九歳で遺跡を継いでおり、一八代政栄もわずか五歳で新田氏から養子に入り当主となった。これらの先例からすれば、直政亡き後ただちに一三歳の直義を娘に配して家督に据えることは、可能であったはずである。実際、八戸南部氏のなかでこうした相続の手立てが画策されていたことを伝える系譜が存在する。前述した『三翁昔語』である。清心尼の相続の経緯について、『三翁昔語』は次のように記している[18]。

慶長一九年、二〇代直政の急逝と継嗣久松の早世により、家中のあいだで家断絶の危機がささやかれた。しかし、先例に倣い新田氏の養子を相続人として家名を守ることで家中が一致団結し、領内に騒動が起こらないように謹慎していた。これに対して藩主の利直が、父信直の代に清心尼の祖父の政栄と父直栄の忠義勤功によって一族の窮地が救われたこと、九戸の乱にさいして三戸八幡宮の神前で両南部氏と新田氏の三家が互いに子孫とも親しくすることを誓ったことを父信直から聞いて承知しており、八戸南部氏が断絶することがないように配慮したいと申し出た。利直の指示は、八戸南部氏には相続の男子がおらず女子も幼少であるが、幸い直政の後家は女性ながら「家之血脈正統之身」であるので、次の家督が決まるまでの間、後家が遺跡を継いで家中の者を安堵させるのがよい。次の家督にふさわしい者は現在思案中であり、追って相続させることになるというものであった。さらに、後家の相続中に知行地の支配に支障があれば、利直に相談すればよく計らう。公儀から軍役動員を求められたさいには、家族を名代として出すようにと指示をした。これらの利直の意向が家中に伝えられて、後家を「当君」として仰ぐようになったというものである。

右によると、八戸南部氏の家中は二〇代直政と継嗣久松の死亡直後から、新田氏の養子を入れて家の存続を図ろうと結束していたことになる。藩主の利直は、こうした八戸南部氏側の動きに対して、後家の清心尼に家を継がせるという、別案を持ち出してきたのである。八戸南部氏側は結局、利直の指令を受け入れたのであるが、これはおそらく、藩主利直の強い意向であり、そのさい論拠とされた、実子の女子による家相続を正当とする見解に対して、反論の余地がなかったこと、そして清心尼の後には新田氏の養子を家督とすることが可能であると確信していたものと考えられる。この点については第四節でもう一度検討したい。

次に、第二のポイントである、利直が清心尼に後夫を勧めてこれを家督としようとしたという話に検討を加えてみたい。後夫について、『八戸家系』では「某氏」とみえるだけであるが、『八戸家系伝記』は「南部御家士之中相応之者」[19]として、藩主家の家臣が送り込まれる予定であったことを伝えている。『三翁昔語』も、利直が後家と八戸南部氏の一門老衆である新田・中舘・沢里に対して、女性が長く当主を務めるのは心配であるので、藩主家の大身の家中の一人である毛馬内氏を入婿に遣わして「左近（直政―筆者注）遺跡」とさせたい旨の内談を入れたと伝えている。[20]清心尼に遺跡を継がせた利直の施策から推し量れば、利直が自身の家臣を清心尼の後夫に送り込もうとしたことは、事実であったと考えられる。

清心尼がこの利直の意向を拒絶して剃髪したという話は、清心尼の貞節ぶりを誇張する脚色が含まれている感が否めない。だが、清心尼が単独で利直の策略を跳ね返したのかどうかは別として、後夫を持たなかったことは、八戸南部氏の相続に大きな意味をもつことになった。すなわち清心尼の相続がしばらく続くこととなり、次の家督を新田氏の養子に繋げる経路が開かれたからである。

第三のポイントである、新田氏から婿養子を迎える経緯については、『八戸家系』とこれ以外の系譜類で大きな相違がある。『八戸家系』では利直が新田氏の婿養子を即座に認めたことになっていたが、『八戸家系伝記』や『参考諸家系図』『三翁昔語』では、いずれも、利直は当初この案には承服せず、清心尼の強い働きかけによって、ようやく思い通りにするようにと返答したとある。『三翁昔語』によると、利直は養子の慣例として新田氏を望む清心尼に対して、もっともな手段ではあるが二〇歳にも満たず前途も知れない若者を家督とすることは承引できないとし、藩主家の大身の家中のなかから器量を見定めて養子とすることを相談するので、それまで待つように命じたが、清心尼は新田氏よりほかに家督に就ける者はいないと強く訴えて、三日間三戸に逗留して利直に懇願し、八戸南部氏の一門年寄衆たちも、結束して血脈の濃い新田氏以外の養子は惣家中として受け入れない覚悟であると申し入れたので、さすがの利直も認めざるを得なくなったと伝えている。再婚する意思のない清心尼に入婿を一度拒絶されていた利直は、今度は婿養子に施策を転じて機会をうかがっていたのであろう。だが、先に清心尼の相続を受け入れた八戸南部氏の家臣たちも、これには反発し、一丸となって利直とぶつかり、慣例の新田氏の婿養子による相続を押し通したのである。

こうして元和六年（一六二〇）閏一二月に新田政広の嫡男直義が清心尼の養子となり、清心尼の娘と婚姻したうえで、八戸南部氏二二代当主に就任した。(21)

以上の検討結果を整理してみると、清心尼の家相続は、八戸南部氏で継嗣が途絶えたことを背景に、その勢力の弱体化を図ろうとした藩主利直の政治的な策略によって生まれたものであった。利直は近世大名としての領主権の確立をめざし、一族の八戸南部氏を藩主家の専制支配に服する家臣列に組み込むことを目論み、そのために実子の女子による家相続を正当とする相続の論拠を持ち出しながら、清心尼を一時的な相続人に定め、八戸南部氏側が決めかけていた分家新田氏による相続慣例を排除しようとしたのである。女性であり姪でもある清心尼にひとまず家を継がせることで、八戸南部氏に対して利直が後見人として勢力を振るうことが容易となり、次には自身の息のかかった家臣を婿養子に送り込み八戸南部氏を藩主家のコントロール下におくことが可能となるはずであった。だが、利直の命で家を継いだ清心尼は、その後分家の新田氏から婿養子を入れて家督に据えるという八戸南部氏の相続慣例を強行に主張して譲らず、家臣団も結束して利直の意向を跳ね返した。後家の清心尼を相続人に定めた利直の策略は、結果的には八戸南部氏の旧来の血脈を保持することになり、藩主家と八戸南部氏との伝統的な一族関係を温存させることになったのである。

三 清心尼の領地支配

八戸南部氏を相続した清心尼は、領地をどのように統治していたのだろうか。清心尼の領主としての軌跡をたどってみよう。

清心尼の相続から間もない慶長一九年（一六一四）一〇月、将軍徳川秀忠と大御所家康は、対抗勢力である豊臣氏を滅亡させるために全国の大名に対して大坂攻めの軍勢の派遣を命じた。いわゆる大坂冬の陣と呼ばれるこの戦闘にさいして、盛岡藩主南部利直は、一〇月中旬に盛岡を発して大坂へ向かうが、軍勢の一団として、八戸南部氏に出動を命じた。これに対して八戸南部氏は、新田左馬助政広・中舘勘兵衛政常の二人の重臣が旗頭となり、騎士二五騎、総勢三二〇人の軍勢で出陣した。(22)本来ならば当主である清心尼が率いるべき軍勢であったが、女性であるため名代が派遣されたのである。戦闘は豊臣側がいったん和睦を受け入れて終結した後、翌元和元年（一六一五）五月に再び大坂夏の陣が起こる。南部利直には今度は在所にあって東国筋の守りに徹するようにという指令が下り、八戸南部氏も出陣はなかった。

武家の役割は、いうまでもなく戦闘従事者として軍役を務めることにある。したがって、女性当主は戦時において指揮権を発動したり武器をもって戦うことができるか否かが懸念されるところである。軍役負担こそが武家の当主を男性に必然化させる要因となったとする理解が、現在一般的にも受け入れられている。(23)しかし、清心尼は名代を派遣するという方法で当主としての責務を果たしたのであり、実はこれは鎌倉時代以来、女性が当主に就いたさいの伝統的な慣習でもあった。さらに、こうした戦争時の対応は、藩主の利直が清心尼を当主に定めるさいに承知していたことでもあり、軍団の統括者の責任においてなされていたことになる。臨戦態勢のただなかにあって役負担が代替され得ていた点からすると、軍役の勤仕のために女性が当主になり得なくなったとする従来の見解は、検討の余地があるように思われる。

さて、元和三年（一六一七）三月、八戸南部氏の所領の一部である田名部三〇〇〇石が、藩の借上げとなった。清心尼は田名部の地の由緒を主張して、当初これを拒否していたのだが、次の代になれば返却すると記した預り証文と、交換条件を記した黒印状とを受け取って、やむなく承諾する。次の史料は藩主の利直から出された元和三年の黒印状である。

浦山川当世ハ主人へ所務仕物に候得共、田名部之儀、我等手前へ召置申候間、今よりハ八戸山川海之儀一色ニ台所入ニ尤候、則浜之各所、一大くき、一金浜、一小くほ、一大じや、一たね指、一白浜、一小清水、一さめみなと、一もつこし澤、一しろかね、一ふたこし、一ミなと、一竹かはな、一岩渕、一はしは、一いかつち浜、一留屋敷、一明戸、一沼舘、一しやうふ田、一山辺、一るいけ、一長すか、右之浜共全所務可有候也

元和三年三月廿一日　　利直（黒印）

三五郎内儀　参(24)

利直は、田名部を預り地とする代わりに、八戸領のうち大くき（大久喜）以下二三浦と、山川から上がる運上金の取得権利を八戸南部氏に付与することを定めている。実は秀吉の奥州仕置によって海産物・鉱山物・川鮭などの運上金が郡主の所務とされることが定められて以降も、八戸領においては、それらの取得権利が三戸南部氏の掌握するところとはならず、八戸南部氏が従前通り耕地と合わせて知行していたのだが、慶長四年に利直の代となってからは、八戸浦水主役金や八戸堂仏金山運上金が藩主家によって徴収されるようになっていた(25)。したがって、右の黒印状の発給は、八戸南部氏にとって、知行地の耕地と海山川のいっさいを所管する一円支配の権益を保証されたことになる。だが、田名部が藩主家に預けられること自体が八戸南部氏にとって受け入れ難いものであり、前述したように清心尼は当初、これを拒否していた。なぜなら、田名部の地は、康正三年（一四五七）に一三代政経が下北半島の蠣崎蔵人の乱を平定したさいに、その勲功に対する恩賞として与えられたと言い伝えられてきた領地であり、先祖の武功によって得た地は藩主といえども奪うことは許されるものではなかったのである。『三翁昔語』によると、清心尼が利直から証文を受

け取ってしまった後にも家臣団一同が大騒ぎとなったとある。だが結局、利直の本心は利益の多い田名部を蔵入地にすることにあるとみて、黒印状の受け取りを拒否すれば田名部を八戸に預けるという名目ばかりの黒印状が出される可能性があり、それよりは田名部が返却されないうちは八戸の海山川の運上を保証される方がよいとする見解に達して、騒動は収まったと伝えている。(26) こうして田名部三〇〇〇石は藩の借上げとなり、田名部に知行をもっていた新田政広には、代地として八戸近郊の三つの浦が与えられた。

元和四年（一六一八）藩主利直は領内一斉に知行宛行目録を発給し、八戸南部氏に対しても同年一一月二三日付けで「八戸内儀」宛ての黒印状を発給している。(27) 元和四年の検地で打出された岩手郡平舘の新田を加増して、村付けの高合わせて一万二五〇〇石という内容であった。八戸南部氏の相伝の知行高は田名部を合わせて一万五五〇〇石であったので、家中一同は利直に不服を申し入れたが、これに対して利直は、田名部の地は清心尼の次の代には返却するという預り証文があり、そのさい本高に戻すことになると述べて、説得した。(28) だが、田名部は次の直義の代になっても、八戸南部氏に戻されず、藩に収公された。清心尼の代は、こうして恩賞地としての田名部を失い、知行高を減らすことになったのである。

ところで、そもそも田名部の借上げという事態はどうして起こったのだろうか。系譜類はいずれも、利直が女性の領主では支配しかねる地であるとして借上げを説得したと伝えている。たとえば『八戸家伝記』では、田名部は他国・自国の商人が集会する地であるが、近年は争論・訴訟が増えており、これは女性領主で侮られているためであるので、次の家督が決まるまでの間、利直が預ると語ったとしている。(29)『三翁昔語』も利直の話として、蝦夷が島（北海道）に落ちのびた蠣崎氏の子孫が女の領主を幸いに田名部の奪還を図って騒動を起こすかもしれず、そうなれば幕府から処分が下されるかもしれないと述べたと伝えている。(30) だが、当時の田名部で実際に訴訟が増えていたとしても、女性の領主であったためにに起こっていたとするのは妥当ではないだろう。田名部は北方交易の中継地としても、地域交易の場としても、重要な役割をもつ地域であった。蝦夷が島のアイヌが渡海して干鮭・鯡などの海産物や毛皮類を交易しており(31)、交易品をめぐる商人間のトラブルが多発していた可能性は、考えられないではない。利直は北方交易の拠点である田名部を直接の支配下におきたいとする野心から、訴訟の増加等の問題をあえて女性当主の無能力論にすり替えて、借上げの根拠としたのであろう。

清心尼の代には八戸南部氏の伝統的な知行権も大きく後退することになった。『三翁昔語』によれば、利直は女性が領主では領内に変事が起こる可能性があり、知行地の仕置は老衆が利直に内談を遂げたうえで執り行うようにと命じたこと、以来八戸南部氏は利直の裁許に頼ることが多くなり、罪人成敗も利直の下知を受けるようになったことを伝えている。女性である清心尼を相続人に仕立てた利直の目論見は、見事に成功していたことになる。逆に見れば、清心尼の時代は、八戸南部氏の歴史のなかで屈辱的な時代として語り伝えられてきた側面があることが否めない。幕末の『参考諸家系図』の清心尼の記載の締めくくりには、「一本云、此時先代よりの家格大に減す」と記されている(32)。

だが、系譜類のすべてが清心尼の領主としての力量を否定的に伝えているわけではない。最初の系譜である元禄年間の『八戸家系』では、田名部借上げの経緯には触れず、慶長の軍役派遣の名代について記した後に、「素有才量能垂簾治之」と述べている。『八戸家系』は前節でみたように、清心尼の相続の経緯や、次の家督の決定について、ほとんどトラブルがなかったように伝えており、作為的な側面が少なくない系譜ではあるが、「素有才量」として清心尼の統治能力を認めていた点は注目してよいだろう。これ以降の系譜類が、こぞって田名部借上げの経緯を女性当主の問題として伝え、強調している点は、系譜が作成された時代の風潮が影響しているのではないだろうか。家の支配における女性の役割の評価が、時代が下るにつれて社会のなかで低下してゆき、系譜の記述に響いているのではないかと考えられる。

八戸南部氏を相続した清心尼に対して藩主の利直が発した公的文書には、従来の書状や私信での「祢々」「せいしん」に代わって、「三五郎内儀」「八戸内儀」「八戸かみ」という宛名が記されている。領地の黒印状が「三五郎内儀」という宛名で清心尼に対して発給されたことは前述した通りであるが、これらは利直が清心尼を亡き夫の名代として八戸南部氏を統括する立場においていたことを示唆するものであろう。一方、八戸南部氏を統率する清心尼の立場は盛岡藩全体に周知されていたようである。寛永二一年（一六四四）六月四日に清心尼が遠野の横田城で五九歳の生涯を終えたさい、盛岡藩の藩庁日誌である『雑書』は、「八戸清心尼公今日申刻遠行」と記しているが、(33)「公」という敬称が付された人物は、当時の『雑書』のなかでは清心尼と将軍よりほかにみえない。藩主家の一族を代表する人物として、敬意を払われ、領内にその死が通知されたのである。

四　女性相続の背景

1　女性相続の受け入れ

これまでみてきたように、清心尼は近世大名としての自らの地位の確立をめざしていた藩主利直の政治的な策略によって、いっとき家の相続人に据えられることになった。しかし、清心尼に家を継がせるという利直の施策が成功し得たのは、八戸南部氏の側に、これを受け入れる素地があってのことであろう。その一つとしてみておくべき点は、利直が持ち出した家の血脈の論拠、すなわち実子の女子は家の継承者になり得るとする相続観念である。八戸南部氏に当時、男子の血筋で家を継承しなければならないとする男系本位の相続方針が強固に存在していたとすれば、藩主利直の意向といえども、清心尼の相続は忌避されていたはずである。実子は男女の別なく等しく家の血筋を受け継いでいるとみる、双系的な血脈観念が存在していたことが、女子の血筋を家相続において正当化させ、清心尼の相続を実現させる要因となっていたと考えられるのである。(34) ただし、当時の時代状況が女性を相続から排除する方向に向かっていたことからすると、八戸南部氏が清心尼の家相続を受け入れたことには、さらに独自の要因を探ってみる必要がある。

そこで着目したいのは、八戸南部氏の権力構造である。八戸南部氏は戦国期以来、当時にいたるまで、新田氏を筆頭に中舘・沢里・岡前という当主家の血筋を引く分家の一門衆が、当主とほぼ同格の関係で家支配を支える、同族団的な結合による権力構造を維持してきていた。これは、君と臣との主従の関係が厳格に構築され、家臣同士も上下の序列が厳密に定められた近世の主従制的家臣団構造と大きく異なる特徴をなしている。(35) なかでも新田氏は、当主家との間で血筋の男子がいなければ養子を送り出し、逆に新田氏に男子がいなければ当主家から養子を入れるという、相互補完的な相続の関係を保ってきていた家柄であり、当主家とともに八戸南部氏の血筋の継承を担う、準当主家ともいうべき地位にあった家である。したがって、当主の急逝と嫡子の早世という家の断絶の危機にさいして、一門家臣が新田氏の養子を家督に据えることで一致団結していたことは、八戸南部氏の家の構造と相続のシステムからすれば、当然の動きであったことになる。にも関わらず、八戸南部氏が清心尼による跡目相続を受け入れることになった要因もまた、家の権力構造のなかに見出すことができる。当主家の女子である清心尼は、当主家と新田氏の両家の相続を繋げる役割を担ったのであり、清心尼を中継ぎとすることで、慣例の新田氏の養子による相続が可能となるという相続ビジョンが、八戸南部氏の一門家臣たちには明確に描き得ていた。こうして八戸南部氏は、利直の意向を受け入れ、清心尼に一時的に家を継がせることを承引したのである。さらに、清心尼の当主としての実質的な支配もまた、このような家臣団の存在によって支えられることとなった。八戸南部氏のなかに近世初頭まで生き続けていた、一族家臣の連合による家支配の構造と、そのなかでの女性の紐帯としての役割こそが、清心尼の家相続を実現させていたのである。

清心尼が相続人となり家支配に権限を発揮し得た要因として、もう一つ、当時の女性の家のなかでの発言権をみておきたい。注目されるのは、清心尼の母千代子の役割である。千代子は第一節で述べたように、宗家の三戸南部信直の娘であるが、父の信直と頻繁に書状を交換しており、南部家文書のなかには千代子に宛てた信直の書状が天正一九年（一五九一）以降、慶長四年（一五九九）まで多数収録されている(36)。とくに文禄四年（一五九五）に千代子の夫である八戸南部氏直栄が亡くなった後には、宛名がそれまでの「八戸千代子」から「八戸のおち」という言いかたに変わっている。小井田幸哉氏によると、「おち」は方言で母を呼ぶさいの敬称であり、「八戸のおち」とは「八戸の母」を意味する(37)。小井田氏は、信直が千代子を「八戸の母」と称したのは二〇代直政の妻となった祢々、すなわち清心尼の母としての立場によるものとされているが、それよりはむしろ、家督に就いた直政の義母としての位置づけを呼んだものではないだろうか。直政はわずか九歳で跡目を継いでおり、当主として支配力を発揮できる年齢ではなかった。八戸南部氏の知行地支配はしばらくの間、病身で隠居の政栄とともに、舅の信直が後見しながら、実質的には新田・中舘・沢里など一門家臣たちによって担われていたことが推測されるが、後家の千代子もこれに無関係ではなかったであろう。信直からの書状にはしばしば、上方の世情や桧山をはじめとする北奥の情勢を詳細に伝えており、そうした情報を八戸南部氏にもたらすことになった千代子は、後家として、家督の母として、家支配に少なからぬ発言力をもっていたことは推測に難くない。清心尼はこうした母の立場を受け継ぐことで、当主としての力量を蓄えていたと考えられる。

2　女性の家相続の変容

八戸南部氏のなかに、その後も女性による家相続の興味深い事例を見出すことができる。当主家に嫡子の直義を送り出した新田氏では、弟の義実が家を継いでいたが、寛永一九年（一六四二）一二月に義実は継嗣がないまま、後家と幼い女子三人を残して病死してしまった。『三翁昔語』によると、新田氏の知行二〇〇〇石は娘が成長して婿養子を迎えるまで後家に預ける措置が採られたが、新田氏の家中の間で女性の主人を軽んじて我意を通す風潮が横行し、家格や席次をめぐる争論が絶えない事態となった。当主家の政治にも影響を及ぼしかねないとみた直義は、実家である新田氏の知行を減らし家来の大半を当主家が引き取ることで騒動を収めるよりほかないと考え、老臣たちに伝えた。これに対して老臣たちは、新田氏と八戸南部氏との関係はいわば八戸南部氏と藩主家との関係に相当するもので、今の新田氏の状況はかつて後家の清心尼が八戸南部氏を相続したときに等しく、そのさい藩主利直は清心尼に家を継がせて八戸南部氏の存続を図ったことなどを述べて、一考を促した。だが直義は、八戸南部氏は本来盛岡南部氏の陪臣ではないので清心尼は相続にさいして知行を減らされることはなかったが、新田氏の知行は奥州へ下向以降、当主家の八戸南部氏から分け与えたものであり、知行の減少は先祖に対する不孝ではあるが騒動を収めるためにはやむなしとして、正保三年（一六四六）七月に二〇〇〇石の知行のうち一五〇〇石を収公し、残る五〇〇石余を後年婿養子が決まるまでの間、後家に預けることにした。これに伴い、新田氏の家臣の大半は当主家の直臣に抱えられることになり、後家に預けられた五二〇石が後に養子長政に譲られ、代々の家禄として受け継がれることになった。(38)

『三翁昔語』のこの話は、書き手である新田政箇が自身の家の伝承と関わって、新田氏から出て八戸南部氏の当主家を継いだ直義が私欲のために実家の知行を収公したのではないことを述べる意図があったとみられる。ただし、新田氏の知行の大半を当主家に収公し、当主家からみれば陪臣にあたる新田氏の家臣を当主家の直属家臣に引き上げようとした直義の施策は、新田氏の勢力の弱体化を図り、当主家の権限を強めるねらいのもとに行われたことは疑いようがない。直義は一族家臣たちの同族団的な結合によって維持されてきた八戸南部氏の旧来の権力構造を、あらたに当主のもとに主従制的に結集させる近世的な家臣団に改変しようと図ったのである。それはまさに、藩主家南部氏の家臣団再編の動向と呼応する施策でもあった。その切札として後家による相続が利用されたといえよう。義実の没後に知行を一時的に後家に預けて次の家督に繋げるという措置は、当主家の清心尼の相続に倣って行われたことは明らかである。新田氏の後家は家の嫡女ではないから、家の血脈の継承者として後家の相続が正当化されたのではなく、清心尼の相続の前例が、この相続を正当化させていたといってよい。直義は、後家に新田氏を一時的に相続させることで、家臣団の筆頭にあった新田氏の勢力を縮小し、近世領主としての自らの基盤の確立に成功したといえる。以後、八戸南部氏のなかに女性による家相続を確認することはできない。また、新田氏の後家相続は、清心尼の相続とは異なり、系譜上に女性当主の痕跡をとどめていない[39]。戦国期以来の同族団的な結合による家臣団構造が、近世的な家臣団構造へと改変されたことに伴い、家相続に果たしていた女性の役割は失われていったとみることができる。

五　系譜上の女性の位置づけ

清心尼の家相続は、八戸南部氏の系譜類に近世を通じて家督の継承として位置づけられ、当主としての代数が記されている。近世の武家において女性は後家や家督の母の立場で家支配に隠然たる影響力を持つことがあったが、そうした女性の役割が系譜上に位置づけられたり、歴代の当主に数え上げられている事例は、ごくわずかしか確認できない[40]。清心尼の相続はなぜ八戸南部氏の系譜に刻まれることになったのだろうか。

清心尼は八戸南部氏の家相続において、慣例を押し通して家の血筋を繋げる役割を果たしていた。そうした家に対する貢献度を、系譜の作成にさいして無視できなかったことも、要因の一つではあろう。だがそれ以上に、清心尼の相続が藩主利直の意向によって決まったという、相続の経緯が重要な意味をもったものとみられる。しかも、清心尼は利直から知行宛行の黒印状を発給されていた。八戸南部氏にとって黒印状の受け取りは、藩主の家臣列に組み込まれることを意味する屈辱的な出来事ではあったが、清心尼個人にとってみれば、黒印状の宛名に名前が記されたことで、八戸南部氏を代表する立場が動きようのない事実として後代に伝えられることになったのである。

ところで興味深いことに、再三紹介してきた新田政箇による『三翁昔語』には、清心尼の事績部分に当主としての代数の記載が抜け落ちている。二〇代直政と二二代直義についてはそれぞれ代数を記して事績を紹介しており、独立した事績の記述となっているのに対して、清心尼の事績は二〇代直政に繋げて相続にまつわる話が書かれており、独立した記録形態は採られていないのである。「巻之三」の巻頭には「廿代直政君より廿二代直栄《直義》君御代始迄記之」という記述があるので、筆者の頭のなかに清心尼が二一代目の当主として数えられていることは確かである。「三翁昔語」が著された当時、すでに『八戸家系』『八戸家伝記』『八戸家系伝記』が編纂されており、歴代当主には代数が記され、清心尼もそのなかに数え上げられていたが、筆者の新田政箇は、こうした当主家の系譜を参考に『三翁昔語』を著し、当主家の系譜に合わせて歴代当主に代数を記しながら、清心尼についてはあえて、事績を独立させず、代数の記載もはずしているのでる。さらに、新田直義を養子としたさいの記述には「左近遺跡[41]」とあり、これは清心尼の前代の直政の遺跡が直義に繫げられたことを示すもので、清心尼の相続は無視したかたちである。

『三翁昔語』の記述の仕方は、筆者が清心尼を家の系譜上に家督として位置づけることをためらい、あるいは拒否していたことを示唆するものであろう。これは筆者の新田政箇個人の認識というよりは、政箇に八戸南部氏の歴史を語り伝えた、祖父の新田喜政の系譜意識が垣間見られる。あるいは、新田氏の本家のなかで代々受け継がれてきた家督観念とみることも可能である。新田氏の本家は、かつて八戸南部氏の準当主家の地位にあり、その後も家臣団の筆頭として続いてきた家柄である。その新田氏が、清心尼の相続を家督の継承として伝えることをためらってきたのだとすれば、八戸南部氏の家臣団全体が、清心尼を中継相続者以上にはみなしていなかったことも推測されることである。

おわりに

一七世紀初頭の盛岡藩八戸南部氏清心尼の家相続は、直接的には領内の専制支配体制の確立をめざしていた藩主利直の政治的な策略によって実現したものであった。利直は一族の八戸南部氏を後家の清心尼にいっとき相続させることにより、八戸南部氏を藩主家のコントロールのきく、近世的な家臣団列に組み込もうと目論んだのである。一般的には女性による家相続が回避されつつあった時代状況であったが、南部氏一族のなかでは実子の女子を家の正当な継承者とみなす観念が生き続けていた。そうした相続観念の存在が、当主と分家一門の連合によって家支配を実現させていた、戦国期以来の八戸南部氏の権力構造のなかで、当主家の女子に相続を中継ぎさせる役割を担わせることになったと考えられる。このようにみるならば、清心尼の家相続は、中世から近世への過渡期で生まれ得た相続であったということができる。清心尼の時代の八戸南部氏は、女性を当主に仕立てた利直の思惑通りに所領が削減され、知行権が大幅に制限される結果となった。しかし、旧来の家の権力構造は解体されることなく維持され、八戸南部氏の血脈も受け継がれることになる。

それから二〇年後、八戸南部氏は、分家の新田氏の後家相続を利用しながら、自ら家支配の遺制を解体させて、近世的な領主家へと脱皮を遂げる。そして女性が家の相続において果たしていた役割は、これを支えていた同族団的な家臣団構造を失うことにより、後退することになったのである。

注

（1） 一九七〇年代、中世末から近世初頭にかけての女性の財産相続について城島正祥「佐賀藩成立期の内儀方知行」（『社会経済史学』三八巻三号、一九七二年、のち『佐賀藩の制度と財政』文献出版、一九八〇年に所収）、宮本義己「武家女性の資産相続―毛利氏領国の場合―」（『国学院雑誌』七六巻七号、一九七五年）、高原三郎「江戸時代の『分知』と『化粧料』」（『大分県地方史』八五号、一九七七年）などが発表された。その後女性史研究の進展のなかで、戦国期の女性相続の分析が田端泰子により精力的に進められているのをはじめ（「戦国期女性の役割分担」『日本中世女性史論』一九九四年、塙書房）、江戸期については脇田修「幕藩体制と女性」（女性史総合研究会編『講座日本女性史　第三巻　近世』東京大学出版会、一九八二年）、長野ひろ子「幕藩制成立期の家と女性知行」（津田秀夫編『近世国家と明治維新』三省堂、一九八九年）、同「幕藩制国家の政治構造と女性―成立期を中心に―」（近世女性史研究会編『江戸時代の女性たち』吉川弘文館、一九九〇年）、柳谷慶子「近世大名家の女性知行―新庄藩の場合―」（『宮城歴史科学研究』三一号、一九九〇年、本書第一部第三章）、同「近世武家女性の知行と相続―新庄藩の場合―」（横山昭男教授還暦記念会編『山形地域史の研究』、文献出版、一九九〇年、本書第一部第三章）などの研究がある。

（2） 女性たちの財産所有に関しては、付与された知行に対して女性自身がどれほどの権限を持ち得ていたのか、また軍役をはじめとする公役をどのように負担していたのかなど、追究するべき問題が残されている。女性には知行が付与されることはあっても相続資格は与えられなかったという通説についても、近世初頭から武家社会の末端にいたるまでこの原則がくまなく貫徹されていたものかどうか、検証してみる必要がある。

（3）以下、八戸南部氏の由来については、第二節で分析に用いる『源氏南部八戸家系』『八戸家伝記』『八戸家系伝記』『三翁昔語』などの系譜類、および小井田幸哉『八戸根城と南部家文書』（八戸市、一九八六年）を参照している。

（4）前掲『八戸根城と南部家文書』二六八〜二七〇頁。

（5）剃髪して尼となり、浄池院芳誉貞薫大姉と法号を名乗ったが、長くて呼びづらいことから貞節を称美して清心様と呼ばれるようになったと伝えられている。

（6）戦国時代から織豊期にかけては女性が家を継承し、あるいは実質的に当主として領内の執政にあたっていた事例が少なからず存在することが近年の研究で明らかになっている。今川氏親の後室、寿桂尼を紹介した久保田昌希「今川氏親後室寿桂尼発給の文書について」（『駒沢史学』二四号、一九七七年）、古河公方足利家を継承した氏姫について考察した佐藤博信「古河氏姫に関する考察」（『古河公方足利氏の研究』校倉書房、一九八九年）、井伊直盛の娘を紹介した小和田哲男「『女性地頭』次郎法師」（『引佐町史上』一九九一年）、赤松正則の後室洞松院尼を紹介した今谷明「洞松院尼細川氏の研究—中世に於ける女性権力者の系譜—」（『横浜市立大学論叢』四六号、一九九六年）、上野国赤堀郷の赤堀上野守娘を紹介した峰岸純夫「戦国期東国の女性」（前近代女性史研究会編『家・社会・女性』吉川弘文館、一九九七年）などが挙げられる。しかし、江戸時代の女性による武家の継承と、これが系譜上に刻まれた事例は、今のところ清心尼のほかは確認できていない。

（7）吉野朝史蹟調査会『南部家文書』（一九三九年）に所収。『源氏南部八戸家系』は二三代義長の代に宮津の儒者下村由章に編修を委嘱し、二四代義論の代に脱稿した。

（8）『八戸家伝記』は二六代信有が正徳三年（一七一三）、祐筆宇夫方市郎左衛門政周に家伝系譜の撰修を命じたことに始まり、享保年間にまとめられた。三巻からなり、初代から二二代直義までの事績を記す。前掲『南部家文書』に所収されており、本稿ではこれに拠った。

（9）『八戸家系伝記』は四巻からなり、初代から二六代信有までの事績を記す。写本が東京大学史料編纂所に所蔵。『三翁昔語』後編巻之五（東京大学史料編纂所所蔵）にも書写されており、本稿では東京大学史料編纂所所蔵の『三翁昔語』写真版を遠野市立図書館で閲覧した。『三翁昔語』によれば、『八戸家系伝記』は寛保元年（一七四一）六月、八戸南部氏の由緒を尋ねた藩主利視のために、同年一一月書き上げたとされる。

(10)　『参考諸家系図』は文久元年（一八六一）、盛岡藩士早川正甫が藩主に献呈した家臣諸家の系譜に、南部氏一門の系譜を加えて編纂された。前沢隆重他編『参考諸家系図』第一巻（図書刊行会、一九八四年）に所収されており、本稿ではこれに拠った。なお、『参考諸家系図』の清心尼の記載は『八戸家系伝記』とほぼ等しい。

(11)　前掲『南部家文書』三九五頁。

(12)　『三翁昔語』は前編四巻・後編一八巻からなり、東京大学史料編纂所所蔵。前編が新編青森県叢書刊行会編『新編青森県叢書』第四巻・第五巻（歴史図書社、一九七三年）に翻刻されている。著者の新田政箇は、新田氏の分家の家筋にあたる。

(13)　前掲『南部家文書』三一六〜三一七頁。

(14)　九戸政実の乱にさいして八戸南部氏政栄・直栄父子は三戸南部氏信直の援軍要請に基づいて加勢していた。北奥の勢力争いをめぐる兵乱に八戸南部氏が三戸南部氏を支えて参加したことで両家のきずなが築かれた。

(15)　『八戸家系伝記』（『三翁昔語』後編巻之五）。

(16)　前掲『参考諸家系図』一三五頁。

(17)　盛岡藩領では慶長五年に大身の阿曽沼氏が滅亡して以降、寛永年間までに、浄法寺氏・大槌氏・柏山氏・大光寺氏・毛馬内氏などの各氏が衰亡、断絶などの途をたどり、これにより寛永年間には代官制度の基礎が確立した。『岩手県史　第五巻近世編一』（岩手県、一九六三年）四八〇〜四九六頁。

(18)　『三翁昔語』前編巻之三（前掲『新編青森県叢書』第五巻、三三二〜三三四頁）。

(19)　『八戸家系伝記』（前掲『三翁昔語』後編巻之五）。

(20)　『三翁昔語』前編巻之三（前掲『新編青森県叢書』第五巻、三四頁）。

(21)　清心尼の二人の娘のうち、一人は図2に示したように、藩主南部利直の次男で花巻二郡二万石を支配していた政直の室となった。婚姻の時期は『岩手県史　第五巻近世編一』（一五九頁）によれば元和四年とされているが、これに従えば、この婚姻も宗家と八戸南部氏とを結ぶ政略的な婚姻であったことが推測される。ただし婚姻の経緯については詳かではない。

(22)　『三翁昔語』前編巻之三（前掲『新編青森県叢書』第五巻、三三五〜三三六頁）。

(23)　前掲脇田「幕藩体制と女性」。

(24)　前掲『八戸根城と南部家文書』四五三頁。

(25) 同右、四五四～四五五頁。
(26) 『三翁昔語』前編巻之三（前掲『新編青森県叢書』第五巻、四四～四七頁）。
(27) 前掲『八戸根城と南部家文書』四五六～四六〇頁。
(28) 『三翁昔語』前編巻之三（前掲『新編青森県叢書』第五巻、五五頁）。
(29) 前掲『南部家文書』三九六頁。
(30) 『三翁昔語』前編巻之三（前掲『新編青森県叢書』第五巻、五五頁）。
(31) 浪川健治「津軽海峡を挟む地域像」（北海道・東北史研究会編『北からの日本史』三省堂、一九八八年）。
(32) 前掲『参考諸家系図』一三六頁。
(33) 『盛岡藩雑書』第一巻（盛岡市教育委員会・盛岡市中央公民館編集）一三三頁。藩主には殿様、藩主の母・妻・子供・養子、および他藩の藩主には様の敬称をつけており、将軍は「将軍家光公」、院号では大猷院様のように記されている。
(34) 八戸南部氏の周辺では、一四世紀に六代信政の妻で得宗被官工藤貞行娘の加伊寿が父貞行から所領の一部を生前贈与されたり、貞行没後に後家しれんに貞行の財産が一期相続され、その後嫡女加伊寿に永代譲与されるなど、嫁いだ娘や後家に所領が相続されていた事例がみられる（元亨三年「工藤貞行譲状」『南部家文書』一号、建武元年「工藤貞行譲状」同前二〇号、興国四年「尼しれん譲状」同前四四号、興国五年「尼しれん譲状」同前四五号、正平五年「南部政長譲状」同前五二号など）。また八戸南部氏も所領の一部を後家となった加伊寿を中継ぎに次の代に相続させていた。一五世紀以降は南部家文書のなかに譲状がほとんど伝わらず、女性の相続の存在を確認することはできないが、家の財産を受け継いで管理する娘や後家の役割は八戸南部氏のなかに伝統的に受け継がれてきたのではないかと思われる。
(35) 中舘氏は八戸南部六代信政弟の信助を祖とし、沢里・岡前両氏は一二代守清弟の信治を祖とする八戸南部氏の分家一族である。正月の年頭祝儀のさいの席次では、当主を挟んで新田・中舘・沢里・岡前等の一門が横並びに座る応永二九年（一四二二）当時の列座が、慶長四年の段階まで維持されていた（『三翁昔語』前編巻之二。前掲『新編青森県叢書』第五巻、四八四～四八五頁）。年頭の祝儀は当主との主従関係や家臣間の序列を再確認する場であり、右の席次は近世初頭まで分家一族が家臣列には入らずに当主家と同列の地位を保っていたこと、すなわち八戸南部氏の同族団的な支配構造が近世初頭まで続いていたことを示唆するものである。家臣団の構造については入間田宣夫氏の御教示を得た。

(36)　小井田幸哉氏の整理によると、書状の数は一九通確認されている（前掲『八戸根城と南部家文書』四二五〜四二六頁）。
(37)　前掲『八戸根城と南部家文書』四二六頁。
(38)　『三翁昔語』前編巻之四「新田家知行減少之事」（前掲『新編青森県叢書』第五巻、一一七〜一二〇頁）。
(39)　前掲『参考諸家系図』第一巻に新田氏の系図が掲載されているが（一五〇頁）、後家の相続については義実の記載のなかに記されているだけで、当主としての扱いにはなっていない。
(40)　古河公方足利義氏の娘「氏姫」は天正一〇年（一五八二）義氏の没後、同一八年までの八年間、義氏に男子の継承者がなかったため、古河公方家の七人の連判衆に支えられて当主となっていた（前掲佐藤「古河氏姫に関する考察」）。『寛永諸家系図伝』二（四〜五頁）には氏姫の相続が、喜連川氏の系譜の中に「義氏男子なきゆへに氏女その家をつぐ」として、義氏―氏女―国朝の系線で位置づけられている。しかし『寛政重修諸家譜』では義氏―国朝と繋がれ、国朝の事績のなかに家の継承記事が含まれている。
(41)　『三翁昔語』前編巻之三（前掲『新編青森県叢書』第五巻、一一頁）。

第二章　女性による武家の相続

――盛岡藩・仙台藩の事例から――

はじめに

江戸時代に女性が武家の相続から排除されていたことは、従来から自明のこととされている。武家の家督は基本的に実子の男子のうちから嫡庶、長幼の順に定められ、男子がいなければ養子を入れて継がせることになり、女性は直系の血筋であっても家督に就けなかったとするのが、これまでの一般的な理解であろう(1)。実際、幕末に至るまで、将軍家・大名家はもとより、旗本や御家人のなかにも、女性の当主は一人も見出されていない。これは武家の「表」と「奥」が性別分業の場として成り立っていたことと裏腹の関係をなしている。「表」の公的・政治的領域は武士の職務として男性が担い、女性は「奥」の私的領域を分掌するという性別役割のシステムのなかで、武士の職務に就かない女性は家督の座を得ることもなかったのである。

庶民の場合は当主の没後に跡継ぎの男子がいなければ、妻や娘が一時的に相続人となることは稀ではなかった。江戸時代後期になると、家族内に成人の男性がいながら女性が長期間相続人であり続ける例が増えてくる(2)。庶民の家も男性による相続が支配的ではあったが、女性が相続から徹底して排除されていたのではなかったのである。そうした庶民の実態と比べてみると、武家の相続における男性の優位性は際だっている。

だが実は、武家の相続人について、これまで性差の観点に立った検証が十分になされてきたわけではない。前述したように、大名や幕府旗本・御家人のなかに女性が見出せないという点では、上層の武家に相続人を男性の性別役割とする原則が貫徹していたかのようである。しかし、この原則が江戸時代を通して、また藩の陪臣レベルまで貫かれて、女性が武家の相続から徹底して排除されていたのか、あるいは中継ぎ的な役割をもってしても相続への関与を拒まれていたのか、相続役割の性差をめぐる検証についてはほとんど手つかずとされてきた研究状況にある。(3)

本章では、こうした研究史の現状を踏まえ、東北の盛岡藩・仙台藩における武家の相続に着目してみる。両藩では藩政初期から中期にかけて、女性が武家を相続していた例が見出される。女性による武家の相続は、どのような経緯や事情から実現していたのか、そこにはいかなる特徴があったのか、相続人の性差をめぐる問題に迫ってみることにしたい。

一 盛岡藩における女性相続

1 八戸南部氏の女性相続人

(1) 清心尼の相続事情

盛岡藩では藩主家南部氏の一族にあたる八戸南部氏、および藩主家一門の七戸氏で、それぞれ女性が家の相続に関わっていた例がある。このうち八戸南部氏については前章で検討を終えているので、(4)ここでは相続の経緯と特徴を簡略に述べておくことにしたい。

八戸南部氏は、盛岡藩の藩主家となった三戸南部氏と戦国期以来、一族の宗主権を争ってきた間柄の家である。三戸南部氏が豊臣秀吉の奥州仕置によって、奥州糠部七郡の本領を安堵され、大名となる道を開かれたのに対して、八戸南部氏は大名として独立する機会を失い、藩主家の一族として藩内の八戸・田名部地域を知行していた。その八戸南部氏で慶長一九年（一六一四）六月、当主の直政が急逝し、跡を継ぐ男子がいないという相続の危機を迎えたが、藩主南部利直の命により、直政後家の清心尼が跡目を継いだ。清心尼は元和六年（一六二〇）までの六年間、当主の座に就いた後、娘婿の直義に家督を譲り渡している。

清心尼が八戸南部氏の家督の座にあったことは、藩主南部利直から清心尼に対して領地支配の黒印状が発給されていたことによって明らかである。利直は元和四年（一六一八）領内一斉に知行宛行目録を発給しており、その過程で同年一一月二三日に、「八戸内儀」（清心尼）に対して一万二五〇〇石の知行目録を与えている。(5) 八戸南部氏の相伝の領地のうち、藩が借上げていた田名部三〇〇〇石は含まれていなかったが、清心尼は藩主によって八戸南部氏の領主権限を認められたことになる。

清心尼の家督としての地位は系譜にも明確に位置づけられている。八戸南部氏では江戸時代半ばから幕末にかけての時期に、家の系譜が複数作成されているが、いずれの系譜にも清心尼が夫直政の跡を継いだことが明記されており、相続の系統を示す系線も直政から清心尼、そして直義へと繋げられている。歴代の家督に代数を記している系譜では、清心尼もその代数に数え上げられ、二一代という数字が刻まれている。八戸氏の内部で作成された系譜ばかりでなく、藩によって編纂された家臣団全体の系譜でも、清心尼は八戸南部氏の家督の一人として書き上げられている。八戸南部氏の相続人としての清心尼の立場は、このように藩内においてゆるぎないものであった。

女性が家督に就くことで不都合が生じるとすれば、軍役の遂行に関わることであろう。清心尼は夫の跡目を継いだ直後の慶長一九年一〇月に大坂冬の陣に遭遇しているが、藩主利直からの出動命令にさいして、重臣二名を旗頭に騎士二五騎、総勢三二〇人の軍勢を派遣して、これに応じている。女性当主であっても代参人を立てて軍役を果たすことで、事なきを得ていたのである。

このように、清心尼は女性でありながら、家督としての務めを支障なく果たしていたのであるが、臨戦態勢のさなかの江戸時代初頭に女性が家督に就いていたことは、稀有な事例であったことはたしかである。清心尼はどのような事情から家督の座に就いたのだろうか。

清心尼を八戸南部氏の継承者に決めたのは、藩主の南部利直であった。清心尼の母の千代子は藩主家の出身であり、利直の姉であったので、利直は清心尼とは叔父と姪の間柄にあった。利直はこうした親密な関係を背景に、継嗣が途絶えた八戸南部氏の存続に乗り出して、後家の清心尼を跡目に据えたのである。実は八戸南部氏の側では、当主家を支える一族家臣たちが、この相続危機に直面して、八戸南部の一族の新田家から養子を立てるという、それまでの慣例に基づいた相続手段を取り決めようとしていた。利直はこうした八戸南部氏側の動きを封じ込めるべく相続に介入してきたのである。これには利直自身の政治的な思惑がからんでいた。当時の利直は近世大名として領主権の確立をめざしていた時期にあり、北方交易の拠点である田名部をはじめとして、八戸一帯に戦国期以来の知行権を及ぼしていた八戸南部氏の勢力は、利直がめざす領内の一元的支配に対抗する存在であった。そこで、八戸南部氏を姪の清心尼にいっとき継がせることで、利直が後見人としてその勢力を外側からコントロールし、八戸南部氏を一族としての地位から、藩主の専制支配下の家臣列に組み込むことを目論んだのである。実際、八戸南部氏は清心尼の時代に、藩の借上げとなった田名部三〇〇〇石が戻されず、相伝の所領を削減され、知行権も大幅に制限されている。女性をあえて当主に仕立てた利直の思惑は、ほぼ成功したといってよい。

だが、清心尼の家督が実現した事情を藩主利直の一方的な意向でとらえるのは妥当ではない。八戸南部氏の側に女性による相続を受け入れる基盤がなければ、藩主の命といえども清心尼が家督に就くことはできなかったはずである。実は利直は、清心尼を家督に命じるにあたり、女性ながら家の血筋を正当に受け継ぐ者であることを論拠として挙げていたのであるが、家の血筋とは、清心尼が夫直政の兄で二代前の当主であった直栄の娘であること、つまり八戸南部氏の直系の血を引く生まれであることを指している。要するに、八戸南部氏の側に実子を男女の別なく家の血筋を等しく受け継いでいるとみる、双系的な血脈観念が存在していたことによって、清心尼が相続人として受け入れられたと考えられるのである。そうした相続観念は、八戸南部氏が当時まで、当主のもとに一族が同族団的に結合する戦国期以来の支配構造を存続させながら受け継いできたものであった。

清心尼による相続は、幕藩制の成立期にあって、藩主が領内の専制支配の確立をめざそうとした近世的な要素と、実子の女子による家相続を受け入れる中世以来の相続観念が生き続けるなかで実現していた、過渡期の相続であったといえるのである。

(2)　陪臣新田家の後家相続

八戸南部氏ではその後、家臣（藩主家からみると陪臣）の新田家でも女性による一時的な相続が行われている。新田家は正保年間、当主の義実の没後に家督を継ぐ男子がいなかったため、家禄は一時的に後家に預けられ、その後婿養子に相続された。これは清心尼の相続を前例として採られた措置であり、後家は夫没後の数年間、娘が成長して婿を迎えるまでの間、家の相続人の立場にあったのである。

ただし、新田家の後家は清心尼とは異なり、系譜上に相続人としての明確な痕跡をとどめていない。新田家の系譜では、夫の義実から延びる系線は婿養子に繋がれており、後家が家相続に果たした役割については夫の記載の最後に記されているが、視覚的には抹消された形となっている。清心尼は藩主から領地支配のお墨付きを得ていたことで、家督としての地位がゆるぎない事実となり、系譜上にその地位が明記されたのに対して、新田家の後家は相続人としての立場を示すような史料がなく、また男性を相続人とする観念が系譜の作成にさいして強くはたらいていたことがうかがわれる。

新田家の後家相続ではさらに、後家が家禄を維持する手腕を懸念されて、相伝の家禄を四分の一に削減されている。清心尼の家相続においても、これを仕掛けた藩主利直により、家禄を減らされていたことは前述した通りである。家の存続の危機にさいして女性が一時的に相続人としての役割に就くことは、通常の相続とはみなされず、減知の処分を受けるものとなったのである。

2　七戸氏の女性相続人

(1)　三重の相続事情

江戸時代中期の享保一八年（一七三三）、藩主家一門の七戸氏で、女子の三重による相続が行われている。

七戸氏は四代藩主南部重信が元禄二年（一六八九）一二月一日、一三男（一五男とも伝える）愛信に和賀郡北飯豊村二九四石をはじめ六ヶ村で都合一〇〇〇石を分知し、七戸外記の名を授けて家門として独立させた家である。愛信は六男一四女の子女に恵まれた。だが、享保一七年五月六日に五九歳で没した当時、三八歳の嫡男益信は生まれながらの病弱で実質的に跡継ぎになれない身にあり、他の男子も皆夭逝して、跡目を継ぐ男子はいなかった。家の存続が危ぶまれる事態のなかで、女子の三重に家禄が分与され、その後三重に養子を入れるという措置が採られている。この間の事情やその後の経緯については、①「公族系譜」(6)、②「公子伝系譜」(7)、③「御奥様并御連子様方」(8)、④『参考諸家系図』(9)などの幕末期の系譜史料のなかに記されている。四点の史料は記載内容に若干の齟齬がみられるが、補足しながら三重による家相続の経緯をたどってみることにしたい。

愛信没後の七戸氏の相続策は、享保一七年五月六日に愛信が没した直後に、娘の三重から藩主の利視に上申されている。三重は、七戸氏のなかに跡継ぎとなる者がいないことを見越し、藩主の側も家の存続を図る様子がないのをみて、重信の「深き思召」によって取り立てられた七戸氏が断絶することは嘆かわしいことであり、なんとか存続の措置を採ってほしいと、役人を通じて藩主の利視に嘆願したのである。利視はこれを了承し、一年後の享保一八年五月二一日に上使の梶藤内を通じて、愛信の知行一〇〇〇石のうち五〇〇石を益信の養育料の名目で三重に相続させ、残りの五〇〇石を他の七人の女子の介抱のために分けることを申し渡した。さらに三重に対して、城下近郊の志家村に屋敷を移して「御倹約後相続被成候様」命じた(10)。

こうして七戸氏は愛信の没後、家禄が没収されずに三重を筆頭に愛信の娘たちに相続されたのであるが、問題は七戸氏の家としての存続にあった。翌享保一九年三月七日、三重は七戸の苗字を断絶させないための手段として、四歳になる末の妹の幾を自分の養女とし、これに南部氏の一門から婿養子を入れるよう利視に願い出る。利視はこれを聞き入れて、元文四年（一七三九）一二月一二日、弟の彦九郎信起を幾の婿養子とすることを決めた。信起は延享二年（一七四五）閏一二月一八日に三重の屋敷に移り、七戸氏の家督と家禄五〇〇石を継いでいる。

だが、それから三年後の寛延元年（一七四八）、五代藩主行信の弟勝信が創設した幕府旗本の三田氏で跡継ぎが途絶えるという事態が起こり、藩主の利視は、信起に三田の家督を継ぐように命じる。信起は妻の幾を伴って三田家の跡目に入り、七戸氏の家禄五〇〇石は再び三重に戻されたが、三重は翌寛延二年八月五日、薙髪して禄高を藩に返還している。三重の気持を忖度すれば、いったんは養子を入れて家の存続が叶ったものの、藩主によりその方策が絶たれたことで、七戸氏を再興することをあきらめざるを得なかったのであろう。こうして七戸氏は断絶を余儀なくされたのである。

以上のように、七戸氏は当主の愛信の没後、娘の三重が家の存続を画策し、三重とその妹たちに家禄が分割相続された。その後三重に養子が迎えられたことで、三重は父愛信と養子信起との相続を繋ぐ中継ぎ役を果たしていたことになる。養子の信起は元文四年(一七三九)に三重の養女幾との婚約が整った後も、ただちに三重の屋敷に入らずに、それから六年後の延享二年に家督を継いでいる。信起は元文四年当時は一三歳であるので、おそらく成人して実質的に執政ができる年齢になるのを待ったものとみられるが、逆にみればこの間の一二年間、七戸氏は三重を相続人として存続していたことになる。三重が二八歳から四〇歳にかけてのことである。寛延二年八月五日に三重が家禄を藩に返還したさい、盛岡藩の藩庁日誌には、「お三重様御知行所、花巻八幡通の内御上高」として五〇〇石の内訳が村名で記されている。[11] 三重が七戸氏の相続人であったことは、藩内で広く認識されていたものとみられる。

三重による相続は、兄の益信が病弱ながら五二歳になる延享四年まで存命であったことからすると、異例の措置であったといわざるを得ない。益信をとりあえず家督に据えて、その後養子を迎えるという選択も採り得たはずである。だがそうした措置が採られなかったのは、三重自身が七戸氏の存続を藩主に強く訴えていたという事情に加えて、女子による相続が緊急時の相続方法として当時まで忌避されていなかったことをみるべきだろう。さらに、婿養子の信起がただちに家督を譲られずに六年間待たされていたことからすると、三重は女性ながら家督としての手腕を十分に発揮して、周囲にその立場を認められる存在となっていたことが推測される。

（2）　系譜上の相続記載

三重は七戸氏の実質的な相続人であった。だが、盛岡藩の系譜史料のなかで、三重による家相続を伝えているものは、ごくわずかにすぎない。三重の相続における立場を系譜の記載形式に注目して検討してみよう。

図3は岩手県立図書館に所蔵されている南部氏の系譜史料のうち、管見した限りの七戸氏の相続の記載様式を概念化してみたものである。記載のパターンは大きく五つに分けられる。A型は、愛信から子女に続く系線が、三重を筆頭に益信、そして他の子女の順に繋げられているもので、前述した「公族系譜」、「公子伝系譜」の二つがこれに当たる。三重の部分には相続の経緯が詳細に書かれており、愛信の子女の筆頭に位置づけられている点と合わせて、三重が愛信の次の相続人の立場にあったことが明示されている。三重の兄益信については、他の子女と同じように没年と戒名、埋葬された東禅寺が記載されているが、実際に病身で家の相続にはまったく関与していなかった点で、当然の記載方法であろう。末子の娘である幾の次には、養子の信起の名がある。信起はいったん三重の養子に入っており、三重から系線で結ばれてもいいはずであるが、結果的に七戸氏を離れて七戸氏の存続に寄与しなかった事実から、こ

図3　七戸氏の相続記載

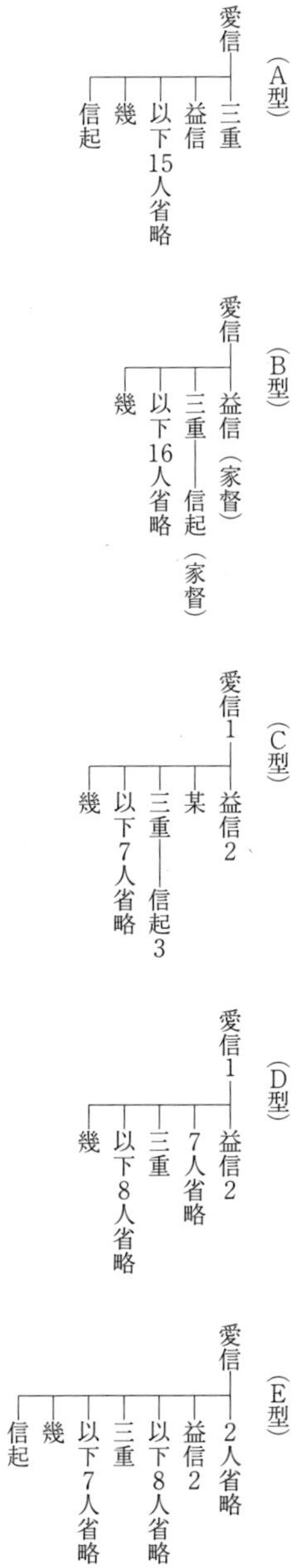

のような記載様式となったのだろう。

愛信の子女の筆頭に三重を置き、三重の相続人としての立場を明瞭にしているA型に対して、B型からD型までは、いずれも子女の筆頭に益信を据えている。しかも、益信には「家督」や「二代」という表記があり、益信を愛信の次の相続人として位置づけるものとなっている。このうちB型は、前述の『参考諸家系図』に収録されている七戸氏の系図である。益信に続き三重、そして幾までの子女を並べ、三重の欄では家禄の相続の経緯を説明し、系線で養子の信起を繋いでいる。益信と三重の記述には、益信が享保一七年六月に三八歳で「家督」となり、ただし多病で執務ができないため妹の三重が「家事を執す」ることになったこと、そして翌享保一八年五月に三重が父の遺領のうち五〇〇石を兄の看病料として分与されて「家事に主」となり、養子を迎えた後も延享二年まで「家政」を布いていたことを伝えている。三重の欄に家相続の経緯が記され、三重と信起が系線で結ばれている点は、三重の実質的な相続人としての立場を明示するものとなっているが、益信について、父愛信の没後に跡目を相続したという、フィクションが加えられている。三重の相続における役割は尊重しながらも、益信が嫡子の立場にあったことから、事実を曲げて益信を家督としているのである。

C型は「南部氏略系」(12)にみえるもので、愛信の次の家督として益信に「二代」の数字を入れ、三重には信起と繋ぐ系線を引き、信起を三代としている。益信を相続人に据えたうえで、三重については信起を養子に採った事実を伝えるものとなっている。

D型は「南部御系譜」「御系譜」(13)にある記載様式で、益信に「二代」の数字を入れ、以下、末の幾までの子女を順に表記している。三重の部分には養子の系線がなく、信起を養子とした事実は消されている。ただし、三重が家禄の半分を相続した経緯については伝えている。E型は「歴世系」(14)の記載で、愛信の子女に益信以下、幾までの実子を並べ、最後に養子の信起を記載するものである。益信に二代目の表記があり、三重の欄には相続の記載はなく信起との系線も引かれていない。ただし信起の欄には三重の養子となったことが記されている。

以上みてきたように、七戸氏の系譜史料では、三重の相続人としての地位を視覚的に明瞭に伝えているものはごくわずかであり、大部分が愛信の次の家督を、実際上その地位にはなかった益信としている。系譜の作成にさいして、事実はどうあれ嫡子の立場の男子がいれば、これを家督に据えおくという、男子優先の相続観念が強くはたらいていたことをみるべきであろう。逆にみれば、男性が家督であるべきとする相続におけるジェンダー規制が存在したがために、実際は女子による相続が行われながら、系譜上ではその事実が消されることになったのである。

もう一つ、系譜の記載で興味深い点は、三重の婚姻に関する記述である。多くの系譜が三重の婚姻歴を記さないか、「生涯独身」という記述を入れているが、管見ではただ一つ『参考諸家系図』の七戸氏の系図だけが、桜庭統賢の妻であった女性で、後に離縁となり、家督となった兄益信の家事を補佐していたと伝えている。益信が家督に就いた事実がなかったことはこれまで述べてきた通りであるが、三重の婚姻歴について『参考諸家系図』のこの記述は事実を伝えているものと思われる。なぜなら、同じ『参考諸家系図』の桜庭氏の系図に、統堅（賢）の妻の欄に「七戸外記愛信君女離縁」と記されており、桜庭氏は統賢の前の当主も四代藩主重信の娘の益姫を妻として迎えている家柄であるからである(15)。三重の父愛信が没した享保一七年当時、三重は二八歳であったことからしても、三重に結婚歴があったとみるのが自然であろう。そのうえで七戸氏の存続に奔走することになった経緯を推測してみると、『参考諸家系図』が伝えるように、桜庭氏と離縁して実家の七戸氏に戻っていた時期のことかもしれないが、あるいは七戸氏の存続のために離縁を決めた可能性も考えられないではない。

ともあれ、多くの系譜で三重を生涯独身としたり、婚姻歴に触れていないのはなぜだろうか。婚姻期間が短期であったのかもしれないが、それよりは、三重が七戸氏の存続に実質的に関わった人物であったからこそ、これを承知していた系譜の作成者があえて婚姻の事実を外したのではないかと考えられる。

二 仙台藩における女性相続

1 家臣家の女性相続人

仙台藩伊達家の家臣家の相続については、延宝四年（一六七六）に編纂された「御知行被下置御牒」、元禄四年（一六九一）にこれを補足編集した「御下中衆先祖書牒」、および寛政四年（一七九二）編纂の「伊達世臣家譜」などの系譜史料によって手がかりを得ることができる。このうち「御知行被下置御牒」[16]、「御下中衆先祖書牒」[17]から、当主の死亡にさいして家族の女性に知行が付与され、これをもとに家の継承が図られた事例、すなわち女性が家の相続に関与していたケースを拾い出して整理したのが表1（七四～五頁）である。なお、当主の死亡後ただちに娘に婿が迎えられ、知行が相続されているケースについては除いている。

女性により家が相続されている事例は、慶長年間以降、全部で一六例見出される。これは、仙台藩の二〇〇〇家に及ぶ家臣家で、家督相続がそれぞれ数代以上繰り返されていた結果の数としては、ごくわずかにすぎない。だが、初代藩主政宗から四代藩主綱村の代まで、年代でいうと江戸幕府が成立する直前の慶長年間から貞享年間まで、藩政前期を通じて女性を介した相続が存在し続けていたことは注目してよいだろう[18]。

一六人の女性相続人を前の当主との関係でみると、後家が八人、娘が六人、母が二人である。そこで表に沿って女性の立場ごとに、個々の相続の事情を確認してみよう。

まずは娘が相続人となっている事例をみてみる。①の白石次郎左衛門娘の場合は、曾祖父の白石三河が天正一七年（一五八九）頃に福島駒ヶ嶺の戦い、祖父の左衛門が天正一八・九年の佐沼の戦い（葛西大崎一揆）でともに戦死しており、父の次郎左衛門は三歳で白石家の跡目を相続したが、若くして病死してしまった。そこで残された二歳になる次郎左衛門娘に藩主伊達政宗から知行一〇貫文が付与されている。(19) その後、娘が一二歳になった年に、政宗は後に二代藩主となる部屋住の忠宗に対して、白石家の先祖の戦功を伝え、近習に召し仕える者のなかから娘に婿を選んで白石の名跡が断絶しないよう措置を採ることを命じた。これにより忠宗の近習に仕えていた熊谷十三郎が娘の婿養子に選ばれ、白石右兵衛を名乗り、娘の知行と合わせて一五貫文一五人扶持、馬の喰一匹分を下付されている。

白石家では次郎左衛門の没後、実子は二歳になる女子よりほかにいなかったようである。藩主の政宗は、白石家の先祖の功績を評価して、この二歳の女子に知行を付与することで、白石家の存続を図ったのである。次郎左衛門娘は二歳の幼女でありながら、実子として家を相続する権利を認められたのであり、やがて婿養子に名跡を繋ぐ役割を果たしている。

④の塩森六郎左衛門娘、⑥の青木勘三郎娘、⑦の横尾大学娘の場合も同様に、当主の父の死去にさいして幼い女子一人が残されたため、藩主から知行を付与され、成長後に婿養子によって相続されるという経緯をたどっている。ただし、女子に対して付与された知行高をみると、白石次郎左衛門娘については父の禄高が不明であるのでわからないが、塩森六郎左衛門娘は父の知行の三分の二、青木勘三郎娘は約七分の一、横尾大学娘の場合は五分の一で、娘には父の知行高の一部が付与されたにすぎない。このうち白石次郎左衛門娘と塩森六郎左衛門娘の場合は、婿が娘の知行高に自身の進退や持参知行を合わせて相続しており、塩森家ではそれによって、元の家禄が復活している。青木

表1 仙台藩家臣家の女性相続人

No	女性相続人名(相続高)	相続期間	前の相続人(知行高)	次の相続人(知行高)	相続状況	史料所在
①	白石次郎左衛門娘(一二歳)(一〇貫文)	慶長年間(二歳〜一二歳)	父(不明)	婿(婿の進退と合わせて一五貫文一五人扶持)	父の病没後に藩主政宗が知行付与。娘一二歳のとき、先祖の戦功により娘婿による名跡相続の命あり。	六—一四
②	樋口美作後家(七貫二〇八文)	慶長年間	父(九五貫文)	娘婿(七貫二〇八文)	夫の戦死後、男子がなく後家に本地の一部を付与。後に娘婿による名跡相続の指示あり。	一九—九
③	斉藤勘右衛門後家(一二貫五〇〇文)	慶長年間	夫(一二貫五〇〇文)	嫡子(一二貫五〇〇文)	夫病死。嫡子四歳、二男出生直後のため、後家に二人の男子養育の名目で知行を付与。嫡子の成長後、後家の知行を付与。	一七—二〇
④	塩森六郎左衛門娘(一二歳)(一〇貫文)	慶長年間	父(三〇貫文)	婿(婿の持参知行と合わせて三〇貫文)	父の戦死で政宗が一人娘に「扶助分」として知行付与。後に婿が相続。	二二—三八
⑤	志賀丹後後家(一〇貫文)	慶長年間	父(六〇貫文)	娘婿(一〇貫文)	夫の病没後、男子なく後家に知行付与。その後後家が娘婿による相続を願い出。	三四—八
⑥	青木勘三郎娘(二歳)(一〇貫文)	慶長年間	父(一四八貫文)	婿(加増で四〇貫文)	父の病没後、一人娘に知行付与。娘の成長後、婿による跡職の取立の指示あり。	三六—四
⑦	横尾大学娘(三歳)(一〇貫文)	慶長年間	父(一〇〇貫文)	婿(加増で五〇貫文)	父の病没後、一人娘に知行付与。その後婿による苗字相続の指示あり。	一九—二一
⑧	青木七蔵後家(五→六→一三貫文)	元和元〜慶安元年	父(三〇貫文)	娘婿(娘婿・娘婿兄・後家の知行合わせ三〇貫文)	夫の病死で子供は二歳の女子のみ、知行の一部を後家に付与。親類が娘婿の名跡願。	一四—二三
⑨	鈴木利右衛門後家(三貫一二一文)	元和三〜元和六年	父(三貫一二一文)	後夫(後夫の知行と合わせて五貫三五一文)	夫が病死、懐妊中の後家に子の出生後、相続を条件に跡職付与。後家は養育のため再婚。後夫の没後、男子に実父の相続。	五一—三 四九—一一
⑩	相田金三郎母(三貫文)	寛永六〜同一三年以前	子(三〇貫文)	娘婿(娘婿の知行と合わせて六貫文)	家督の子供の病死で相続者なく進退召上げ、母に知行付与。娘婿に名跡相続の指示あり。	二四—三一

⑪	山岡志摩後家→娘（七貫二〇〇文）	寛永年間～寛文元年	父（二五〇貫文）	親類（親類の知行と合わせて一三貫二〇〇文）	夫の没後、男子なく知行没収し後家に知行付与。娘が知行をもとに親類による名跡願い出。	二二―一八 （世）一一―五〇
⑫	田中金右衛門後家（三貫文）	慶安四～寛文七年	父（一三貫九〇〇文）	甥（三貫文）	夫の病死で実子なく知行召上、「後家一代」分を付与。後家が名跡相続を願い出、甥が「後家継目」となる。	五三―四
⑬	安久津道純娘（五両八人扶持）	明暦三～万治二年	父（五両八人扶持）	婿（婿の扶持と合わせて一一両一二人扶持）	父が江戸の明暦大火で焼死。一人娘に進退付与し、後に婿による名跡相続。	二四―四二
⑭	田中勘左衛門娘（切米判金二枚一〇人扶持）	万治元～同二年	父（五人扶持）	婿（娘の切米・扶持を知行に直して三〇貫文）	父が前藩主に殉死。藩主綱宗が江戸にいる娘に扶持を与え、婿による名跡相続を指示。	一九―四
⑮	中里道作後家（一〇人扶持と在郷屋敷一軒）	寛文一〇～同一二年	父（三二貫四五八文）	娘婿（七貫文）	夫が江戸で病死。女子のみで跡職つぶれ、後家に扶持と屋敷を付与。綱宗の意向で娘婿による名跡相続。	四一―三三
⑯	鈴木伝左衛門養母（九貫六〇〇文）	貞享二年四月～同年一二月	養子（九貫六〇〇文）	孫（九貫六〇〇文）	夫の病死後、跡職を相続した養子が逐電し進退つぶれ、後家（養母）に知行を付与。後家が孫による相続を願い出。	（元）三―四八

注1　「史料所在」の欄は「御知行被下置御牒」の巻数と番号を示す。このほか⑯は元禄四年の「御家中衆先祖書牒」による。（世）は「伊達世臣家譜」の巻数と番号。
2　「相続期間」の欄の「慶長年間」という記載は、慶長年間の相続であることが推測されるが、年度は不明。

勘三郎娘と横尾大学娘については、婿養子が後に知行を加増されて、相続時の知行が倍増しているが、元の家禄には及ばない。

一方、娘の相続の残る二例は、一七世紀半ば過ぎの⑬の安久津道純娘、⑭の田中勘左衛門娘である。安久津道純娘は江戸で藩医を勤めていた父が、明暦三年（一六五七）の江戸の大火で焼死したため、一人残された娘に父の「進退」がそのまま付与され、二年後に婿養子が自身の扶持と合わせて名跡を受け継いでいる。田中勘左衛門娘は、父が二代藩主忠宗の死去に伴い殉死したため、三代藩主綱宗が娘に扶持を与え、翌年原田惣兵衛を婿に入れて名跡を相続させている。娘には父の倍の扶持が付与され、娘婿の原田はこれを知行に直して三〇貫文を与えられた。右の二例は、ともに実子の一人娘が父から婿養子への相続を繋げているが、娘には二年以内に婿養子が迎えられており、ほぼ成人の年齢に達していた女子が、数年以内に婿養子を迎えることを前提に知行を付与されたことになる。もう一つ、慶長年間の四例の女子相続と異なる点として、娘が父の「進退」そのまま、またそれ以上の待遇で相続を認められているが、これは父親が江戸の大火の犠牲となったり、藩主の死亡にさいして殉死するという、不測で特殊な事態から相続措置に特別な配慮がなされたものとみられる。

次に、後家による相続の事情についてみてみよう。②の樋口美作後家は、夫が二本松御陣で討ち死にし、そのさい男子がなかったため、九五貫文の本地のうち七貫二〇八文の知行を付与されている。後家には二人の女子がおり、一人は他に嫁いでいたが、残る一人に片倉助左衛門の二男の片倉源三郎を婿に迎えて名跡を継がせるという措置が採られた。源三郎には本来の九五貫文の本地が後に返却されるはずであったが、婿養子を取り持った片倉備中が病死してしまったため、七貫文の知行のまま相続されたことが伝えられている。

③の斉藤勘右衛門後家、⑤の志賀丹後後家の二つの事例も、ともに夫の戦死や病死にさいして後家に知行の一部が付与され、後にこれが成長後の男子や娘婿に相続されている。当主の夫の没後に実子の幼い男子や女子しかいない家族事情のなかで、男子が成長するか女子が婿養子を迎えるまでの数年から十数年の間、後家が相続人となっていたのである。後家に付与された知行高は、樋口美作後家の場合、前の当主である夫の約一三分の一であり、後に娘婿には後家の知行がそのまま相続されている。斉藤勘右衛門後家、志賀丹後後家の場合は、ともに夫の知行高の六分の一の付与である。つまり、後家による相続は、同じ時期の娘による相続に比べて、さらに低い額で行われたことになる。

後家による相続のうち、元和年間以降にみえるケースでは、相続の経緯も相続高もさまざまである。⑧の青木七蔵後家の場合は、夫の病死により三〇貫文の知行の六分の一を付与されており、後にこれをもとに親類が娘婿による名跡願いを上申して、受理されている。婿は相続にさいして、後家の知行に自身と実兄の知行を合わせることを認められており、これにより以前の三〇貫文の家禄が復活している。後家は元和元年（一六一五）から慶安元年（一六四八）まで、実に三三年間も相続人としての地位にあった。⑨の鈴木利右衛門後家の場合は、夫の病死当時は懐妊中であったため、誕生した子供に名跡を相続させることを条件に、三貫文余の夫の跡職が後家に付与された。一年後に男子が生まれたが、その後、後家は養育のために婚家を出て再婚し、利右衛門の跡式は男子が幼少の間は後夫が自身の知行と合わせて相続することになった。その後、後夫が死亡すると、利右衛門との間の男子に利右衛門の跡式が付与され、鈴木家の継承が図られている。

⑪の山岡志摩後家は、夫の没後に男子がいなかったために二五〇貫文の知行を没収され、二代藩主忠宗から特別に後家分を付与された。後家分は夫の知行のわずか三〇分の一である。後家はこれを娘に与えることを嘆願し、のちに娘の願い出により、親類が自身の扶持と合わせて山岡家の相続を認められている。後家分が付与されてから実に三〇年近くが経って、名跡を立てる願いが出され、相続措置が採られたのである。⑫の田中金右衛門後家も、夫の病死にさいして実子がいなかったため、一三〇貫文の知行が召上げとなり、「後家一代」分として知行の四分の一ほどを付与された。その一六年後に後家は甥による名跡相続を願い出て、「後家の継目」が認められている。⑮の中里道作後家は、夫が寛文九年（一六六九）七月に江戸で病死したさい、実子が女子のみのため跡職をつぶされたが、翌一〇年六月になって、後家に生活保障のための扶持と在郷屋敷が付与された。これに対して藩主綱宗が特別に娘婿による名跡相続を図り、元の知行三二貫文余の四分の一強が与えられている。

最後に、母が相続人となっている事例をみてみよう。⑩の相田金三郎母は、家督の子供金三郎が病死したため、三

○貫文の「進退」を召上げられ、代わりに三貫文の知行を付与された。その後、金三郎の姉婿に対して、金三郎母の知行三貫文が下され、自身の高と合わせて相田家の名跡を立てることが認められた。そのさい、金三郎母の養育が合わせて命じられている。⑯の鈴木伝左衛門養母は、明暦三年の夫の病死後に跡職を相続した養子の伝左衛門が貞享二年四月に逐電し、「進退」が潰れた。このため、養母に知行をそのまま付与し、伝左衛門の嫡子を養子に立てて相続させることが言い渡され、養母がその通りに願い出て認められている。

元和年間以降の後家相続、および母の相続の七事例は、結果的にみれば、慶長年間と同様に娘婿や養子、孫などによって相続が行われるまでの繋ぎ役を果たしている。ただし、このうち⑩の相田金三郎母、⑪の山岡志摩後家、⑫の田中金右衛門後家、⑮の中里道作後家の四事例は、当初は相続人がいないとみなされて知行を没収され、代わりに後家に生涯の生活を保障する分の知行や扶持が付与されている。後に後家が、後家分をもとに親族を相続人に立てて家の再興を嘆願したり、藩主の意向によって結果的に家が相続されたのである。後家と母に付与された知行は、鈴木利右衛門後家、鈴木伝左衛門養母については前の当主の知行がそのまま維持されているが、そのほかは大幅に削減されている。

2 女性による相続の特徴

仙台藩の家臣家における女性相続について考察してきたが、女性による相続には全体としてどのような特徴がみられるのだろうか。

第一に、相続役割の時期的な推移に注目してみよう。女性たちは、当主の男性の没後に跡目を継ぐ男子がいない、あるいは男子が幼少であるという事情のもとで、実子の女子や後家、母として、前の当主と同じか、その何分の一かの知行を付与されており、後にこれを男子や婿、娘婿などに相続させている。いずれのケースも、家の相続において中継ぎ役を果たしている点で変わりはない。

ただし、相続人としての女性の立場は、元和年間から寛永年間頃を境に大きく変化している。実子の女子は、慶長年間には二歳、三歳という幼女でも相続人とされているが、その後幼少の相続人は姿を消して、数年以内に婿養子を迎えるような成人に達した女性のみである。つまり、慶長年間の段階では、年齢を問わず相続人としての立場を認められる場合があったのに対して、その後は幼少の場合は相続人になれなくなり、婿養子による相続が数年以内に想定される成人女子の場合に限られるようになったのである。

この点は男子と明らかな違いがある。男子も幕藩制の成立以降、幼少の場合は家禄の全面的な相続をほとんど認められず、一〇歳以下では減封処分をうけるのが通例となっている。なかには家禄を没収されているケースも少なくない。だが、仙台藩の相続制度のなかで、寛文年間以降、男子は幼少であっても封禄を保障されてゆき、元禄年間には完全な相続資格者として認められるようになる。[20] 男子が幼少でも相続資格を認められていくのに対して、幼少の女子は相続から完全に排除されるようになったのである。

一方、後家や母の立場の女性についても、寛永年間を境に変化が起こっている。元和年間までは、嫡子や婿養子に相続を繋げる役割は、当初から明瞭である。しかし、⑩の相田金三郎母の寛永年間以降、後家や母たちは、当主の死亡時に相続人がいないことで知行や跡式を没収されており、いわば家はいったん断絶を宣告されている。後家や母という立場で家を相続する道を断たれてしまったのである。女性たちには代わりに、生涯の生活費が付与された。後に本人や親類たちが、これを基に娘婿などを相続人に立てるという、名跡相続を認められており、結果的にみれば、家は女性によって繋げられている。

以上のように、女性たちは寛永年間以降、幼少の場合は相続を認められなくなり、後家や母として家を相続する役割も降ろされて、相続人としての立場が全体として大きく後退したとみることができる。一方で、一代限りのわずかな禄高であれ残されれば、後にこれを娘婿などに継がせる名跡相続の道は開けていた。こうして女性は藩政前期を通じて家の存続に寄与する存在であり続けたのである。

第二に、女性を介した家の相続が実現していた背景に注目してみたい。武士の家は通常、当主の死亡にさいして実子の男子、養子などがいない場合には、家禄を没収され断絶することになる。だが、幕府法では、名跡相続と称して、特に功績のあった家については、恩恵的に近親者を相続人として断絶家を再興させる場合があった。仙台藩の場合は、鎌田浩氏によると、幕府法よりも家臣家に対する相続保障がさらに強く、名跡相続者の範囲や血縁の遠近による家禄の相続率が明文化されていた(21)。名跡相続は直系の子孫以外の一定範囲の親族が、ただちに相続人としての資格を付与されることになったので、家の断絶とはいっても名目にすぎず、名跡相続によって通常の相続と変わりない相続が実現していたことになる。寛文三年(一六六三)一一月に相続率についての明確な規定が定められ、延宝三年(一六七五)、さらに元禄一四年(一七〇一)と受け継がれている。

このように、親族による名跡相続が家の断絶の危機にさいして救済措置として一般化していたなかで、実子の女子や後家・母による相続の中継ぎが並列して実施されていたことになるが、ただし女性による相続については、管見の限り明文化されていた形跡はうかがえない。藩の相続システムのなかでは相続人は男性であることが自明とされて、女性が相続に関わることは想定されていなかったといってよい。

それでは、江戸時代初期から前期の時期に、女性による相続はなぜ実現しえたのだろうか。一つは、女性による相続の多くが、家の先祖や前の当主の功績を重視しようとする、時の藩主の配慮に基づいていたことが注目される。藩主は家臣の家の相続にさいして、特別に勤功のあった先祖の血筋の継承を大事とみたのであり、それはすなわち、家を直系で相続させる方法を採らせるものとなったのである。実子の女子や後家、母を介した相続は、次に娘婿が相続者となった場合であっても、家を直系の血筋で継承させることに寄与するものとなるから、藩主にとっては恩恵的な施策として実施する意味があった。ここに、女性による相続の存在意義を見出せるのである。

一方、家の側に着目してみた場合、女子や後家、母の立場の女性たちを家督として受け入れる意識が存在していたこと、そして女性を家督に据えても家の支配において障りのない家臣団のシステムがあったことが推察される。ただしこの点について、実証は今後の課題とせざるを得ない(22)。

第三に、女性による相続が家禄に及ぼした影響をみておこう。前節で述べたように、女性に対して付与された知行は、前の当主と同じである例はごくわずかであり、大概が大幅に削減されている。これは、女性による家の支配、すなわち知行地や家臣団の掌握が、藩によって懸念されていたことによるものであろう。また、女性一代の生活を保障するのであれば、多くの知行の付与は不要とみなされたと思われる。

女性の次の相続人は、自身の持つ知行高を加えるなどして、家禄を加増させている例が少なくない。だがその場合も、前代の男性当主の家禄と比べると、大概が減少している。つまり、家は女性の相続を経ることで、ほとんどの場合、家禄の減少をみたのである。

家禄の削減は男性相続人の場合もなかったわけではない。前述したように、実子の男子は一〇歳以下で相続人となった場合、寛文年間までは減封処分をうけるのが通例であり、没収も珍しくはなかった。だがその後は相続資格者として認められ全禄相続を保障されるようになっている(23)。幼少の相続人が不利益を被っていたのは、知行が藩主に対する奉公への恩恵として一身専属的な関係をもって付与されるものと観念されていたからである。幕藩制の確立に伴い、軍役奉公の必要性がうすれるにつれて、幼少の男子については成人するまで幼少役金を上納させるという、勤務の代償化が進んでいく。

家禄の削減は名跡相続の場合も実施されているが、初期において大きかった削減率は、幕藩制の確立とともにしだいに縮小してゆき、兄弟以外の親族による相続でも通常二分の一程度にとどまっている。(24) このような男性による相続と比べてみると、女性による相続は家にとって、大きな不利益を被るものとなっていた。したがって家の側は、しだいに女性を相続人に立てることを避けるようになったと推測される。

おわりに

江戸時代の武家の女性たちは、「表」と「奥」の性別分業のシステムのなかで、家を相続して家督の地位に就く役割から原則的には排除されていた。だが、本章で明らかにしたように、大名の家臣や陪臣の家においては、当主の死亡時に跡継ぎの男子がいないという、家の存続危機のなかで、実子の女子や後家、母が相続人となり、あるいは結果的に家の相続を中継ぎする役割を果たす場合があった。それは基本的には、藩主をはじめ上級権力が、政治的な思惑から、また先祖の勤功などを重視して、家臣の家の存続を図るなかで実現していたものである。男系の男子でなければ相続人とせず、家督に据えないとする家父長制的な相続観念は、理念として存在してはいても、一八世紀半ばの時期まで、大名の家臣や陪臣クラスの相続まで徹底して覆い尽くすものではなかったことが推察される。この点は、女性を相続人として受け入れていた家の側の事情をさらに掘り起こしながら考えてみる必要があるが、全国的な動向や階層性の検討も含めて、今後の課題としたい。

現実に女性による武家の相続が行われていた一方で、注意してみなければならないのは、系譜類での記載の問題である。盛岡藩では、一族の八戸南部氏の清心尼については、大部分の系譜で相続人として位置づけられ、歴代の家督の数に数え上げられている(25)。だが、一門の七戸氏、陪臣の新田家の女性相続人は、相続人として系譜で繋がれたり、家督の文字や代数が記されるという記載様式からほとんど排除されている。実は幕府編纂の系図においても、女性相続について記載の操作が行われている。古河公方足利義氏の娘の氏姫は、天正一〇年（一五八二）に義氏が没した後、同一八年までの八年間、古河氏の相続人の立場にあり、その事実は江戸時代初期の『寛永諸家系図伝』では、のちに氏姫と婚姻した喜連川氏の系譜のなかに、義氏―氏女―国朝（氏姫の夫）と相続人を系線で繋いで明瞭に示され、「義氏男子なきゆへに氏女（氏姫）その家をつぐ」と記述されている(26)。これに対して、江戸時代後期の『寛政重修諸家譜』では、相続人を示す系線は義氏―国朝と繋がれて、氏姫の立場は国朝の事績のなかに家の継承記事として書かれているだけである(27)。

系譜史料の多くは、現実に女性が家を相続した場合であっても、男系の男子を相続人とする幕藩領主の相続方針を反映して、視覚的に女性を相続人の地位には据えない操作が加えられたのである。そうした系図編纂の現場において存在したであろう、相続人の性別をめぐる意識についても今後検討してみるべき問題である。

注

（1）江戸時代の武家女性が家と財産の相続権を大きく制限されていたことは、石井良助『長子相続制』（日本評論社、一九五〇年）、大竹秀男『「家」と女性の歴史』（弘文堂、一九七七年）などの研究以来、つとに指摘されてきている。

（2）大口勇次郎「近世農村における女性相続人」（『お茶の水女子大学女性文化史料館報　一九七九』、一九七九年）、同「近世後期における農村家族の形態」(女性史総合研究会編『日本女性史 第三巻 近世』東京大学出版会、一九八二年)。ともに同著『女性のいる近世』(勁草書房、一九九五年)に再録。菊池慶子「仙台藩領における姉家督慣行」(『石巻の歴史』特別史編、一九九二年、のち『日本女性史論集 第三巻 家と女性』吉川弘文館、一九九七年に再録、本書第一部第五章)。

(3) 宮本義己氏は毛利氏領国で戦国時代から寛永年間まで引き続き女性による家相続の事例があったことを検証されている(「武家女性の資産相続—毛利氏領国の場合—」『國學院雑誌』七六巻七号、一九七五年)。また鎌田浩氏は後家養子の制度について、熊本藩の養子相続の一つとして検証されている。後家養子は家柄や特別の勤功等によって後家の助扶持を基に養子を立てることが認められていたもので、後家は養子取組の主体となることで、家の相続に参与していたとみることができる(鎌田浩「熊本藩における相続制度」『幕藩体制における武士家族法』第二章第三節、成文堂、一九七〇年)。

(4) 本書第一部第一章。

(5) 小井田幸哉『八戸根城と南部家文書』(八戸市、一九八六年)四五六~四六〇頁。

(6) 岩手県立図書館所蔵文書、二八・八—五二。

(7) 同前、新二八・八—一五。

(8) 同前、二八・八—一二。

(9) 前沢隆重他編『参考諸家系図』第一巻(図書刊行会、一九八四年)二一四~二一五頁。

(10) 「公族家譜」「公子伝系譜」ともに記載されている。

(11) 盛岡市中央公民館所蔵「雑書」(盛岡藩家老席日記)寛延二年八月五日条。

(12) 岩手県立図書館所蔵文書、新二八・八—二五。

(13) ともに岩手県立図書館所蔵文書。「南部御系譜」は二八・八—一七、「御系譜」は二八・八—四九。

(14) 岩手県立図書館所蔵文書、二八・八—二。

(15) 前掲『参考諸家系図』第一巻、三九〇~三九一頁。なお、この桜庭氏の系図によると、統賢の後妻は藩主利視の命で迎えられている。三重の離縁は七戸氏の相続がらみで起こり、利視の意志がはたらいていた可能性も考えられる。

(16) 「御知行被下置御牒」は宮城県図書館所蔵。六〇巻に及ぶ藩士の知行高に関する書上であり、五嶋五郎左衛門茲安、南平兵衛吉寛、木幡作右衛門茲清の三名により延宝四年(一六七六)一二月から同八年三月までの三年四ヶ月を要して編集された。収録されているのは一貫文以上の家臣団一、九三二家に及んでおり、仙台藩の家臣団のほぼ全体的な相続状況をうかがうことができる。「御知行被下置御牒」は『仙台藩家臣録』（全五巻）として歴史図書社より出版（一九七八年）されており、本章ではこれを利用した。

（17）仙台市博物館所蔵。元禄四年（一六九一）五月、「御知行被下置御牒」に取り上げられなかった家臣の系譜を補うものとして編纂された。『元禄補遺仙台藩家臣録』として今野印刷より刊行（一九九四年）されており、本章ではこれを利用した。

（18）仙台藩の家臣家の相続形態については、相原陽三氏が「『御知行被下置御牒』にみる武家の相続」（『市史せんだい』第四号、一九九四年）と題する論文で分析しており、この中で女性による家相続があったことを明らかにしている。ただし慶長年間の一事例の紹介にとどまっている。

（19）仙台藩は貫文制を採用しており、一貫文は一〇石に相当する。

（20）鎌田浩「仙台藩における相続制度」（前掲、『幕藩体制における武士家族法』一九一頁）。

（21）同前、一七三―一七六頁。

（22）仙台藩の家臣相続では、寛永年間までは、開発知行のなかからではあるが女子や後家に対する知行の分割が行われており（前掲、相原陽三「『御知行被下置御牒』にみる武家の相続」）、女子の相続権が根強く存在していたことが推測される。

（23）前掲、鎌田浩「仙台藩における相続制度」（『幕藩体制における武士家族法』一九一～一九三頁）。

（24）同前、一七五頁。

（25）ただし八戸南部氏の一族家臣新田家の一族である新田政箇が著した『三翁昔語』では、清心尼を事実上二一代目の当主として数えながら、夫で前の当主である直政の事績に繋げて相続の経緯を記しており、清心尼の事績を独立して記述しないという作為がなされている（本書第一部第一章）。

（26）『寛永諸家系図伝』第二巻、四～五頁。古河氏姫については、佐藤博信『古河公方足利氏の研究』第六章「古河氏姫に関する考察」（校倉書房、一九八九年）に詳しい検証がある。

（27）『寛政重修諸家譜』第二巻、一二〇頁。

第三章　大名および家臣家の女性知行

――新庄藩を事例として――

はじめに

近世の武家女性については、財産の分与・相続から徹底して排除されたとする理解が長らく通説として定着してきた。すなわち、中世後期以降、家父長制的「家」の基本的動向として、分割相続から単独相続への移行が進んだことに伴い、女性は一期分としてのみ財産を譲与されるようになったとし、さらに幕藩制国家の成立により、軍役負担をはじめとする公役勤仕が成人男性を中心に編成されたため、女子一期分さえも否定されたとするものである。このような理解のもとに、近世の「化粧料」や「奥方知行」など女性知行の存在は、例外性・特殊性が殊更に強調されることになった。

これに対して近年、実証的研究の成果により、武家女性のさまざまな知行や相続の実態が明らかにされ、通説の再検討が始まっている(1)。なかでも興味深いのは、薩摩藩島津氏の女性知行について分析された長野ひろ子氏の研究である。長野氏は、近世の武家女性の知行は中世以来の女子一期分の譲与慣行を含みながら、この時代のあらたな原則のもとに設定されたものであるとし、そこには大名権力の公的役割が反映していると指摘する。すなわち、大名家の妻娘の場合、初期の人質としての役割をはじめとして、婚姻・出産等についても公的性格を有していたことで、知行を

図4　戸沢氏系図

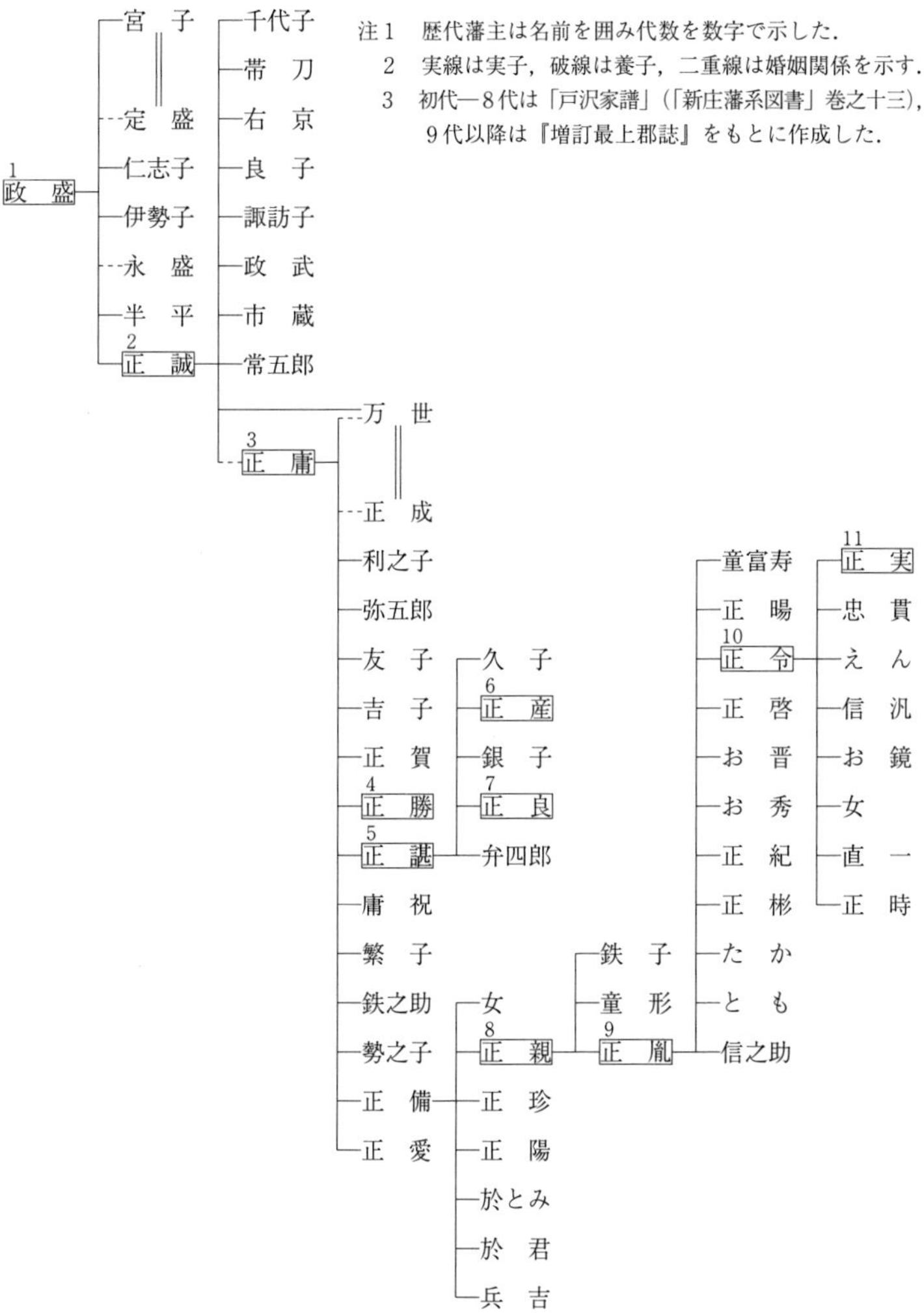

注1　歴代藩主は名前を囲み代数を数字で示した.
　2　実線は実子，破線は養子，二重線は婚姻関係を示す.
　3　初代―8代は「戸沢家譜」(「新庄藩系図書」巻之十三),
　　9代以降は『増訂最上郡誌』をもとに作成した.

付与され、一方、家臣の妻娘は原則的に奉公者になり得ない立場にあったが、奥向きに仕える女中衆については、いわゆる女性家臣団として公的勤務を担っていたことから、近世を通じて知行が与えられたとするものである。[2] 以上の長野氏の見解は、女性に対する知行付与を近世の政治構造・権力構造のなかに位置づけ、その普遍性を示唆した点で、注目すべきものである。ただし、分析の時期は一七世紀初頭の段階で終わっており、近世後期については見通しにとどまっている点で、今後に課題を残している。

女性知行についての検証は現在まで、右の長野氏の研究を含めて、薩摩・佐賀・長州・岡山などの西南諸藩、および将軍家に集中しており、時期的な検討も一七世紀段階にとどまっている。議論を進展させるためには、考証の地域と時期とを広げてみる必要があると思われる。そこで本章では、従来分析の対象とされてこなかった東北諸藩について、とくに出羽国新庄藩を取り上げ、藩主家戸沢氏の一族、および家臣団の女性たちの知行の様相を明らかにしてみたい。

新庄藩は東北地方のほぼ中央部に位置し、出羽国最上郡一円と村山郡の一部を領有していた表高六万八二〇〇石の外様中藩である。藩主家戸沢氏は出羽国仙北郡の小土豪の出身であり、初代藩主戸沢政盛は、関ヶ原の戦功により慶長七年（一六〇二）常陸国松岡四万石の大名に転じたのち、元和八年（一六二二）最上義光の改易に伴い、鳥居忠政（山形藩二四万石）、酒井忠勝（庄内藩一四万石）とともに、最上旧領である当地に入封した。以来、図4に示したように、幕末まで一一代にわたって当地を支配している。

本章の第一節では、戸沢氏の家族・親族の女性の知行について、第二節では、戸沢氏の家臣家の女性に対して付与された知行について、考察を行う。

一　新庄藩戸沢氏の女性知行

1　史料の検討

戸沢氏の一族の知行が知られる史料として、戸沢氏の分限帳である「知行万年分限帳」の中の書き上げを見出した。「知行万年分限帳」は、五〇石以上の家禄を有する藩の上級家臣団について、各家の初代から明治初年にいたる家督と、その相続年月、禄高、没年月を記録したもので、作成時期は明治四年ごろと推定されている(3)。この分限帳の巻一の冒頭部に、家臣の目録に先立って、次のような記載がある。

一　千五百石　　御下屋鋪様
一　三百五拾石　　二丸様
一　三千石　　内記様
一　千三百五拾石　　於諏訪様
　　戌暮より三百五拾石被進
一　銅山運上金三千両　　御隠居様
一　三千石　　治太夫様
一　千石　　お万世様
一　三千石　　六三郎様

一　千五百俵　猪野七郎様
一　三百俵　御奥様
一　四百俵　民部様
　　　後中務様と御改
一　千石　右御同所様
　右宝暦三酉年十月為御合力被進之
一　千石　亀松殿
　　　後造酒殿・城之進殿与御改
　右中務様江被進候高、直々明和九辰年六月被進之、天明六丙午秋御表江御直り被遊
一　千石　仁之進様
　右天保
一　千石　礼太郎殿
　右嘉永四亥年十二月四日仁之進様御遺領無相違被成下之、御使小山左門相勤候段申来之
一　千石　譲之助様
一　千石　銈五郎殿

右の書き上げは、登場人物の名前にすべて「様」や「殿」という敬称があることから、藩主家戸沢氏の一族の知行を記したものであることが知られる。そこで戸沢氏の系図と照らし合わせながら、記載されている人物を確認しておこう。

はじめに「御下屋鋪様」であるが、初代藩主政盛の娘の伊勢子に比定される。伊勢子は正保二年（一六四五）伊予国大洲藩主加藤出羽守泰興に嫁いでいたが、万治二年（一六五九）離縁となり、江戸青山の新庄藩下屋敷で暮らしていた。その後寛文八年（一六六八）に青山屋敷が焼失したため、翌九年に新しく完成した本所三ツ目の下屋敷に移り、延宝五年（一六七七）六〇歳で没している。[4]「新庄藩系図書」巻之十三「戸沢家譜」に掲載された系図によると、伊勢子は「武江青山ト云所ニ住居号青山殿」と記されており、居所を由来とする青山殿という通称で呼ばれていたことが知られるが[5]、青山屋敷は藩の下屋敷であり、さらに伊勢子が晩年の約一〇年を過ごした本所屋敷もまた下屋敷であった。したがって「御下屋鋪様」という名称は、離縁により実家の戸沢家に戻っていた当時の伊勢子の通称であったとみて間違いない。二番目の「二丸様」は、政盛の側室で宮子・伊勢子の二人の女子の母である天慶院の通称である。[6]

三番目の「内記様」は、二代藩主正誠の養子で三代藩主となった正庸の養子時代の通名であり、つぎの「於諏訪様」は、二代藩主正誠の娘の諏訪子である。「御隠居様」は、二代藩主正誠が宝永七年（一七一〇）正庸に家督を譲ってから享保七年（一七二二）に没するまで十数年にわたり隠居の立場にあったので、隠居後の正誠をさしていることになる。続いて「治太夫様」と「御万世様」であるが、後者は二代藩主正誠の娘で三代藩主正庸の養女となった万世であり、前者の「治太夫様」は、正庸の養子で万世の婿養子となった正成である。

「六三郎様」「猪野三郎様」は、ともに三代藩主正庸の男子の幼名であり、後の四代藩主正勝・五代藩主正諶である。「御奥様」は、いうまでもなく藩主の正室を指す名称であるが、史料の記載順序からすれば、三代藩主正庸から五代藩主正諶までの正室が該当する。このうち正庸は正室を迎えておらず、正勝の正室微笑院は嫁してわずか三年後に死去しているので、延享三年（一七四六）に五代藩主正諶に嫁ぎ天明三年（一七八三）に六二歳で亡くなった、翠松院とみてよいだろう。「民部様」は、三代藩主正庸の男子で正勝・正諶の弟である正備の通称であり、「亀松殿」は、正備の

表2　戸沢家歴代の正室・子女(○印は知行のみえる者)

初代政盛
　正室：山形藩主鳥居忠政妹,巨川院　婚姻期間：慶長15年～寛永元年卒
○側室：家臣門屋氏女天慶院＝二丸様　寛文4年卒

　宮子(慶長17年生,寛永2年養子定盛と婚姻,万治元年卒,47歳)
　定盛(山形藩主鳥居忠政次男,寛永2年養子・宮子と婚姻,寛永18年卒,34歳)
　仁志子(早世)
○伊勢子＝御下屋鋪様(元和4年生,正保2年大洲藩主加藤興泰と婚姻,万治3年離縁,延宝5年卒,60歳)
　永盛(日野中納言資乗次男,寛永18年養子,同19年卒)
　半平(寛永元年生,同9年卒,9歳)
○正誠＝御隠居様(寛永17年生,慶安3年家督,宝永7年隠居,享保7年卒,83歳)

二代正誠
　正室：広島藩主浅野光晟娘,高岳院　婚姻期間：寛文元年～同4年卒

　千代子(明暦元年生,延宝6年森藩主久留島通政室,貞享2年卒,31歳)
　帯刀(寛文2年生,同4年卒,3歳)
　右京(寛文3年生,同5年卒,3歳)
　良子(早世)
○諏訪子＝御諏訪様(寛文6年生,貞享2年麻田藩主青木重矩室,元禄11年卒,33歳)
　政武(延宝5年生,貞享2年卒,9歳)
　市蔵(元禄8年早世)
　常五郎(貞享4年早世)
　虎子＝万世　　三代藩主正庸養女
○正庸＝内記様(家臣楯岡友清三男,貞享3年養子,宝永7年家督,元文2年隠居,同5年卒)

三代正庸
　万世＝お万世様(元禄11年生,正徳3年正庸養女として養子正成と婚姻,享保4年卒,22歳)
　正成＝治太夫様(鳥居成信三男,正徳3年養子,万世と婚姻,享保19年卒,49歳)
　利之子(元禄11年早世)
　弥五郎(元禄12年早世)
　友子(元禄14年生,宝永5年卒,8歳)
　吉子(宝永2年生,同3年卒,2歳)
　正賀(享保6年生,同14年卒,9歳)
○正勝＝六三郎様(享保7年生,元文2年家督,延享2年卒,24歳)
○正諶＝猪野七郎様(享保7年生,延享2年家督,明和2年卒,44歳)
　庸祝(享保11年生,寛延2年卒,25歳)
　繁子(享保12年生,同16年卒,5歳)

鉄之助(享保14年生,同16年卒,3歳)
勢之子(享保16年生,寛延3年卒,20歳)
○正備＝民部様(享保18年生,明和9年卒,40歳)
正愛(元文元年生,寛延2年卒,14歳)

四代正勝
正室：烏山藩主大久保忠胤養女,微笑院　婚姻期間：寛保3年～延享3年

五代正諶
○正室：大和郡山藩主柳沢信鴻妹,翠松院＝御奥様　婚姻期間：延享3年～明和2年,天明5年卒

久子(宝暦3年生,同6年卒,4歳)
正産(宝暦10年生,明和2年家督,安永9年卒,21歳)
銀子(宝暦11年生,松平大隈守と婚姻後離縁　戸田大炊頭と再婚後離縁,　寛政8年卒,36歳)
正良(宝暦12年生,安永9年家督,天明6年卒,25歳)
弁四郎(明和元年生,同3年卒,3歳)

六代正産
正室：讃岐高松藩主松平頼恭娘

七代正良
正室・酒井忠仰娘

○正親＝亀松殿(宝暦7年正備の男子として生,天明6年正良の末期養子となり家督,寛政8年卒,40歳)

八代正親
正室：広島新田藩主浅野長員妹,宝珠院　婚姻期間：天明8年～寛政2年卒)
後室：彦根藩主伊井直中養妹,瑞柳院　婚姻期間：寛政4年～同8年,天保7年卒)

鉄子(？～享和3年卒)
正胤(寛政4年生,寛政8年家督,天保11年隠居,安政5年卒,67歳)

九代正胤
正室：徳島藩主蜂須賀治昭養女伊与子,賢心院　婚姻期間：文化6年～嘉永7年卒

富寿(早世)
正暘(早世)
正令(文化10年生,天保11年家督,天保14年卒,31歳)
○正啓＝仁之進様(嘉永4年卒)→○男子正鄰＝礼太郎殿
お晋(大野藩主土井利忠室)
お秀(上山藩主松平信宝室)

正紀（早世）
○正彬＝譲之助様（嘉永元年卒）→○養子正時＝鉒五郎殿（正令男子）
たか（早世）
とも（早世）
信之助（早世）

十代正令
正室：薩摩藩主島津重豪娘，桃齢院　婚姻期間：天保3年～明治24年卒

正実（天保3年生，同14年家督，明治29年卒）
忠貫（他家へ養子入り）
えん（岩城但馬守室）
信汎（他家へ養子入り）
お鏡（木下辰太郎縁女）
女（早世）
直一（他家へ養子入り）
正時（正令の異母弟戸沢正彬へ養子入り）

嫡子で後に八代藩主となった正親の幼名である。

残るは四人であるが、このうち「仁之進様」「譲之助様」は、九代藩主正胤の男子、正啓と正淋の通称であり、「礼太郎殿」は正啓の男子正鄰の通称、また「鉒五郎殿」は一〇代藩主正令の五男で正淋の養子に入った正時の通称である。

以上、記載された人物は、初代政盛から一〇代正令にいたる歴代の藩主の家族および親族であり、したがってこの書き上げは、ある特定の時期における藩主家の知行を記したものではなく、藩政期を通した藩主家一族の知行を採録したものとみてよいだろう。つまり新庄藩では、藩政期を通じて藩主の家族や親族に独自の知行が付与されており、その内容が分限帳の冒頭に家臣の記録に先立って記されたものと考えられる。ただし、系図と見比べてみると、知行のある人物は限られており、この書き上げが知行の全容を示しているものかどうか定かではない。そこで藩主の代ごとに知行の記載者を確認しながら、書き上げの性格について探っておこう。

表2は初代藩主政盛から一〇代藩主正令までの正室と子女名、生没年をまとめたものである(7)。なお、初代政盛の欄だけは、行論

の関係上、側室を含めている。また知行の記載のある人物については○印を付した。以下、この表に従って考察を進めよう。

まず初代藩主政盛の家族についてみると、側室天慶院と娘の伊勢子、嫡子の正誠の三人に知行がみられる。このうち天慶院は、「二丸様」という側室としての通称で記載されていることから、三五〇石の知行は側室の立場により付与されたことが明らかである。伊勢子は「御下屋鋪様」と記されているが、前述したようにこれは離縁後に暮らしていた藩の下屋敷に由来しており、一五〇〇石の知行は離縁後に宛行われていたことになる。正誠については、知行ではなく銅山運上金三〇〇〇両が記されているが、「御隠居様」という記載から、この運上金は正誠が藩主の座を退いた後に隠居料として給付されたものと考えられる。

ところで、政盛の家族のうち、女子の宮子、および宮子の婿養子の定盛、女子の仁志子、養子永盛、男子半平、それに政盛の正室巨川院には知行がみえない。その事由であるが、半平と仁志子の二人は一〇歳以前に死去している。歴代藩主の子女のうち知行の記載がある者は、後述するように一〇歳以上であるので、右の二人については、知行が付与される年齢に達していなかったことになる。一方、宮子は戸沢氏の家付娘となり、山形藩主鳥居忠政の次男で寛永二年（一六二五）二代藩主と見込まれて政盛の養子となった定盛と婚姻した。後述のように三代藩主正庸の時代に家督予備軍として養子に入った正成、および家付娘として正成と婚姻した万世には知行が付与されているので、宮子と定盛は同じ立場にあったことからすると、知行の記載はないものの、実際にはあった可能性が考えられる。永盛は寛永一八年、定盛の没後に政盛の養子となったが、その翌年に死去している。「政盛公・正誠公・正庸公・正勝公御四代之御記録」(8)によると、永盛には養子入りに際して政盛から「采知千石」の給付があった。つまり永盛は、実際は知行がありながら、その事実がこの書き上げには記載されていないことになる。ちなみに政盛の家族の没年を確認してみると、知行の記載のある天慶院、伊勢子、正誠の三人については寛文年間（一六六一～七三）以降であるのに対して、宮子・定盛・永盛は寛文年間以前に没していることで共通している。とすれば冒頭の書き上げは、寛文年間以前の知行状況が確認できないなかで、宮子・定盛・永盛の三人について、知行がありながら記載されなかったのではないかと推測される。

次に二代藩主正誠の家族についてみてみよう。五人の男子と三人の女子、それに養子で三代藩主となった正庸（内記）がおり、このうち知行の記載のあるのは女子の諏訪子と養子正庸の二人である。男子は五人誕生していたが、いずれも一〇歳未満で死去している。そこで貞享三年（一六八六）家臣の楢岡家から養子に入った正庸が、宝永七年（一七一〇）正誠の隠居に伴い家督を継いで三代藩主となり、以来四〇年近い治世ののち、元文二年（一七三七）に隠居し、三年後に死去した。正庸の知行は養子時代の「内記様」という通名で三〇〇〇石が記されており、家督を継ぐ養子の立場で付与されていたことになる。

女子の諏訪子は一三五〇石の知行の付与が知られるが、歴代の戸沢氏の女子は家付娘となった女子を除くと、大半に知行がないので、いわゆる女子分としての付与は考えにくい。そこで想像を逞しくして、諏訪子が一〇歳であった延宝三年にさかのぼってみると、諏訪子が家付娘の立場とされたことを推測することができる。当時藩主の正誠は三六歳となり、後継者を考える時期に差し掛かっているが、帯刀、右京の二人の男子が相次いで夭逝し、跡継ぎの男子がいない状況であった。女子の千代子は二一歳であるが、三年後の延宝六年（一六七八）に婚姻しており、この段階で正誠が後継者を考えたとすれば、諏訪子を家付娘と定めて将来婿養子を迎える構想を抱いていたことは推測に難くない。戸沢氏の相続において、家付娘による相続は実際少なからずみられる。既述のように初代藩主政盛は、女子の宮子を早々に家付娘と定め、正室巨川院の実家である鳥居氏から定盛を婿養子に迎えた。しかし定盛が急死したため、その遺児である風子に養子を迎えて継がせる計画であったが[9]、風子は慶安元年政盛が亡くなる直前に一三歳で死去したことから、正誠に二代藩主の座が回ることになった。ちなみに正誠も、家督の男子に恵まれずに養子の正庸を跡継ぎに迎えることになるが、そのさい末娘の万世を正庸の養女に入れており、万世の婿養子に家督を継がせることで、戸沢氏の血脈を保とうとした。戸沢氏はこのように、初代政盛と二代正誠の時代、娘に婿を迎えて家督を継がせる女系の相続形態が繰り返されており、したがって、延宝三年の段階で諏訪子を家付娘と定めてそれに相応しい知行を与えたことは、推測できることである。

さらにこの推察は、諏訪子の知行が「戌暮」から三五〇石に減らされていることとあわせて考えることができる。戌暮とは諏訪子の生存年代から寛文一〇年（一六七〇）、天和二年（一六八二）、元禄七年（一六九四）が該当するが、このうち寛文一〇年は諏訪子が五歳の幼年であり、元禄七年は嫁いで一〇年を経ている時期で知行を変更する理由は見出せない。そこで天和二年と推定してみると、諏訪子は一七歳であるが、男子の政武が誕生して六歳となり、前年六月に江戸藩邸に出府している。おそらく政武の順調な成長が確認され、家督予備軍としての準備が始められたことで、諏訪子は家付娘としての役目を降ろされ、一三五〇石の知行を三五〇石に減らされたのではないかと考えられる[10]。ただし政武は、その三年後に九歳で夭逝しており、その後正庸（内記）が養子に迎えられたことは前述した通りである。

続いて三代藩主正庸の家族をみてみよう。ここでは養女の万世、その婿養子の正成、男子の正勝、正諶、正備の五人について知行の記載がある。万世は二代藩主正誠の末娘であるが、正徳三年（一七一三）一七歳で正庸の養女となり、養子の正成と婚姻した。万世の知行一〇〇〇石は、家付娘としての立場によるものであり、正成の三〇〇〇石は家督予備軍の養子として付与されたことになる。

正勝と正諶はともに享保六年（一七二一）に誕生しているが、このうち正勝は享保一九年正成の急死により一三歳で正庸の嫡子となり、翌二〇年に御目見を済ませ、元文二年（一七三七）一六歳で正庸の隠居により四代藩主となった。三〇〇〇石の知行は御目見後に嫡子としての立場で給付されたものとみられる。一方、正謀は元文二年正庸の隠居直前に御目見を済ませ、同年兄正勝の家督就任にさいして七〇〇〇石の合力を付与されて寄合に列している。[11]したがって一五〇〇俵の知行については、元文二年の分家以前に宛行われたことになるが、享保二〇年兄正勝の御目見時に同時に付与されていたことが推測される。

正備については「民部」と称していた時期に四〇〇俵を給付され、その後宝暦三年（一七五三）から一〇〇〇石を宛行われている。民部の通称は寛延二年（一七四九）一七歳のとき以来であり、宝暦三年の加増は婚姻によるものと考えられる。正備の一〇〇〇石の知行はさらに明和九年（一七七二）の没後に亀松殿すなわち嫡子の正親に相続された。また正親は六代正産、七代正良の二人の藩主の相次ぐ他界により、天明六年三〇歳で藩主の座に就いているが、そのさい一〇〇〇石の知行は、「御表江御直り被遊」とあるので、藩の表財政に繰り込まれたことが知られる。

三代藩主正庸の子女のうち、史料中に知行の記載のない者について、その事情を探ってみよう。弥五郎、正賀、鉄之助、正愛の四人の男子は、一四歳以下で御目見を済ませないうちに死去している。女子のうち利之子、友子、吉子、繁子は早世しており、勢之子は他家に嫁している。残る庸祝は、延享二年（一七四五）兄正謀の家督就任に伴い、それまで正謀が有していた七〇〇〇石を譲り受けて寄合に列している。[12]このとき庸祝は二〇歳であったが、分家として家禄を持ったことにより、独自の知行は付与されなかったものとみられる。

四代藩主正勝は子女がいなかったので、続いて五代藩主正謀についてみてみよう。知行があるのは正室の翠松院ただ一人である。そこで子女について確認してみると、久子・弁四郎は早世しており、銀子は他家に嫁ぎ二度の離縁後、実家の戸沢家に戻っている。同様に離縁によって実家に戻っていた初代藩主政盛の娘伊勢子については知行が付与されていたが、銀子には知行がなかったことになる。正産は六歳の幼年で藩主の座に就いており、嫡子として知行を宛われる時期はなかったことになる。正良は兄正産の急死により一九歳で七代藩主の座に就いた。当時まで御目見を済ませておらず、したがって知行を付与されていなかったと考えられる。

八代藩主正親の家族は知行がみえない。嫡子の正胤は五歳で九代藩主に就任していたことで、知行が付与される時期がなく、女子の鉄子は他家に嫁していることがその理由となる。

九代藩主正胤の家族は七人の男子のうち正啓・正彬の二人に一〇〇〇石ずつの知行がある。このうち正啓の知行は嘉永四年の他界後、長子の礼太郎に全知行が引き継がれた。知行のみえない残る四人の男子のうち、富寿・正陽・信之助の三人は早世している。一〇代藩主となる正令は、文政一二年（一八二九）一七歳で御目見を済ませ、天保一一年（一八四〇）二七歳で家督に就いており、これまでの考察からすると、家督に就くまでの一〇年の期間が知行付与の対象となるのであるが、知行は記されていない。

最後に一〇代藩主正令の家族であるが、男子の正時にのみ一〇〇〇石の知行がある。嫡子の正実は天保一四年（一八四三）一一歳で一一代藩主となっており、知行付与の対象となる時期がなかったことになる。忠寛以下四人の男子は皆、他家へ養子に出ており、したがって知行の対象とならなかったことになる。

以上、冒頭に掲げた藩主家の家族・親族の知行記載について、藩主の代ごとに検討を加えてきた。この結果、右の史料は一〇代藩主正令の家督以前の時期の知行記載がない点は疑問が残るものの、全体的には寛文年間以降の歴代藩主の一族の知行の実態を記したものと判断してよさそうである。

そこで次項において、付与された知行を男性・女性の性別に分けて整理し、その特徴について考察を加えていくことにしよう。

2 男性知行の性格

前項での検討から男性の知行を整理してみると、対象として①藩主の男子、②養子、③隠居、の三者に分けることができる。

①藩主の男子の知行

藩主の男子として知行が付与されていたのは、三代藩主正庸の男子の正勝（六三郎）・正諶（猪野七郎）・正備（民部）、九代藩主正胤の男子正啓（仁之進）・正彬（譲之助）、および一〇代藩主正令の男子正時（鉎五郎）の六人である。歴代藩主の男子のうちごくわずかの数であるが、誕生した男子の大半が御目見を済ませないうちに早世しており、さらに他家の養子に出た者を除くと、戸沢氏の男子について、嫡子・庶子の区別なく、御目見を済ませた段階で知行が付与される原則が貫かれていたことになる。ただし、嫡子と庶子では知行に格差があり、嫡子は三〇〇〇石、庶子についてはは一〇〇〇石を基準とされていた。(13) ちなみに戸沢氏の家臣の最高禄高は二〇〇〇石であり、嫡子の知行はこれを凌駕する高であったことになる。

付与された知行は家督に就いた場合は表の藩財政に繰り込まれ、個人の知行としては消滅した。一方、家督以外の男子の知行は民部の知行一〇〇〇石がその長子の正親（亀松）に、正啓（仁之進）の知行は長子の礼太郎に、いずれも没後に相続されており、庶子の没後にその長子に独占的に相続されたことになる。

②養子の知行

二代藩主正誠の養子となった正庸（内記）と、三代藩主正庸の養子の正成（治太夫）が、ともに三〇〇〇石を付与されている。将来の家督継承者として迎えられた養子には、嫡子と並ぶ知行が宛行われていたことになる。

③隠居の知行

二代藩主を引退した正誠に隠居料が付与されていた。三代藩主正庸、九代藩主正胤にも隠居の時期があったが、知行や財産はみえないことからすると、正誠のみの特例であったことになる。正誠は正庸に家督を譲った後も、常盤丁の藩の別邸で豪奢な生活を続けながら藩政に影響力を及ぼしていたことが伝えられており[14]、隠居料は実権発動の財政的基盤として存在したことが推測される。

なお隠居料は「銅山運上金」で宛行われていたが、これは隠居料の設定の経緯と関わるものと考えられる。正誠が藩主の座にあった慶安三年（一六五〇）から宝永七年（一七一〇）までの六〇年間は、藩政の確立期にあたり、とりわけ元禄年間から宝永年間にかけては谷口銀山・永末銀山の二つの鉱山の再開発が進み、藩財政は好転した[15]。永末銅山の運上金は元禄一三年（一七〇〇）で二七〇〇両であったと伝えられており、正誠の隠居料三〇〇〇両は運上金がそのまま充てられた可能性が考えられる。

以上、藩主家の男性知行について考察してきた結果は次のようにまとめられる。

藩主の男子には藩政期を通じて、嫡子・庶子の別なく、御目見を済ませた段階で知行が付与された。ただし、他家に養子に出た男子には知行はつけられない。一方、養子として迎えられた者には将来の家督継承者として知行が付与された。

知行高は、嫡子と養子はともに三〇〇〇石であり、庶子についてはその三分の一の一〇〇〇石が基準であった。嫡子の知行は家督に就いた段階で表の財政に繰り込まれ、一方、庶子の知行は没後にその長子に相続されるものとなった。ほかに隠居料としての知行が二代藩主を引退した正誠にのみ、例外的に付与された。

3 女性知行の性格

本節ではいよいよ女性知行の考察にかかろう。歴代藩主の家族・親族の女性の中で、知行を付与されていたのは、初代藩主政盛の側室天慶院、政盛の女子伊勢子、二代藩主正誠の女子諏訪子、三代藩主正庸の養女万世、五代藩主正諶の正室翠松院のわずかに五人である。それぞれの女性たちの立場ごとに知行が宛行われた背景を探ってみることにしたい。

①藩主の女子・養女の知行

藩主の女子のうち知行が付与されたのは、初代藩主政盛の女子伊勢子、二代藩主正誠の女子諏訪子の二人である。二代藩主正誠の女子で三代藩主正庸の養女となった万世についても、ここに考察の対象として含めておく。戸沢氏の歴代の藩主には多くの女子が誕生しているが、右の三人にのみ知行が付与されていた事由を探ってみると、戸沢氏に残り、家の継承に貢献した存在であったことが指摘できる。

一三五〇石の知行が付与されていた諏訪子は、一時的に家付娘の立場におかれていたことが推測される。万世の場合は三代藩主正庸の養女となり家付娘の立場にあった。諏訪子はその後他家に嫁いでおり、万世も婿養子の正成が早世したことで、結果的に二人とも戸沢氏の血筋の継承に関わることはなかった。だが、その役割を背負う時期に知行が付与されたとみることができる。戸沢氏にはその後、順調に男子が誕生したことで、娘に婿を迎えて家を継がせることはなくなり、家付娘として知行を得ていた女子の例は万世が最後である。

一方、伊勢子は離縁により戸沢家に戻ってからの時期に知行を付与されている。同じ立場にありながら知行がなかった五代藩主正諶の女子銀子との違いについて、事情をみておこう。伊勢子は伊予大洲藩主加藤出羽守泰興に嫁いだが、夫の泰興は初代藩主政盛の遺言により、幼少で二代藩主の座に就いた正誠の後見役として、その治世を支えていた。ところが正誠は元服後、泰興に相談なく浅野家との縁組を取り決めたことで、泰興は後見役としての自らの立場を蔑ろにされ政盛の遺言にも反するとして立腹し、妻の伊勢子に正誠と義絶するか、ないしは離縁かを迫り、これに対して伊勢子は、縁組は戸沢家の内輪の問題であるとして夫の干渉を拒み、戸沢家に戻ったことが伝えられている(16)。伊勢子はいわば、自らの婚姻生活を犠牲にして実家の戸沢家の体面を貫いたのであり、したがって実家の戸沢家は、その行動に報いるために手厚い処遇を施したものとみられる。なお当時は伊勢子の生母である天慶院も存命して側室ながら藩政の実権を握っていた時期であり、伊勢子の待遇の決定には天慶院の発言力もあったことだろう。

②正室の知行

五代藩主正諶の正室翠松院に知行が付与されているが、歴代藩主の正室のうち唯一の例である。したがって、正室は基本的に知行付与の対象とはされず、翠松院が特例であったとみられる。それでは翠松院にはなぜ知行が付与されたのだろうか。

翠松院は延享三年(一七四六)戸沢氏に嫁ぎ、夫の正諶が明和二年(一七六五)に死去した後の二〇年を後家として過ごし、天明五年(一七八五)に死去した。六代藩主の座は側室心涼院の産んだ正産が継いでいるが、わずか六歳の幼年での就任であり、後家である翠松院が後見として少なからず役割を果たしていたことは想像に難くない。実際、翠松院については歴代の正室のなかで唯一、その発言力のほどが知られる話が伝えられている。翠松院の婚礼に伴い実家の柳沢氏から付き従ってきた御局が死去した際、長年の功労により御局の名字を立てた岩田家が創設された。岩田家は二度にわたり、相続人が絶える断絶の危機を乗り越えて存続している。特に二度目の安永三年(一七七四)の危機にさいしては、翠松院の切願によって存続の措置が図られた[17]。正室付きの御局に跡目が立てられた事例自体が少ないことからすると、岩田家の創設そのものが、翠松院の意向で決まった可能性も考えられないではない。翠松院に対する知行付与は、おそらくその実権に基づいたものと推測される。ただし知行高は三〇〇俵であり、藩主の女子と比べて三分の一にも満たないことになる。

③側室の知行

側室の知行は史料中、初代藩主政盛の側室であった天慶院の知行の記載があるのみである。ただし実際には知行を付与されていた側室は他にもおり、それらの記録は家臣の「分限帳」に残されている[18]。つまり天慶院については、他の側室と一線を画して藩主家戸沢氏の一員の身分で知行が記載されているのであり、知行高も他の側室が最高で二〇〇石であるのに対し、三五〇石もの知行が宛行われている。これは天慶院の藩内での実権を示唆するものであると考えられる。

天慶院は家臣の門屋氏の娘で、政盛との間に宮子・伊勢子の二人の女子をもうけている。このうち宮子は家付娘として婿養子の定盛を迎えている。政盛の寵愛を一身に集め、「二の丸様」と呼ばれて権勢を振るっていたが、とくに政盛が晩年長く病床に煩い、その後二代正誠が九歳の幼少で家督を継いだことから、実質的な藩主不在の状況下にあって、「鎌倉の尼将軍同然」と称される隠然たる力を発揮していたことが伝えられている[19]。

また娘の宮子が万治二年（一六五九）四七歳で他界したさい、その菩提を弔うために天英寺（のちに英照院と改称）を建立し、寺領一〇〇石を寄贈[20]、その後、真言宗遍照院に帰依して五人扶持を寄進している[21]。このように天慶院は、自らの意思で寺の建立や僧侶への寄進を行っていたが、その財源にはおそらく、三五〇石の独自の知行が充てられたものと考えられる。

4　小　括

本節では、新庄藩主戸沢氏の一族の知行について、男性・女性の双方に検討を加えながら、女性知行の特質を探ってみた。藩主の妻や娘たちの知行は一八世紀半ばまで設定されていたことが明らかとなったが、これまで一八世紀以降は見通しにとどまっていたことからすると、その存在時期の延長が証明されたことになる。

知行が付与されていた女性は、家付娘の立場にあった女子、離縁により実家に戻った女子、および正室のなかにみられたが、いずれも女性たちが戸沢氏の存続上に果たしていた役割に基づいていたものといえる。これらの女性知行は相続された様子はないが、所有者の女性たちに子どもがいなかったこととの関わりも推測され、女性知行が一期分の性格をもつものであったのかどうかの判断は保留とせざるを得ない。

東北諸藩の大名家の女性知行は庄内藩や米沢藩をはじめ、広範に存在しており、なかでも相馬藩では奥方知行が文化年間まで存続している(22)。これらの藩について史料の分析を今後の課題としておきたい。

二　新庄藩家臣家の女性知行と相続

本節では、家臣の家族の女性に付与された知行とその相続の様相について考察する。

家臣家の女性の知行については、これまで将軍家といくつかの大名家を例に、主として「奥」に奉公する女中衆に給付された知行（俸禄）と、断絶した家の後家や娘に対して付与された「助扶持」の存在が明らかにされている。幕府大奥女中の知行に言及した脇田修氏は、大奥は男子禁制の場であり、女性でなければ務まらない職務が存在したことで知行が付与されたとし、さらに知行は近世においては家禄として伝えられたことから、奥女中には男性の知行取りと等しく養子の擁立が認められ、その限りで男女に格差はないとする見解を示している[23]。これに対して長野ひろ子氏は、幕府大奥のほか、松江・熊本両藩の奥女中の職務編成と知行構成を表の男性家臣団と比較検討し、その結果、奥女中の職制は位階制的編成をとっている点で表と同質であるが、知行内容は表と大差があり、奥女中の俸禄は給金・扶持が基本でその額は表よりはるかに低く、俸禄が原則として世襲できなかったことを指摘し、こうした奥女中の知行の性格は近世社会に家父長制的原理が貫徹していたことに基づくとしている[24]。

一方、「助扶持」については、脇田氏が一七世紀の岡山藩の事例を取り上げ、相続人がなく家が廃絶したさいに藩主が後家や娘の生活保障のためにあらためて扶持を与えた例を紹介しており、中世における父母の隠居分の系譜を引く、いわゆる後家分と理解している[25]。また鎌田浩氏は、助扶持が広く諸藩にみられることを指摘したうえで、熊本藩では宝暦年間に家柄や特別の勲功により、助扶持をもとにした跡目養子の擁立が認められていたことを明らかにしている[26]。

本節では以上の研究史を踏まえ、新庄藩の家臣家の女性知行について、安永年間に編纂された「新庄藩系図書」[27]（以下、「系図書」と略す）、および明治初年の編纂とされる「戸沢家中分限帳」[28]（以下、「分限帳」と略す）を中心に検討を進めることにする。これらの史料にみられる女性知行を分類してみると、藩主家戸沢氏の「奥」において、側室や乳母、御局などを務めて知行が付与されていたケースと、そうした務めとは関係のないケースの二通りに分けられる[29]。そこで第一項では奥勤めの女性の知行について、第二項ではそれ以外の家中女性に対する知行付与について取り上げることにする。

1　奥勤めの女性の知行

（1）　側室の知行

「系図書」「分限帳」によると、藩主およびその一族の男性の側室と、藩主家の子どもを出産した女性に対して、知行が付与されている。そこで表3に、歴代の藩主、および側室の確認される一族男性について、側室と子どもの生母である女性の名前、出産状況、知行の内容、相続状況等を整理してみた。以下、この表に沿って九代藩主正胤までの側室の知行の様相を検討してみよう。(30)

まず初代藩主政盛には天慶院、久照院の二人の側室がおり、このうち天慶院に三五〇石の知行が宛行われている。前節で検討した通り、天慶院の知行は藩主一族の知行記載のなかに「二丸様」という名称で記されており、後述する側室たちに比べてはるかに高額で、五代藩主正諶の正室翠松院とほぼ等しい。(31)天慶院の産んだ宮子・伊勢子の二人の女子のうち、長女の宮子は家付娘として戸沢氏に残り、山形藩主鳥居氏から定盛を婿養子として迎えている。藩主不在の国元にあって、天慶院は藩政に大きな発言力をもち、「鎌倉の尼将軍同然」の権勢を振るっていたことが伝えられている。(32)藩内で事実上、正室としての立場にあったことから、三五〇石もの知行を宛行われる厚遇を得ていたものと考えられる。

二代藩主となる正誠の生母久照院は、戸沢氏の譜代の家臣楢岡光信の娘であり、延宝四年（一六七六）六五歳で他界しているが、知行は不明である。(33)

側室以外の女性として、半平を出産した戸沢長九郎康包姉がいるが、「戸沢家譜」にその名が見えるだけで、知行

表3 戸沢氏歴代の側室

名前（法名）	出産	知行内容	相続ほか
初代政盛（文禄二年家督～慶安元年卒）			
門屋氏娘（天慶院）	宮子（慶長一七～万治元年、四七歳）	三五〇石	
	伊勢子（元和四～延宝五年、六〇歳）		
戸沢長九郎康包姉	半平（寛永元～同九年、九歳）		
楢岡左馬助光信娘（久照院）	正誠（寛永一七～享保七年、八三歳）		
二代正誠（慶安三年家督～宝永七年隠居～享保七年卒）			
相馬四右衛門娘	千代子（明暦元～貞享二年、三一歳）		相馬金八後室
伊藤平右衛門娘	諏訪子（寛文六～元禄一一年、三三歳）		
門屋嘉兵衛娘（貞鏡院）	政武（延宝五～貞享二年、九歳）	一五人扶持・古金五両	寛保三年一〇〇石で養子が名跡相続
佐藤荘左衛門姉	市蔵（～元禄八年）		戸沢要人室
田中惣右衛門娘	常五郎（～貞享四年）	一生五人扶持	戸沢兵太夫室
中村荘兵衛娘	万世（元禄一一～享保四年、二二歳）	一生二人扶持	今井弥一郎室、後に菅品右衛門室
波多野七兵衛娘ヲスミ（永寿院）		（扶持方）	享保九年一五〇石で養子が跡目相続
三代正庸（宝永七年家督～元文二年隠居～同五年卒）			
家ノ子小嶋氏	利之子（元禄一一年早世）		
家ノ子娘	弥五郎（元禄一二年早世）		
	友子（元禄一四～宝永五年、八歳）		
	吉子（宝永二～同三年、二歳）		
中西半内妹（見操院）	正賀（享保六～同一四年、九歳）		

山田善兵衛娘おはや（円明院） 寺川平左衛門娘おもよ（円光院） 家之子娘於喜世	正勝（享保七～延享二年、二四歳） 庸祝（享保一一～寛延二年、二五歳） 繁子（享保一二～同一六年、五歳） 鉄之助（享保一四～同一六年、三歳） 勢之子（享保一六～寛延三年、二〇歳） 正備（享保一八～明和九年、四〇歳） 正諶（享保七～明和二年、四四歳） 正愛（元文元～寛延二年、一四歳）	元文元年二〇〇石 元文元年一五〇石	宝暦二年一五〇石を甥へ配知 寛延元年一五〇石を弟等へ配知 戸沢要人室
正成（正徳三年養子～享保一九年卒）			
楢岡清風娘於須賀		享保五年一五〇石	
五代正諶（延享二年家督～明和二年卒）			
材木屋娘於千代（奇連院） 立花半兵衛妹於八重（心涼院） 於理之	久子（宝暦三～同六年、四歳） 正産（宝暦一〇～安永九年、二一歳） 正良（宝暦一二～天明六年、二五歳） 弁四郎（明和元～同三年、三歳） 銀子（宝暦一一～寛政八年、三六歳）	（五人扶持）	天明七年五人扶持で養子擁立
正備			
於美世（真了院）	正親（宝暦七～寛政八年、四〇歳）	新庄五人扶持・金五両	寛政七年養子擁立、同九年相続

八代正親（天明六年家督～寛政八年卒）			
於テル（長寿院）	鉄子（～享和三年）		楢岡光忠室
於チカ（美直院）	正胤（寛政四～安政五年、六七歳）		
九代正胤（寛政八年家督～天保一一年隠居～安政五年卒）			
菊の江	お秀	（七人扶持）	万延元年七人扶持で養子相続
	正紀		
	正彬		
花枝	たか	（七人扶持）	万延元年七人扶持で養子相続
	とも		
	信之助		
八重	正暘		
	正啓		
	お晋		
一〇代正令（天保一一年家督～同一四年卒）			
すが	直一		
高山氏	正時		
一一代正実（天保一四年家督～明治二九年卒）			
三重	正定		
酒井氏	よし		
	ます		
	たか		

は確認できない。ただし「系図書」によれば、弟康包は尾張の住人平野遠江守長康の一族で、豊臣秀吉のもとに仕え、大坂落城により姉を連れて逃げのびた後、姉が戸沢氏の奥に奉公して半平を産んだ縁によって、戸沢氏に小姓として召抱えられたとある。[34]その後康包は、新知三五〇石で取り立てられ、戸沢氏の称号を許されている。つまり、戸沢康包の家臣としての登用は、姉が奥奉公に上がり藩主の男子を産んだ功労によって実現していたことになる。

次に二代藩主正誠の側室をみてみよう。政武を産んだ貞鏡院は、一五人扶持・古金五両を付与されたうえに、没後はその名跡を受け継ぐ養子が擁立されている。寛保三年（一七四三）甥の門屋角之進が門屋族と名を改めて養子となり、貞鏡院の扶持を高に結んで新知一〇〇石で御奥役御目付格に召抱えられたのである。[35]実はこの名跡相続は、実家の門屋家の再興の措置ともなっていた。門屋家は初代藩主政盛の時代に二〇〇石で取り立てられた家柄であるが、貞鏡院の兄で当主の嘉兵衛が元禄七年（一六九四）、従弟の源七の事件に連座して流罪に処せられ、家名断絶となった。したがって、嘉兵衛の嫡子である角之進が門屋の家名で貞鏡院の名跡を受け継いだことは、門屋家の再興が図られたことになるのである。門屋家の系図には、貞鏡院から族に系線が引かれ、門屋家の相続人としての貞鏡院の立場が明瞭に示されている。

正誠のもう一人の側室である永寿院も、扶持を付与されたうえに、跡目が相続されている。実家の波多野家は上総国の農村の出であり、永寿院がヲスミと呼ばれて一三歳から正誠の奥に奉公したことで、父七兵衛、弟七兵衛がともに戸沢氏の家臣に取り立てられた。永寿院の没後の享保九年（一七二四）、弟の波多野七兵衛がその養子となり、永寿院の扶持方等を高に結び、一五〇石で跡目を相続している。[36]弟七兵衛は父の名を継承して永寿院の養子となったが、自らの扶持を返上して永寿院の扶持を引き継いだのである。波多野家の系図では、初代七兵衛から永寿院、そして弟の七兵衛へと系線が繋がれて、栄寿院の相続人としての立場が明瞭に位置づけられている。なお永寿院は正誠の子を出産した形跡はない。

正誠には右の二人の側室のほか、千代子、諏訪子、市蔵、常五郎、万世の生母である五人の女性がおり、このうち伊藤平右衛門娘を除く四人は、子どもの出産後、城を出されて家臣に嫁いでいるが、その際に扶持を支給されている者がいる。常五郎の生母である田中惣右衛門娘は生涯五人扶持を付与されており[37]、中村荘兵衛娘も万世を出産した後、元禄一三年（一七〇〇）に新知一〇〇石の今泉弥一太夫に嫁したさい、一生二人扶持を支給されている[38]。

三代藩主正庸の側室には、正賀の生母である見操院、正勝（四代藩主）・庸祝・繁子・鉄之助・勢之子・正美の生母である円明院、正諶（五代藩主）の生母である円光院の三人がおり、このうち円明院、円光院の二人に知行が付与されている。円明院には元文元年（一七三六）に二〇〇石、円光院には同じ年に一五〇石が宛行われており、いずれも従来の切米支給が知行に代えられたもので、そのさい仕着・菜代銀の支給は従来通りとされ、知行地の役金は免除、知行高のうち雑穀は希望しだい渡されることになった。元文元年は藩主の正庸が七四歳となり隠居の前年にあたっており、おそらく二人の側室は正庸が現役のうちに知行直しを希望して、実現に至ったものと考えられる。

さらに側室二人の知行は、没後に親族によって相続された。円明院の二〇〇石の知行は宝暦二年（一七五二）、甥で実家の山田家の家督を継いでいた山田主税に一五〇石が「配知」となり、残る五〇石は収公されている[39]。円光院の一五〇石の知行は寛延元年（一七四八）、弟の三上源左衛門に一〇〇石、同じく弟で天野家に養子入りしていた吉右衛門と、甥で実家寺川家を継いでいた伝蔵へ二五石ずつが「配知」となっている[40]。

正賀の母である見操院については、知行や相続の形跡は見出せない。ただし、兄の中西半内は、享保六年（一七二一）見操院が正賀を産んだことで、二年後の享保八年肥後熊本藩細川氏の家臣から二〇〇石で戸沢氏に取り立てられている[41]。

側室以外の女性として、利之子の生母、弥五郎・友子の生母、正愛の生母の三人は「家ノ子」という記載から、おそらく奥女中とみられる。このうち正愛の生母於喜世は家臣の戸沢要人に嫁いでいるが、知行は見出せない(42)。

次に、藩主にはならなかったが三代藩主正庸の養子となった正成にも側室がおり、知行を付与されている。正成は旗本鳥居成勝の三男で、正徳三年(一七一三)正庸の養女万世の婿養子となった。しかし万世が享保四年(一七一九)二二歳で他界したため、翌五年五月に家臣の楢岡清風娘於須賀を側室として二の丸に迎えた(43)。於須賀は家臣の娘ではあるが正庸にとっては姪にあたる女性であり、二の丸に上がるにあたり、一五〇石の知行を付与されている。その後正成は享保一九年(一七三四)一一月四九歳で没し、於須賀は翌享保二〇年三月一五〇石の知行を収公され、代わりに一五人扶持を支給されている。宝暦五年(一七五五)の凶作にさいして於須賀は五人扶持を返上し、宝暦八年(一七五八)に没するまで残る一〇人扶持を所務した。没後に扶持が相続された形跡はみえない。

四代藩主正勝については側室が確認できない。五代藩主正諶には心涼院、奇連院の二人の側室がおり、ほかに生母の女性として於理之がいる。このうち正産(六代藩主)、正良(七代藩主)、弁四郎の生母である心涼院については、「分限帳」の記載に没後の天保七年(一八三六)、弟の立花八兵衛に対して「心涼院殿格別之訳柄を思召立花之家被成御立候付、御給分」とあり、五人扶持が付与されている(44)。心涼院は六代、七代藩主の生母であることと、側室としての立場により、没後に実家の立花家の名で名跡継承を認められたのである。おそらくは生前に五人扶持を付与されていたものだろう(45)。

正諶のもう一人の側室奇連院は、宝暦三年久子を出産してまもなく他界しており、知行はない(46)。また銀子の生母である於理之も出産後の状況は不明である。

続いて、五代藩主正諶の弟正備にも側室真了院がおり、明和九年(一七七二)正備が没した後も正親の生母として奥にとどまり、五人扶持・金五両の俸禄を支給されている。(47)真了院は晩年、自ら養子の擁立を希望し、その願いが通って寛政七年（一七九五）、駒杵俊蔵弟の勘治が林勘治と名を改めて御賄扶持・金三両を付与され養子となっている。勘治は二年後の寛政九年、真了院の扶持を相続し、代わりに真了院には勘治の給分が一生付与されることになった。つまり真了院は、これまでの側室とは異なり、生前相続が行われたのである。

六代藩主正産、七代藩主正良については側室は確認できない。八代藩主正親には鉄子の生母である長寿院と、後の九代藩主正胤の生母である美直院の二人の側室がいたが、いずれも知行はない。なお長寿院は後に家臣の楢岡光忠に嫁いでいる。(48)

最後に九代藩主正胤の側室をみてみよう。菊の江・花枝の二人はともに、養子の擁立を希望し、万延元年（一八六〇）一〇月五日に「年来賢徳院様江御奉公実体」であるとして認められた。(49)このうち菊の江には、駒杵三郎弟金作が平山金作と改名して養子に入り、花枝には、岡村忠兵衛三男省吾が西潟省吾と名を改めて養子入りしている。二人の養子はともに七人扶持の御中小姓で召抱えられている。なお「分限帳」によれば、この養子の取立てについて「但宿江是迄被下置候七人扶持上ル」と記されている。おそらく菊の江・花枝には側室として七人扶持の支給があり、安政五年（一八五八）の藩主正胤の没後、この扶持をいわば隠居料として城下に屋敷を構えることになり、万延元年にはこの七人扶持を受け継ぐ養子が立てられたものと考えられる。また藩の勘定帳である「御物成大凡中勘帳」によると、文久三年（一八六三）から明治二年（一八六九）まで、菊の江、花枝、および古との三人に対して、暮と三月にあわせて九両から一一両の「給分」が付与されているが、(50)藩から隠居後の生活保障のための給金が与えられたものと考えられよう。

もう一人、正賜・正啓・お普の生母である八重については、出産後の状況は不明であり知行はない。

以上、考察の結果を整理してみると、藩主およびその兄弟の子どもを出産した女性のうち、側室として戸沢氏に残った者に対して、基本的に知行（俸禄）が付与されていたことになる。例外は初代藩主政盛の側室で二代藩主正誠の生母であった久照院、三代藩主正庸の側室で正賀の生母見操院、および八代藩主正親の側室で九代藩主正胤の生母であった美直院の三人で、いずれも知行はみえない。知行の規模については、初代藩主政盛の側室天慶院の三五〇石が突出しているが、二代正誠の時代には貞鏡院が一五人扶持、三代正庸の時代は二〇〇石から一五〇石である。こうした基準に対して、五代藩主正諶の宝暦年間以降、支給額が五人扶持から七人扶持と激減しているが、おそらく宝暦五年の凶作以後、藩財政が窮迫した影響が及んだものと推測される。(51)

さらに、側室の知行の多くは、養子の擁立や身内への配知によって相続された。これにより、側室の女性を始祖とする家が創設されたり、女性を相続人として家の継承や再興が図られていたことが注目される。二代藩主正誠の側室であった貞鏡院の場合は、断絶していた実家が再興されており、五代藩主正諶の側室心涼院は、弟を養子として実家の家名で家を創設したことになる。見方を変えれば、戸沢氏の家臣団は、側室となった女性の縁によって拡充が図られていた側面をみることができる。また相続の方法として、五代藩主正諶の時代までは没後の名跡継承や跡目相続が行われていたが、それ以降は側室の女性自身の強い希望により、生前養子が認められている。正備の側室真了院、九代藩主正胤の側室の菊の江・花枝はともに武士の出自ではないが、側室としての長い城勤めのなかで、自身の養子を立て家を興したいとする願望が生まれ、藩はそうした側室たちの願いを叶えていたのである。

（2）　乳母の知行

乳母として知行を付与されていた女性に信夫清右衛門娘がいる。「系図書」によれば、荒川堅右衛門に嫁いだ後、

図5　信夫家系図

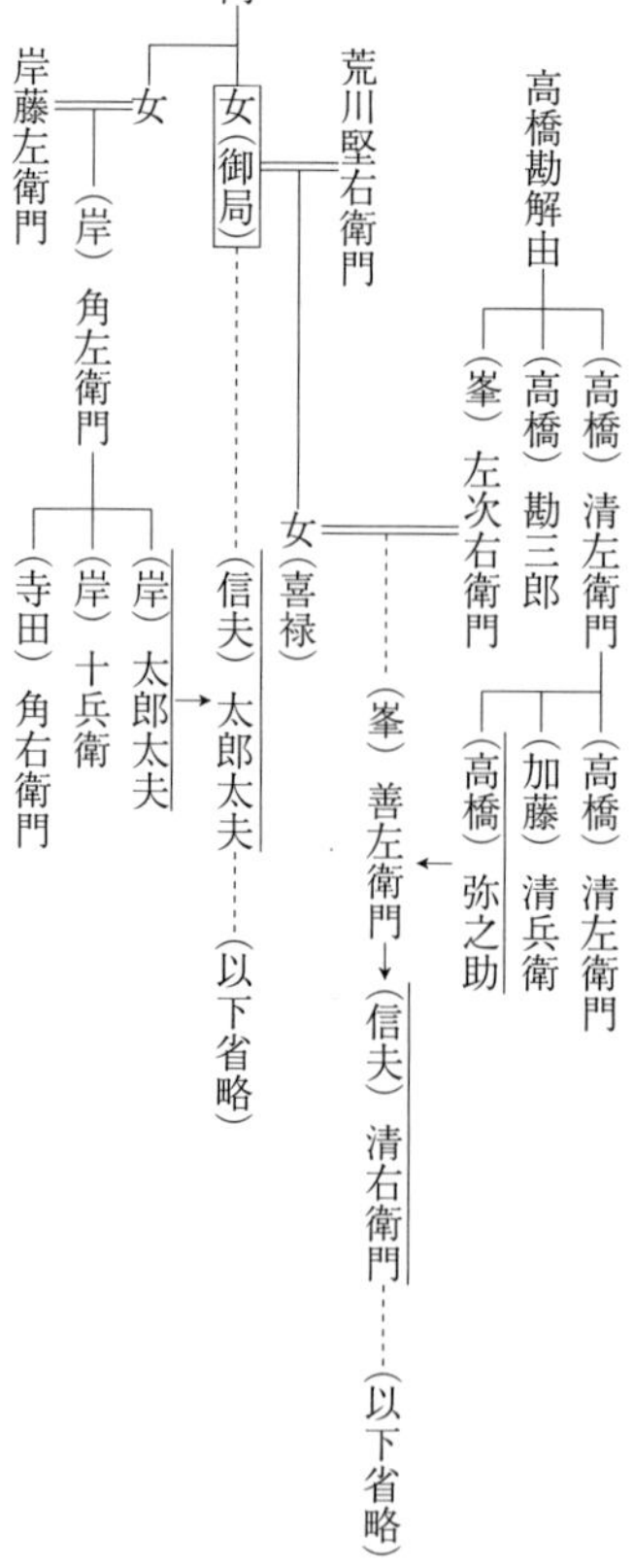

注　実線は血縁、……は養子、＝は婚姻関係を示す。

初代藩主政盛の男子正誠（のちの二代藩主）の乳母として奥奉公に上がり、御局と呼ばれて金一〇両・五人扶持を支給され、元禄五年（一六九二）には合力米として五〇石を付与され、二年後の元禄七年八六歳で没している。[52]「分限帳」の記載にも、「香雲寺様御局」として元禄五年従来の五人扶持・金七両二分の支給に加えて新知五〇石を宛行われたとあるので、[53]乳母としての務めを果たした後も終身奥に仕えた功労により、晩年扶持のほかに合力米を付与されていたものとみられる。没時の年齢と正誠の誕生年から逆算してみると、御局が乳母に上がったのは三二歳の頃である。一人娘の喜禄も幼年の頃から英照院すなわち正誠の姉宮子に仕えており、御局は生後まもない喜禄を伴って乳母奉公に上がったものとみられる。

　さて、注目すべきは御局の没後の待遇である。養子の擁立により名跡の継承が図られており、[54]図5に示したように、養子の信夫太郎太夫は長沢村百姓岸角左衛門の長男で御局の妹の孫にあたる。元禄二年正誠の代に戸沢氏に召抱えられ、翌三年に御徒、四年に御小姓を務めていたが、御局が没した直後の元禄七年一一月一四日、その名跡を受け継いで信夫太郎太夫と改名、御局の知行五〇石と自身の知行五〇石を合わせて新知一〇〇石を下されている。太郎太夫が御局の晩年に藩に召抱えられている点からすると、御局自身が生前に養子の擁立を望み、仕官を図ったことが推測される。なお御局の夫荒川堅右衛門は、初代藩主政盛の常州松岡時代からの家臣であり、二代正誠のときには無役で金五両・五人扶持を支給されているが[55]、荒川家については「系図書」にも「分限帳」にも記載がみえず、廃絶したものとみられる。

一方、御局に支給されていた五人扶持・金七両の俸禄については、娘の喜禄に一生扶持として付与された[56]。つまり、御局の知行と俸禄は、養子の太郎太夫とともに、娘喜禄にも分割相続されたのである。ただし喜禄の分は、一期分としての相続である。さらに興味深いことに、喜禄の養子善左衛門は、信夫清右衛門と改名している。信夫家の一族について、図5によってもう一度関係を整理してみよう。御局の娘喜禄は、奥奉公の後、高橋勘解由の三男で峯家を擁立した左次右衛門へ嫁いでいたが、二人の間に実子がなかったため、左次右衛門の甥の高橋弥之助を峯家の養子に迎えた。弥之助は峯善左衛門と改名して養父左次右衛門の家督一〇〇石を相続したが、その後さらに信夫清右衛門と名を改めたのである。善左衛門の改名は峯家の家督相続後に行われており、養母の喜禄の扶持は前述したように一代限りのものであるので、善左衛門は御局の知行を相続していたわけではない。そこで「系図書」によって改名の事情を探ってみると、「養母は千代鶴様御乳母ノ娘ナリ、御乳母ハ信夫清右衛門娘ナリ、依之名字名共ニ信夫清右門ト改ム」とあり[57]、善左衛門の改名は、御局の父である信夫清右衛門の名跡を継承していたことになる。つまり信夫家は、御局の知行を家禄として受け継いだ太郎太夫家と、御局の実家の名跡を受け継いだ清右衛門家の二系統の家が創設されたのである。乳母として幼君の養育にあたった御局の功績が、この時期評価されたものだろう。

乳母の名跡が継承された事例は他に確認できないが、乳母奉公に上がった女性の夫が家臣に取り立てられた例はある。井上宇野右衛門は、妻が四代藩主正勝の乳母を務めたことを契機に家臣に登用されている[58]。また「分限帳」によると、九代藩主の男子道之進（のちの正暘）、仁之進（同正啓）、仙之助（同正紀）の乳母を務めた三人について「御賄扶持一生被成下」とある[59]。

（3）　正室付き御局の知行

藩主の正室は婚姻に際して、実家から近習の女性を伴ってくるが、そうした女性に扶持をもとにした養子が立てられ、家が創設されたケースがある。一人は四代藩主正勝の正室微笑院付きの御局である。微笑院は烏山藩主大久保忠胤の養女で寛保三年（一七四三）戸沢氏に嫁ぎ、正勝が没した翌年の延享三年（一七四六）二一歳で他界した[60]。御局は御扶持方一五人扶持で微笑院に仕えていたが、没後に家臣の高木次郎太夫の次男がその跡目を命じられ、一五人扶持を相続し、御局の名字を受け継いで波多野瀬左衛門と改名し、定府の御広間番に取り立てられている[61]。同じく微笑院の付き人であった岩目地善太夫は、寛保三年に新知一〇〇石・江戸扶持五人扶持で本〆格として取り立てられたが、延享三年微笑院の他界により、知行を返上して大久保家に戻っている[62]。したがって、御局の場合は、微笑院の没後も戸沢家の奥にとどまった功労により、扶持をもとにした家の創設が認められたものと考えられる。

もう一人、五代藩主正諶の正室翠松院付きの御局がいる。翠松院は甲府藩主柳沢信鴻の妹で、延享三年（一七四六）六月戸沢氏に嫁いでおり、歴代の正室に比べると長命で、天明五年（一七八五）六二歳で他界した[63]。御局は翠松院に仕えて一五人扶持を付与されていたが、没後に家臣の竹尾十兵衛の次男彦作が、御局の名字を受け継ぎ岩田彦作と改め、一五人扶持を相続している。(64)岩田彦作はその後、幼年の娘一人を残して病死し、家臣の戸沢矢一左衛門末男小藤次が岩田家の跡目を命じられて一三人扶持を相続したが、安永三年（一七七四）小藤次も一七歳になる前に病死した。岩田家は再度、相続人を失い廃絶の危機に陥ったのであるが、この事情を知った翠松院が、岩田家の存続を切願し、木田長寿米次男が小藤次養母に後家入りをして岩田澄右衛門を名乗り、岩田家の存続が図られている。(65)

このように、正室付きの御局のうち、終身奥に奉公した女性については、一五人扶持が付与され、没後に養子が擁立される場合があった。一五人扶持という待遇は、当時の側室の知行に相当する。正室の側に仕えてその信任が厚く、長年にわたる奥奉公で奥の元締め役を担っていたことが推測され、付与された扶持を継承する養子の擁立が認められたものと考えられる。

2　家臣の家族に対する扶持支給

家臣の家族の女性に扶持が付与された事例について、検討してみよう。表4は「系図書」「分限帳」から検出された事例を年代順に整理したものである。表中の種別に示したように、扶助のためとみられる支給が大部分であるが、個別に事情を確認していこう。

①の大森後室は、戸沢氏譜代の家臣、楢岡光清の娘であり、初代藩主戸沢政盛の前代の戸沢光盛の妻室であった女性である。八歳で光盛の跡目を継ぎ戸沢氏の当主となった政盛の母親代わりとなり、文禄元年（一五九二）政盛の上京に同道し豊臣秀吉に謁見するなど、政治的にも大きな役割を果たしていた。(66)後に大森康道へ嫁したが、康道が早世したため、兄の楢岡次郎左衛門の家に戻り、一生一五人扶持を付与されて、承応二年（一六五三）七八歳で他界している。

表4　家中家族の女性への扶持支給

年代	番号	支給された女性	支給内容	種別
初代政盛	①	楯岡光清娘大森後室	一生15人扶持	
	②	門屋主水娘天室尼	一生10人扶持	扶助
二代正誠	③	綱木左源太娘	一生5人扶持	扶助
	④	滋野儀太夫母	一生2人扶持	扶助
三代正庸（享保7年）	⑤	斎藤荘兵衛室	一生3人扶持	扶助
	⑥	小山弥次右衛門娘	一生2人扶持	扶助
（享保20年）	⑦	竹内弥市兵衛娘津谷	5人扶持	相続
（寛保2年）	⑧	竹内弥市兵衛後家	一生3人扶持	報償
	⑨	市川杢右衛門母	一生2人扶持	扶助
五代正諶（宝暦年間）	⑩	中西宇左衛門後家	一生2人扶持	扶助
九代正胤（享和元年）	⑪	辻四郎兵衛母	10人扶持	報償
（文化5年）	⑫	小山田嘉七妹	御捨1人扶持	扶助
（文化7年）	⑬	清瀬玄徳家内	御捨5人扶持	扶助
（文化13年）	⑭	渡辺宇兵衛室・娘	御捨扶持1人宛	扶助
	⑮	庄司鉄平母	御捨1人扶持	扶助
	⑯	桧原徳右衛門母	御捨1人扶持	扶助
	⑰	斎藤嶺蔵家内3人	御捨1人扶持宛	扶助
	⑱	伊藤安次郎妻	御捨1人扶持宛	扶助
	⑲	太田原六蔵妹	御捨1人扶持	扶助
	⑳	押切定五郎母妻妹娘	御捨1人宛	扶助
	㉑	新藤常右衛門娘	御捨1人扶持	扶助

大森後室に対する一五人扶持の支給は、政治的な功労に対する褒賞とみることができる。

次に、扶助とみられる扶持支給についてみていこう。②の天室尼は、戸沢氏の家老であった父門屋主水が天正一八年（一五九〇）、戸沢氏一族の裏切りで夜討ちに遭い、そのさい乳母に抱かれてかろうじて逃げのびた。これを不憫に思った藩主政盛が一生一〇人扶持を与えたことが伝えられている[67]。ただし、天室尼はその後、白岩弥十郎へ嫁しており、弥十郎は元和八年（一六二二）、戸沢氏が常州松岡から新庄へ所替したさいの不始末により、一七〇〇石の知行を没収されている。したがって天室尼に対する扶持支給は、白岩家の家禄没収に伴い、残された家族の救済策として施されたことも考えられる[68]。

③の綱木左源太娘の場合は、父の左源太が初代藩主政盛に召抱えられて知行一五〇石で

御近習を務めていたが、正保二年（一六四五）切支丹の嫌疑により江戸で牢舎となり、明暦三年の江戸大火のさい、牢舎の者を連れ戻ったことから出牢を許され、新庄城下で蟄居の身となった。綱木家はこうして家禄を没収されたが、左源太の嫡子兵左衛門は事件以前の出生であったので、尾村の姓への改姓を命じられたうえで、六人扶持・金五両で御祐筆に取り立てられ、娘にも一生五人扶持が与えられた。[69]④の滋野儀太夫母は、知行二〇〇石で物頭を務めていた夫甚平が養子披露の不手際により、跡目相続を認められなかった。だが甚平没後に男子儀太夫が生まれ、一〇人扶持で召抱えられ、滋野家の存続が図られた。ところが宝永八年（一七一一）、儀太夫は跡継ぎがないまま病没したため、滋野家はいよいよ断絶を余儀なくされ、一人残った儀太夫母に一生二人扶持が付与されている。[70]⑤の斎藤荘兵衛室の場合は、婿養子の夫荘兵衛が自身の扶持と合わせて一一人扶持・切米金七両二分で家督を継いでいたが、病身で瘡毒の様子が藩に知られて、享保五年（一七二〇）三月家禄を没収され、斎藤家は断絶した。そこで同七年六月、一人残された家付娘の荘兵衛室に対して三人扶持が支給されている。[71]⑥の小山弥次右衛門娘は、図6で示したように家族関係が入り組んでいる。弥次右衛門は先妻との間に女子三人と男子七太郎の四人の子どもがいたが、後妻の連れ子である弥義太を養子として家を継がせ、先妻の産んだ女子をこれに娶わせていた。弥義太は弥次左衛門の実子である七太郎を養子に据えたが、七太郎は逐電し、その届け出を延引した上に、他の不行跡も知られることになり、知行召し上げとなった。こうして小山家は断絶したため、弥次右衛門娘で太田村の理三郎妻に一生二人扶持が与えられている。[72]ただし、小山家の断絶に際して、弥次右衛門の実子の女子のうち、太田村の理三郎妻にのみ

図6　小山家系図

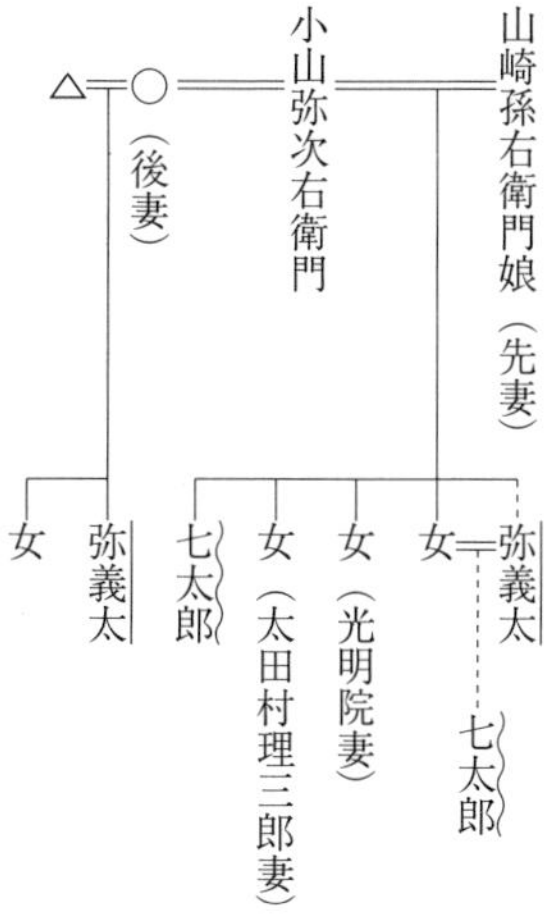

扶持が付与されたのはなぜなのか、不明である。

⑨の市川杢右衛門母の場合は、息子の杢右衛門が六七石の跡式を相続しながら不行跡であったため、一家で杢右衛門を絶縁し、市川家は知行没収となった。このため一人残された母に一生二人扶持が支給されている[73]。⑩の中西家は三代藩主正庸の側室見操院の実家である。中西半内は既述のように、妹の見操院が享保六年（一七二一）藩主正庸の男子正賀を出産した縁で、二年後の享保八年二〇〇石取りの家臣に取り立てられた。その跡目を弟四郎兵衛、次いで半内嫡子の宇左衛門が一五〇石で相続していたが、宇左衛門は幼い息子栄之助を残して他界し、栄之助は幼少ながら正賀にゆかりのある家柄として特別に一〇人扶持で家督を許されたが、宝暦年中に病死してしまった。こうして中西家は相続人がなく断絶となり、残された宇左衛門後家に対して正賀との縁故により、一生二人扶持が付与されている[74]。

続いて⑫から㉑までは、捨扶持の名称で扶持が支給されているが、まとめて検討してみよう。⑫の小山田嘉七妹は、兄嘉七が文化五年（一八〇八）八月、酒狂のうえ同心と口論となり、侍道にもとる行為であるとして追放刑に処せられた。そこで一人残された妹に対して捨扶持が支給されている[75]。⑬の清瀬玄徳家内は、二〇〇石で御匙医を務めていた玄徳が文化七年江戸で出奔し、残された家族に対して捨扶持五人扶持が付与されたものである[76]。⑭の渡辺宇兵衛妻と娘の場合は、二人扶持・金四両と役両付きで御刀番格御勝手役を務めていた宇兵衛が文化一三年（一八一六）に出奔し、渡辺家が断絶したため、捨扶持一人宛が支給されている[77]。このほか⑮から㉑については「分限帳」に捨扶持の支給があったことが記載されているが、個々の事情については確認できない。

以上みてきたように、当主の死亡や病気、不行跡のために家禄が没収され、家が断絶したさい、藩は妻や娘に対して扶持を与えることがあった。扶持の支給は残された家族の生活を保障するためとみられ、藩政期を通じてこうした施策が続いていたことからすると、藩の施策として定着していたことがうかがえる。本章では女性に対する扶持の支給のみを取り上げたが、養子の出奔により断絶した家の隠居に一生五人扶持が付与されている例もあり[78]、扶持の対象は男女の別なく残された家族とみてよいだろう。ただし、扶助の対象となった家臣家は限られており、「系図書」で確認される断絶した家のうち、家族に扶持が支給されている例は、ごくわずかである。②の天室尼の場合は藩主政盛との特別な関わりから一五人扶持の待遇を得ていたのであり、他の家臣についても、家柄や先祖の功績等が配慮されている例が少なくない。なお、扶持の名称に注目してみると、一生扶持と捨扶持の二種類がある。おそらく一生扶持は生涯にわたって扶持が支給されたのに対して、捨扶持は一度限りの支給で終わったものと考えられる。寛政年間を境に一生扶持から捨扶持へと変化していることが知られ、背景には藩の財政問題を想定することが可能であるが、検討は今後の課題となる。

次に、残る⑦⑧⑪の事例についてみてみよう。⑧の竹内弥市兵衛後家は、家督を継いだ嫡子三蔵が不行跡を働き、後家のたびたびの説教にも耳を傾ける様子がなかったことから、後家は娘の津谷をはじめ一族と相談の上、藩に三蔵の勘当を願い出た。そこで藩は寛保三年（一七四三）、三蔵に追放を命じるとともに、後家に対して、息子の不始末を隠さずに勘当を願い出たことを奇特な行為であるとして、一生三人扶持を与えている[79]。こうして竹内家は家禄を没収され断絶したが、後家は生涯の生活を保障されたのである。一方、娘の津谷にはこれより以前、父弥市兵衛の隠居時に扶持が付与されている。すなわち享保二〇年（一七三五）二月二九日、弥市兵衛の隠居に際して、八〇石・七人扶持の家禄のうち八〇石が嫡子三蔵に相続され、同日津谷に対して、⑦で示したように、五人扶持が下されたのである。つまり津谷の扶持は、父の弥市兵衛の家禄を分割相続したものとみてよいだろう[80]。この事例は、従来、近世の武家社会において女性は相続人にはなれなかったとされてきた通説からすると、異例のことになる。津谷は盲目であり、特別に生活保障のために認められた措置であったと考えられる。

さらに興味深いことに、津谷は弟三蔵の追放に際して、竹内の家名が断絶することを見かねて、藩に養子の擁立を嘆願し、「御憐愍」として認められている。養子の平太左衛門は、津谷の五人扶持と自身の扶持を合わせて八人扶持で竹内家の家督を継いでおり、つまり竹内家は、津谷の扶持によって存続が図られたのである。おそらく後家と津谷は、竹内家の家督を継ぎながら立場をわきまえずに不行跡を続けた三蔵を見かねて、家の廃絶もやむなしと判断する一方、津谷に扶持があったことを幸いに、三蔵を勘当して津谷に養子を立てる策を巡らしたのだろう。藩としても、家督にふさわしくない者は追放に処して家を取り潰すのを常道としていたが、津谷に独自の扶持があり、またあえて当主の息子の勘当を訴えた後家の行為に免じて、津谷に養子を立てて家名を継承することを認めたものであろう。竹内家はこうして、後家と津谷の機転により断絶の危機を免れ、家名が存続されたのであるが、ここには家を支える一方、家の存続に執着する武家女性の姿が浮かび上がる。

⑪の辻四郎兵衛母は、四郎兵衛が新庄藩の御用商人として多額の御用金を調達した功績により、享和元年（一八〇一）一二月に「御内用深切」として一〇〇石で士分に取り立てられており、そのさい同時に一〇人扶持を支給されている。[81] 四郎兵衛の働きに付随して母親が功労を称されたものとみてよいだろう。

おわりに

新庄藩の家臣団家族の女性の知行と相続について、得られた知見を従来の研究史との関わりで整理しておきたい。

第一に、奥勤めの女性のうち藩主および藩主家の男性の側室、乳母、正室付き御局として終身奥に仕えた女性は、知行（俸禄）付与の対象となり、知行をもとにした家の創設や、一族による知行の相続が認められる場合もあった。とくに側室については、藩政期を通じてそうした措置が採られていたことが明らかとなった。これは女性たちの務めに対する大名家の評価を反映している。大名家において出産は、家の存続と繁栄に関わる重要事である。したがって、藩主の跡継ぎを産み、その後も藩主の側近くに仕え続ける女性たちの務めは、表の軍事的・政治的勤務に匹敵する奉公として位置づけられるものとなった。こうした側室の務めを中心に、藩主家の子どもの養育に関わる乳母や、正室の側近として奥を束ねる正室付き御局の職務についても、藩主家の存続に関わる重要性を帯びた任務として、封建的主従関係の中に位置づけられ、表の男性家臣と等しく知行の対象となったのである。そしていったん付与された知行は、近世社会の慣行として相続の対象とされたのである。ただし、女性の知行をもとに創始された家であっても、後継者は男性に限られ、知行が娘に相続される場合も一代限りとされて、女性から女性へ相続を繋げる家筋は認められなかった。女性を始祖とする家においても、女性が家の代表者の地位を引き継ぐことはできなくなっている。

なお、戸沢氏の居城である新庄城および江戸屋敷の「奥」には、このほか大勢の奥女中が仕えていたが、本稿で検討の材料とした「系図書」や「分限帳」の記載には登場していない。これは、奥女中の奉公が一代限りを原則とした勤務であったことによるものと考えられる(82)。

第二に、家臣の家族の女性は家が断絶したさい、家柄や先祖の勲功などが配慮されて生活保障のための扶持を支給される場合があった。こうした「助扶持」の支給は藩政期を通じて続いており、新庄藩では家臣の家族の救済策として定着していたものとみられる。ただし、寛政年間を境に一生扶持から捨扶持の支給へと名称が変更しており、おそらく藩財政の窮迫が原因して、生涯にわたる扶持の支給が一度の支給に変更されたものと考えられる。

第三に、女性と「家」との関わりに注目したい。第二節第2項で検討した竹内家は、家禄の一部が娘に分割相続され、娘は後に養子の擁立を嘆願して認められている。これは娘が盲目であった上に、家督を継いだ嫡子が不行跡で相続人を排除されるという、「家」の危機的状況において採られた異例の措置であった。だが、女性が「家」の危機的事態に遭遇して家名の存続を嘆願し、認められたことの意義は小さくない。第1項で考察した側室貞鏡院の場合も、跡目相続は実質的に断絶した実家の家名再興を果たしていた。貞鏡院自身が生前、実家の再興を願って養子の擁立を図っていたことも十分に推測されることである。女性に付与された知行は家の廃絶の危機を乗り切る切り札として使われ、しかもそうした措置が女性自身の働きかけのもとに実現していた様子を看取できる。さらに五代藩主正諶以降の側室たちは、養子の擁立による自己の家筋の創設に執着していた。近世の武家社会において、女性は男性と同様に「家」を盛り立て、「家」の存続や繁栄に重大な関心を払っていた一方、そうした「家」との関わりを通じて、「家」観念の呪縛に取り込まれていたのである。

最後に、女性が側室や乳母などの奥勤めに上がったことを機縁として家族や一族の男性の登用や知行の増加、役職の昇進が図られている例が少なくない。つまり藩の家臣団の形成や拡充において、奥勤めの女性たちの果たしていた役割が注目されるところであるが、論証は今後の課題となる。

注

（1）　女性知行に関する先学の業績として、城島正祥「佐賀藩成立期の内儀方知行」（『社会経済史学』三八巻三号、一九七二年、のち『佐賀藩の制度と財政』文献出版、一九八〇年に所収）、宮本義己「武家女性の資産相続―毛利氏領国の場合―」（『国学院雑誌』七六巻七号、一九七五年）、高原三郎「江戸時代の『分知』と『化粧料』」（『大分県地方史』八五号、一九七七年）、脇田修「幕藩体制と女性」（女性史総合研究会編『日本女性史　第三巻　近世』東京大学出版会、一九八二年）、長野ひろ子「幕藩制成立期の家と女性知行」（津田秀夫編『近世国家と明治維新』三省堂、一九八九年、のち、長野ひろ子『日本近世ジェンダー論』吉川弘文館、二〇〇三年に所収）、同「幕藩制国家の政治構造と女性―成立期を中心に―」（近世女性史研究会編『江戸時代の女性たち』吉川弘文館、一九九〇年、のち同前）などがある。

（2）前掲長野「幕藩制成立期の家と女性知行」。

（3）「知行万年分限帳」は山形県新庄図書館に所蔵され、『郷土資料叢書』第九輯・第十輯「戸沢家中分限帳」（一）（二）（山形県新庄図書館、一九七七・七八年）として翻刻されている。

（4）「政盛公・正誠公・正庸公・正勝公御四代之御記録」（『新庄市史編集資料集』第一号、新庄市教育委員会、一九八二年、三四頁）。

（5）前掲『郷土資料叢書』第十六輯、二三七頁。

（6）藩主一族の通称ならびに幼名については「戸沢家譜」（前掲『郷土資料叢書』第十六輯所収）および「戸沢家系図」（山形県新庄図書館所蔵「戸沢家文書」）により確認した。

（7）表の出典および以下の藩主家族についての検討史料は注（6）に同じ。

（8）前掲注（4）三〇頁。

（9）田口五左衛門著『出羽国最上郡新庄古老覚書（復刻版）』（新庄市教育委員会、一九七二年、以下『新庄古老覚書』と称する）一三二頁。

（10）諏訪子の知行は減額されただけで没収にいたらなかったが、これは当時も家付娘としての役割が完全には消滅していなかったことを示している。ただしその後、婚姻にさいして知行がどのように扱われたのかは確認できない。

（11）『新訂寛政重修諸家譜』第九巻（続群書類従刊行会、一九六五年）、三一四頁。

（12）同前。

（13）新庄藩は寛文八年（一六六八）地方知行制を蔵米知行制に切り替え、家臣に対する禄米は「現米四ツ成制」で知行一〇〇石につき一〇二俵（一俵三斗九升入）が支給された。

（14）前掲『新庄古老覚書』二六四頁。

（15）『山形県史　第二巻近世編』（山形県、一九八五年）、六九七頁。

（16）前掲『新庄古老覚書』一七八頁。

（17）「万年無足分限帳」（前掲『郷土資料叢書』第十一輯）一二頁。

（18）歴代藩主の側室の知行については本章第二節で検討する。

（19）前掲『新庄古老覚書』一三六頁。

（20）前掲「知行万年分限帳」（『郷土資料叢書』第十輯）一〇五頁。
（21）前掲『新庄古老覚書』二二〇頁。
（22）「相馬中村藩年譜抄」（『相馬市史　五　史料編2』、四四六～四四八頁）。史料の所在は若松正志氏のご教示を得た。
（23）脇田、前掲論文。
（24）長野、前掲「幕藩制国家の政治構造と女性」。
（25）脇田、前掲論文。
（26）『幕藩体制下における武士家族法』（成文堂、一九七〇年）、二七二～二七三頁。
（27）「新庄藩系図書」は山形県新庄図書館『郷土資料叢書』第十五輯・第十六輯として翻刻されている。全一三巻からなり、一三巻目に戸沢氏の系図である「戸沢家譜」が収録されている。本章では以下、『郷土資料叢書』第十五輯を史料A、『郷土資料叢書』第十六輯を史料Bと記載する。
（28）現存する新庄藩の分限帳は大別して、二〇〇〇石から五〇石までの家禄を有する家臣の記録である「知行万年分限帳」と、扶持米取りの下級家臣の記録である「万年無足分限帳」の二種類がある。このうち「知行万年分限帳」は山形県新庄図書館『郷土資料叢書』第九輯に「戸沢家中分限帳」（一）、同第十輯に「知行万年分限帳」（二）として翻刻されており、以下、史料C、史料Dと記載する。また「万年無足分限帳」は同十一輯に「戸沢家中分限帳」（三）、同十四輯に「戸沢家中分限帳」（五）として翻刻されており、以下、史料E・史料Gと記載する。ほかに分限帳として「万年分限帳」「嫡子分限帳」「部屋住勤分限帳」「分限帳乾」「分限帳坤」「知行無足席順分限帳」などがあり、同第十二輯に「戸沢家中分限帳」（四）として翻刻されており、以下、史料Fと記載する。各分限帳の性格については各叢書の解説を参照されたい。
（29）「新庄藩系図書」「戸沢家中分限帳」ともに、若干の記載漏れがあるが、女性についての全体的な状況をうかがうのに差し支えないと判断した。
（30）嶺金太郎編（『増訂最上郡誌』、葛麓社、一九二六年）。
（31）本章第一節。
（32）前掲『出羽国最上郡新庄古老覚書（復刻版）』（新庄市教育委員会、一九七二年）一三六頁。著者の田口五左衛門は新庄藩士。享保末年の成立と推定されている。

(33) 史料A、一九頁。楯岡家は戸沢氏が秋田仙北郡を領していた当時に楯岡城主で、戸沢氏としばしば縁組があり、政盛に客分として迎えられた家柄である。
(34) 史料A、九七頁。
(35) 史料B、二六頁。史料D、一〇〇頁。
(36) 史料B、三九頁。史料D、三七頁。
(37) 史料B、二一七頁。
(38) 前掲『新庄古老覚書』二〇三頁。
(39) 史料C、一三五頁。史料A、九九頁。史料D、九七頁。円明院は「江戸者」と伝えられる山田善兵衛の娘で、弟善五郎は円明院の縁故で戸沢氏に扶持方として召抱えられ、享保一七年(一七三二)新知一〇〇石、元文二年(一七三七)さらに五〇石を加増された。
(40) 史料A、九九〜一〇〇頁。史料D、一二六頁。三上源左衛門は元文五年に新知八〇石で召抱えられ、寺川家から独立して三上家を興した。源左衛門の養子左近は明和二年(一七六五)亡父の意思を継いで円光院の配知のうち五〇石をその菩提のため西中寺へ寄進したい旨を藩に願い出、天明四年(一七八四)認められている。
(41) 史料B、八〇頁。
(42) 史料B、二四一頁。
(43) 史料A、一九頁。
(44) 史料F、四〇頁。
(45) なお「戸沢家譜」には家臣立花半兵衛妹と記されている。
(46) 「戸沢家譜」(史料B、二四一頁)。
(47) 史料G、一九頁。
(48) 「戸沢家譜」(史料B、二四二頁)。
(49) 史料G、一七二頁。
(50) 山形県新庄図書館『郷土資料叢書』第十七輯所収。

(51) 新庄藩は宝暦五年（一七五五）の凶作で大打撃を受け、財政再建のため同年家臣への俸禄を「飯米渡の制」に改めたほか、幕府への拝借米要求、領内一統への倹約令の厳達、領内外の有力町人への知行格式の授与などの諸策を講じたが、以後藩財政は急速に逼迫していった。
(52) 史料B、二四頁。御局の父信夫清右衛門は、最上氏の一族で慶長一九年（一六一四）同氏により滅ぼされた清水家の郷士であり、はじめ猿羽根村、のち松本村に移住した。
(53) 史料D、一七三頁～一七四頁。
(54) 史料B、二四頁。
(55) 史料B、二四頁。
(56) 史料D、一七四頁。
(57) 史料B、二三頁。
(58) 史料B、一〇七頁。
(59) 史料F、一五九頁。
(60) 「戸沢家譜」（史料B、二四〇頁）。
(61) 史料B、一一六頁。
(62) 史料B、二一八頁。
(63) 「戸沢家譜」（史料B、二四〇頁）。
(64) 史料B、一一七頁。
(65) 史料E、一二頁。
(66) 史料A、一八頁。政盛は戸沢氏の当主の早世が相次ぐなかで後継者として迎えられた。そのさい実母は殺害されたため、大森後室が母代わりを務めたと伝えられている。
(67) 前掲『新庄藩古老覚書』三六～三八頁。
(68) 史料A、六一頁。
(69) 史料B、七九頁。史料G、六五頁。

(70) 史料B、一九三頁。
(71) 史料B、一九〇頁。
(72) 史料B、一九三頁。
(73) 史料B、一九五頁。
(74) 史料B、八〇～八一頁。宇左衛門後家はその後、実家に身を寄せたが、宝暦七年出奔している。
(75) 史料G、四二頁。史料F、一五九頁。
(76) 史料C、一三七頁。
(77) 史料E、五二頁。
(78) 史料B、一八八頁。永山左近右衛門の事例。
(79) 史料B、八四～八五頁。史料D、一一七頁。
(80) 史料D、一一七頁。なお「分限帳」によると津谷に対する五人扶持の支給はこの翌年の元文元年（一七三六）一一月二一日、三蔵が二丸御番に取り立てられたさい、家督のうち七人扶持が「御取上」となり、同時に津谷に対して五人扶持が支給されたとある。いずれにしても、津谷の扶持は父の家禄が分割相続されたものとみることがでる。
(81) 史料D、一〇六頁。
(82) 「分限帳坤」には「御賄扶持」として「蓮乗院様之元御付はな」「川田喜十郎姉美佐」の名がみえる。なお藩の勘定帳である「御物成大凡中勘定」（山形県新庄図書館『郷土資料叢書』第十七輯）には幕末の安政五年（一八五八）から明治三年（一八七〇）まで「御附女中給之分」「御本奥女中給之分」「御休息女中給之分」が計上されている。奥女中の役職給の体系がわかる史料を探した上で奥勤めの女性たちの待遇の全容を解明する必要があるが、今後の課題となる。

第四章　大名家の「奥」と改革
――仙台藩伊達家を事例として――

はじめに

徳川将軍家をはじめ、大名家や大身の旗本・大名家臣の家は、政治や諸儀式が行われる「表」の領域と、当主および妻妾の生活の場である「奥」の領域とに大きく二分されている。表と奥とは古来、政治・権力機構としての貴族や武士の家において、主人の公私に対応して設けられてきた分業のシステムであるが、幕藩制下の武士の家は、そうした分業の伝統に倣いながら、表と奥が男女の性別役割の領域となり、さらに性別の居住空間として区分けされるという、ジェンダーの構造をもって分化されたところに大きな特徴がみられる。すなわち、政治に関わる表の任務は当主と男性の家臣団が担い、その空間領域も男性のみで維持・管理されたのに対して、奥は当主の妻子とこれに仕える女中衆が占有し、女性によって運営され、維持・管理される場であった。

将軍家の居城である江戸城の場合、(1)本丸と西の丸はともに、表はいわゆる「表」と「中奥」とに区分けされ、奥は俗に「大奥」と呼ばれている。本丸殿舎では、「表」は将軍と幕閣が執務する幕府の政庁であり、その北側に設けられた「中奥」は、将軍の公邸として機能していた。一方、「中奥」の北におかれた「大奥」は、将軍の私邸にあたり、御台所と側室たちの生活区域であった。大奥と中奥との境には塀が巡らされ、両者の唯一の通路である「御鈴廊下」

には重い杉戸の御錠口が置かれ、城の主人である将軍のみが双方を移動できる仕組みであった。大奥の内部は、女性の居所である「御殿向」「長局向」のほか、一部に大奥事務官の男性が詰める「広敷向」が設けられていたが、男女の居住区域は御錠口により明確に仕切られていた。大奥は表の政治世界から隔離されたばかりでなく、外部との境界も厳重であった。このように閉鎖的な空間構造を特徴とする大奥において、女性たちは、世継ぎを産み養育するという、将軍家の存続を保証する役割を最大の任務として課せられたのである。

政治機構・権力機構として存在した武士の家は、こうして表と奥の双方の機能によって支配が成り立つシステムにあったが、これまで研究史では表の政治機構に対する関心の高さに比べ、奥についての研究はかなり手薄であったといってよい(2)。近年は幕政史研究のなかで大奥女中の政治性が着目されるようになり(3)、一九八〇年代以降、女性史研究の進展により、奥女中の職制や諸手当、相続状況などが表の男性家臣団に対比して明らかにされてきている(4)。ただし、奥の分析のほとんどは幕府大奥に集中しており、端的に言ってしまえば、幕府大奥をもって武家の奥の全体が説かれてきた感がある。大奥の実態は果たして、大名家をはじめ武家の奥に共通するものであったのだろうか。奥の機構や機能について、個別に事例を分析し、比較検討してみることが必要であろう。

本章では、武士の家が性別領域としての表と奥の機能から成り立っていたことに関心を寄せて、これまで研究が手薄であった大名家の奥について、奥州仙台藩主伊達家を対象に検討を行いたい。大名は国元と江戸の両方に家を構えており、それぞれに表と奥が設けられている。伊達家は仙台城を居城とし、江戸屋敷として芝に上屋敷、愛宕下に中屋敷をもち、麻布・品川・袖ヶ崎(大崎)に下屋敷を構えていた。これらの屋敷において、奥の機構や区域は「奥方」と呼ばれており、奥方に奉公する女性たちは、表の「御家中」に対して「御奥方女中」と称されている。ただし仙台城の奥方については、とくに「中奥」とも呼ばれていた。

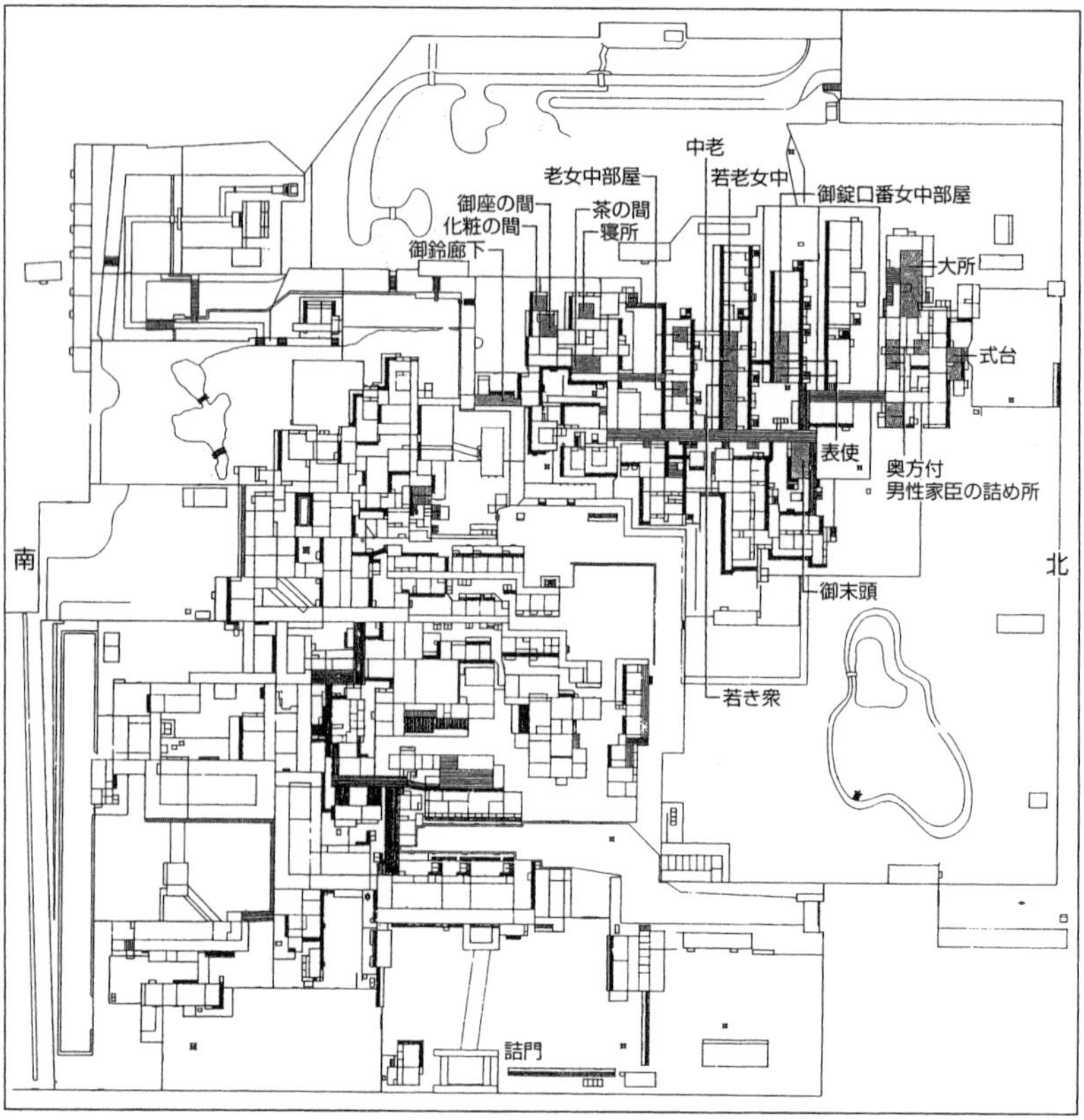

図７　文化元年（1804）の焼失後に再建された仙台城二の丸殿舎
（「文化元年御造営御絵図写」より作図、『仙台市史　近世通史編３』より転載）

伊達家の奥方は空間構造として以下のような特徴がみられる。国元の仙台城は、二代藩主忠宗の寛永一五年（一六三八）九月に二の丸が造営され、政庁機能が本丸から二の丸に移されたさい、二の丸殿舎の西北部に表と別構えで中奥が建てられている。二の丸造営の過程で翌寛永一六年三月二八日、「御座之間、御寝所、御奥方寝所」が棟上されており(5)、「御奥方寝所」とあるのが、おそらく中奥の建物を指しているものとみられる。以来、一七世紀後半の時期までの中奥の建物群の状況については、唯一「肯山公造制城郭木写之略図(6)」と呼ばれる絵図のなかに描かれているが、これによると、表の区域と一本の

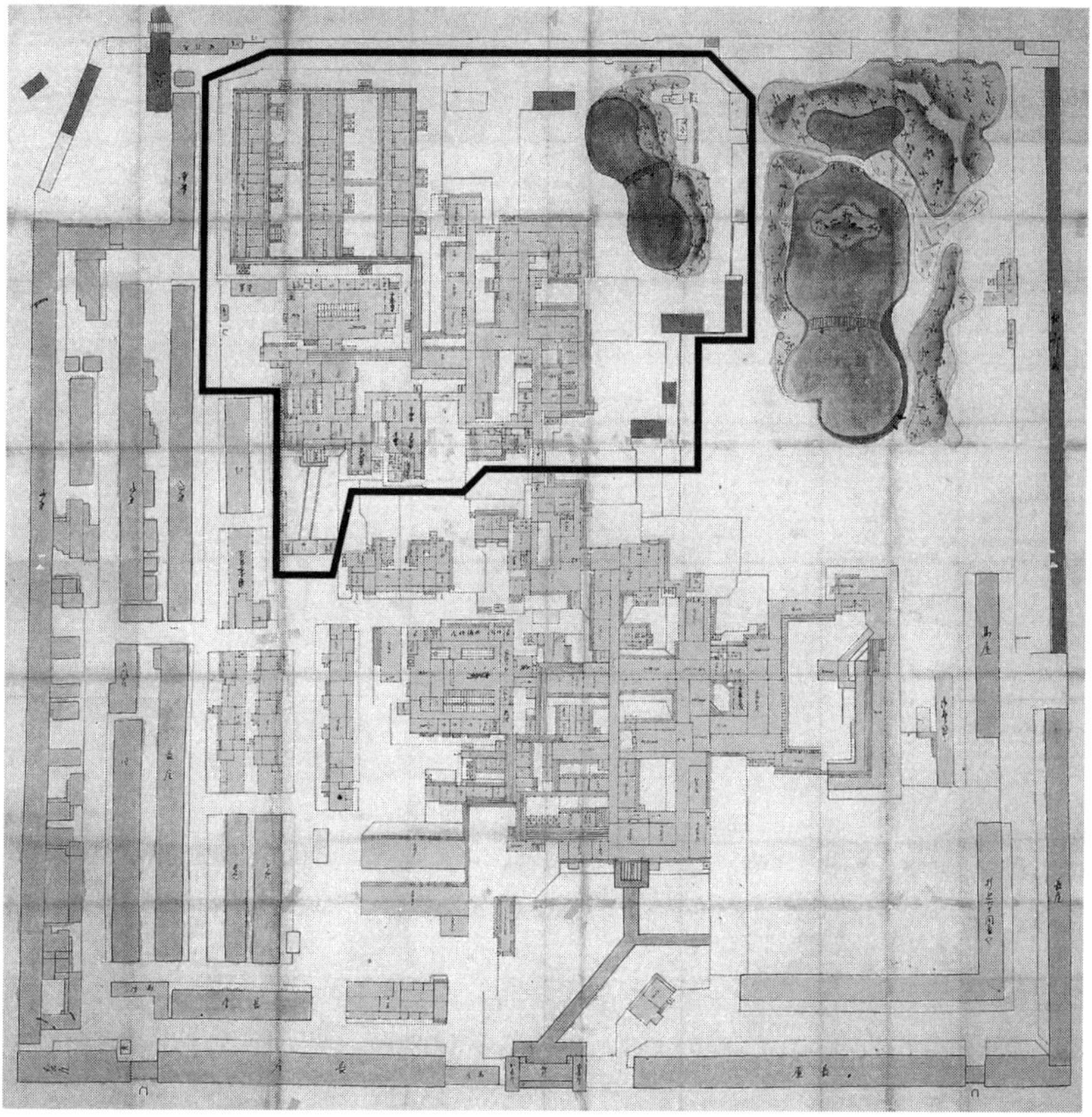

図８　「江戸上屋敷絵図」（仙台市博物館所蔵）　奥方は枠で囲んだ部分

廊下によって繋がれ、周囲を塀で囲まれた、まさに隔離された施設として描写されている。四代綱村の時代の元禄元年（一六八八）から、二の丸は西屋敷と呼ばれた敷地を取り込み、北側に拡張する大改造が行われ、これに伴い中奥の施設も元禄三年ごろから工事が始まり、北側に拡大していく。同一三年に改造工事を終えており、中奥施設の完成期とみることができる。二の丸の殿舎はその後、享和二年（一八〇二）まで小規模の増改築を重ねながら整備されていき、文化元年（一八〇四）六月二四日の火災で焼失するが、同六年四月一日に再建されている[7]。

江戸後期のもっとも整備された

図9　伊達家の系図（5～10代）

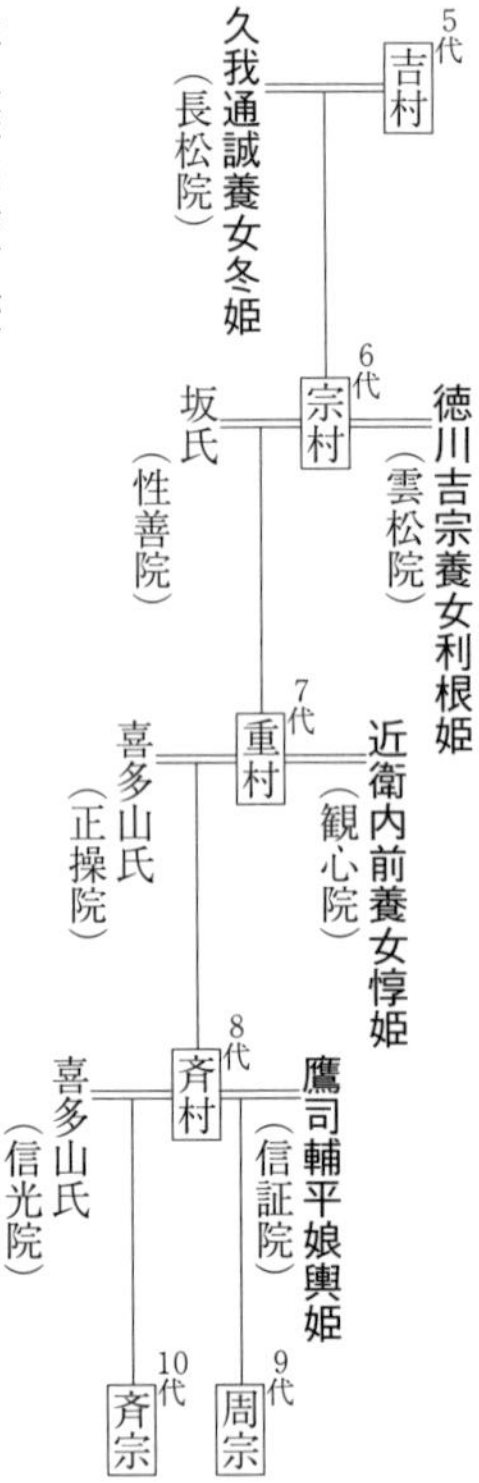

注　太字は正室を示す

段階の中奥の施設について、「文化元年御造営御絵図写」(8)によってうかがうことができる（図7）。これによると、中奥は二の丸殿舎全体の三分の一強を占めており、表との通路の廊下は江戸城と同じく「御鈴廊下」と名づけられている。中奥内部は大きく四つの建物群に分かれている。御鈴廊下を渡ると、「御座之間」「御寝所」「御化粧之間」など、当主の私邸にあたる部屋と、「御茶之間」などの女中詰め所がある。その北側は、廊下を挟んで東側と西側に分かれ、東の区域は当主の子女および側妾たちの部屋があり、西の区域には老女中、若老女中、中老以下、奥方女中たちの居所が役列ごとに四列並んでいる。廊下を隔てて中奥最北部は中奥の事務官である男性家臣の詰め所であり、女性たちの居所との境には塀が巡らされ、御錠口が設けられている。なお、これら四つの建物群のうち、当主の側妾とその子女、およびこれに仕える奥方女中たちが居住する区域は「御〆切内」と呼ばれ、中奥の事務官である奥年寄や中奥医師などが詰める部分は「御〆切外」と称されていた(9)。これは江戸城大奥における「御殿向」「長局向」と「広敷向」に対応する空間構造といってよいだろう。ちなみに表の区域についてみると、二の丸殿舎の東部にあって年賀等の儀式を執り行う座敷や、政務を行う役所などがおかれた区域は「御〆切外」と称され、南西部の当主の公邸にあたる部分は「御〆切内」あるいは「御内証」と称されている。いわば江戸城の表と中奥に対応した区分けといえよう。

一方、江戸屋敷の方は、上屋敷と中屋敷にそれぞれ、表と廊下でつながれた別棟の奥方の建物群が造営されている。

上屋敷の奥方には当主の正室と側妾、およびその子女たちがおり、中屋敷は世子の妻妾とその子女たちの居所であった。このうち江戸上屋敷の奥方は、寛保三年（一七四三）以降の作成とされる「江戸上屋敷絵図」(10)（図8）によると、表の区域とほぼ同じ面積をもって表の東側に配置されており、仙台城中奥と比べて奥方区域が大きな比率を占めている。内部は大きく三つの建物群からなり、表から廊下を隔てて東側の一画には「御寝所」「御化粧之間」「上座」など当主夫妻の居所と、「御茶之間」「御三之間」など女中衆の詰め所が配され、その北側に廊下を隔てて男性家臣の詰め所があり、廊下づたいに奥の北東部に「長屋」と呼ばれる女中衆の住居が建てられている。こうした上屋敷奥方の構造は、江戸中期以降の江戸城大奥において「御殿向」と「広敷向」がほぼ並列して配置され、奥部に「長局向」が建てられていた空間構造と類似している。伊達家は二代忠宗、六代宗村が将軍の養女を正室に迎えており、上屋敷の奥方の構造は将軍家の影響を強く受けていたものと考えられる(11)。

さて、一八世紀末の七代当主重村の治世期に、奥方にたいして「御奥方格式」と呼ばれる規則が制定された。正室の居所である江戸上屋敷の奥方の刷新に主眼がおかれたようであるが、個々の屋敷を越えた、奥方の全体にわたる指示も少なくない。そこで本章では、主に「御奥方格式」に拠りながら、重村の時代の奥方について、改革の中身、および女中衆の職制を中心に検討を加えてみたい。なお、登場する伊達家の主な人物の関係については図9に示した。

一　「奥方」の任務

仙台藩伊達家七代重村は、宝暦六（一七五六）年七月、父の六代宗村の病死により、遺領六二万石を襲封した。以来、寛政二年（一七九〇）隠居して世子斉村に代を譲るまで、三四年間当主の座に就いている。藩政の中期から後期への移行期にあたる重村の治世期は、二度の飢饉による打撃を受けて、重い政治課題を背負っていた時期である。仙台藩は宝暦五年、大凶作に見舞われて五四万石の損害を被り、深刻な財政難に陥った。その立て直しができないまま、天明三年（一七八三）再び空前の大飢饉に見舞われ五六万石の減収となり、多くの餓死者、疫病による死者を出して、領内人口は寛保二年（一七四二）時に比べて七割弱まで落ち込んだ。以後、財政の再建と並んで人口を回復させることが、藩政の大きな課題となっていく。

こうした表の政治世界の深刻さと比べると、重村の時代の奥方は、ほぼ順調にその役割を果たしていたといってよい。重村が関白近衛家の養女惇姫（年子・観心院）を正室に迎え、惇姫を女主人とする奥の体制のなかで、世子の斉村が順調に成長したことが第一に挙げられる。将軍家をはじめ姻戚の大名家や一族との音信贈答を中心とする付き合いも過不足なく行われていた。

重村と惇姫との婚儀は、重村が藩主に就任して四年後の宝暦一〇年二月二一日に執り行われた。重村一九歳、惇姫一六歳の年である。惇姫は清華家の一つ、広幡家の娘であり、実父広幡長忠は同年三月に大納言に昇進している。婚礼から二年が過ぎた宝暦一二年一二月三日、惇姫は五摂家筆頭で公卿第一位の関白近衛内前の養女となった(12)。伊達家は惇姫と重村の婚礼直後の宝暦一〇年三月に、広幡家へ毎年一〇〇両、近衛家に対してはこれより多い三〇〇両の仕送りを決めており(13)、惇姫を近衛家の養女とする話は婚姻時に確約されていたものと思われる(14)。ともあれ、惇姫は重村の正室として、江戸上屋敷奥方の女主人となり、さらには伊達家の奥方全体の最高位に立った。以来、表と奥からともに「姫君様」の敬称で呼ばれている。ちなみに惇姫が入輿する宝暦一〇年以前の奥方は、重村の生母で先代宗村の側妾であった性善院が発言力を持っていた(15)。性善院は宝暦六年の重村の襲封とともに、仙台城二の丸の中奥を出て、江戸上屋敷の奥方へ移り住んでいたが、重村の婚姻とともに国元に戻り、宝暦一三年三月七日に没している(16)。

さて、重村には正室の惇姫のほか、側妾も多数おり、惇姫を筆頭にそうした側妾たちと女中衆が奥方の構成員であった。奥方のいちばんの任務は、重村の子女を産み育てることにあったが、実際、惇姫をはじめ側妾たちは、先代宗村、先々代吉村には及ばなかったものの、あわせて一四人もの子女をもうけている[17]。ただし、順調に生育して成人を迎えたのは、このうちの六人にすぎない。正室惇姫は一男二女をもうけたが、成長したのは明和七年（一七七〇）に誕生した満姫（諱は詮子）のみである。待望の男子は明和二年、お久の方との間に総三郎が生まれたが、六年後の明和八年に夭逝している。それから三年後の安永三年（一七七四）一二月六日、お寛の方（喜多山氏、のち正操院）が式三郎を産み、のちに世子斉村となる。

式三郎の養育には、奥方女中と重村側役の男性家臣が関わっていたが、父の重村自身もことのほか執心していた様子である。式三郎は天明三年（一七八三）、一〇歳の年に嗣子となり、総次郎祝村と改名した。これに伴い重村は、側役の家臣に対して自ら養育の心得をしたためている[18]。その内容は、側役の女中とともに医師とも相談しながら平常の様子をよくみておくようにと命じ、養育の方針として、下々への憐憫の心が育つよう、当座の遊びも下の者の痛みや難儀を伴うことを避けるように進言する、大事にしすぎて柔弱に育てない、怪我や危険を伴わない限り遊びを制限しないようにとある。また、忠孝や義理を大切にする精神を理屈を張らずに教えることが大事であり、行儀作法については特に、教えるというより側役の御小性を仕付けて見習わせるべきであるとする。さらに、男女の好色に関心が向かないよう、奥方の琴や三味線や小歌が聞こえるところには連れていかないなど、詳細にわたっている。これらは祝村の年齢に合わせた当分の間の心得であるとし、成長に合わせて指示することを述べているが、実際に同様の心得が出されていたのかどうかは確認できない。ただし、箇条書の体裁をなしたものはなかったとしても、側役や奥方女中たちに対して口頭での指図は繰り返されたのではないかと思われる。

祝村は一四歳の年の天明七年九月二八日、江戸城で元服の式を挙げ、一一代将軍家斉から諱の一字を授かり斉村と名を改め、従四位下侍従に任官した。一七歳になった寛政元年正月には、病気の父重村に代わり江戸藩邸で正月の年頭祝儀を執り行っている。翌寛政二年六月、重村の隠居に伴い八代当主に就任した。こうして重村の時代の奥方は、後継者の育成については任務を遂げたことになる。

二 「御奥方格式」の制定とそのねらい

斉村の元服・任官の直前、天明七年（一七八七）の春ごろとみられる時期に、奥勤めについて詳細な心得を記した「御奥方格式」と総称される規則書が作成された。[19]前の年にも同様の規則が発布されており、これが二度目の制定であった。[20]「去年の仰渡書」で伊達家の家格・家風をはじめ、勤めかたや言葉遣い、身なりなどについて詳しく指示していたが、改善の様子がみられず、上に対する伺いもないことが憂慮されて、あらためて詳細な勤務規則が定められ、周知徹底が言い渡されたのである。奥方は当時、どのような状況から改善が必要とされていたのだろうか。指摘されている問題を整理すると、次の三点が挙げられる。[21]

第一に、奥方女中たちは担当の職務を熟知していないという現状があった。そこで、それぞれの役務を確認するための上申ルートが定められ、老女中や若年寄など上位の者は、すべて当主に直々伺いをたてること、側廻りのことは御中臈・若キ衆・御小性ともに当主に直接伺いを立て、役務めについては若キ衆・御小性は若年寄・御中臈へ、表使は老女中や若年寄に確認することが指示されている。

第二に、奥女中のなかに諸稽古に励む者がいないことが憂慮されている。ここでいう稽古というのは、学問手習いや風雅の道を極めることを指している。これらは当人のためばかりでなく、「上々様の御用にもたち、御相手にも相成事」であって、いわば奥の勤務上に必須の教養として習得すべきものであったのだが、奥方女中たちは当時、流行の歌や三味線に夢中になる者が多かった。「上々様方」が学問や風雅の道を好んでいるのに、そうではないように世上に噂が立つとし、外聞にも関わり具合が悪いという見地から改善が求められたのである。

第三に、側役の女中たちの多くは、当主に対する言葉遣いや、髪結などの風俗、給仕の仕方をはじめとして、勤務にあたってわきまえておくべき作法や格式が身についていなかった。以前は勤務経験の長い老女中たちによって制道がゆきわたっていたが、古株の老女中が減って若い世代に伝えられず、特に江戸屋敷では心得ている者がおらず、不徹底であった。そこで、五代吉村の代から数十年来勤めている野崎、田中らの老女中たちに対して、江戸・仙台ともに諸格式や言葉遣いなど万事にわたり「御家風」が立つよう伝授することが申しつけられ、音羽、清見、清瀬などの老女中たちがこれらをしっかり受け継ぐように命じられた。また、格式に関わる決まり事について、前年よりも詳細に指示され、各自が関係部分を写しとって平日も携帯して見るように申し渡された。

以上、挙げられている問題点の全体を通して浮かび上がるのは、いわゆる表の「士風の退廃」に相当するような、奥方女中たちの勤務意識、勤務に対する自覚の低さといってよいだろう。そしてこの背景には、琴や三味線、浄瑠璃などの芸事や、髪結いの新しい風俗など、当時の都市文化の影響が看取できる。つまり、伊達家は奥方にこうした流行が浸透して家風が影響を受けることを憂慮したのであり、女中衆に本来の風儀、格式をわきまえさせることで、奥方の立て直しを図ろうとしたのである。

すなわち、表については江戸中に「仙台風」が周知されているとし、奥方にも同様に伊達家独自の風儀があるとしたうえで(22)、伊達家の家風は「御城之御風儀」を元につくられた、五代吉村夫人の長松院の代の風儀が手本に据えられるとしている。長松院の時代から四、五〇年が過ぎて、当時とは引き合わないことが生じ、また六代宗村夫人の雲松院（利根姫）は将軍家の養女であったので、「御守殿之御風儀」、つまり幕府の風儀が入って移り変わり、本来の家風を覚えている者が少なくなっていた。そこで長松院の時代に築かれた、伊達風の風儀の周知徹底があらためて目標に定められたのである。実際に指示されている家風の中身は、それぞれの身分・役柄に応じた言葉遣いや、髪結い、衣装の整えかた、当主の一族に対する挨拶や会釈のしかた、役列に応じた部屋での対しかたなどにわたっている。いわば奥方女中としての動作所作、言葉遣い、風俗の一つ一つについて、伊達家独自の決まり事を確認し、これらを流行に流されずに身につけることを求めたのである。

「御奥方格式」が制定されたねらいの一つは、要するに、五代藩主吉村夫人であった長松院の時代に確立された伊達家の奥方の風儀を再確認し、奥方に表と同様、「伊達風」を定着させることにあったといってよいだろう。表とセットで「仙台風」「伊達風」の確立がめざされていた点にまずは注目しておきたい。奥方が表と対等の家の組織として位置づけられたのであり、両者がともに伊達風を維持することで、幕府や他の大名家とは異なる伊達家の独自性を守ろうとしたのである。ここには強烈な家意識の発揚をうかがうことができる。

もう一つ、奥方のめざしていた「伊達風」の風儀が、吉村夫人の長松院の時代の奥方を基本においていた点に注目したい。長松院は、久我通誠の養女で冬姫と称し、元禄一五年（一七〇二）の婚姻後、六代宗村ほか一男五女を産み、延享二年（一七四五）に五七歳で没している。享保一七年には宗村に世子としての心構えを中心に教訓をしたためるなど[23]、生母として、また奥方の統轄者として名声の高かった女性であり、長松院の時代に奥方の改革が行われ、整備が進められたことは推測に難くない。ただし、長松院は伊達家に輿入れした初めての公家の姫でもあった。伊達家の当主は四代綱村まで、代々徳川将軍家をはじめ、武家から正室を迎えており、したがって当時までの奥方は、武家風文化を受け継いできたことになるが、長松院の入輿により、伊達家の奥方に公家風文化が入ってきたことになる[24]。つまり、長松院の時代の奥方の諸格式は、公家風の影響を少なからず受けてつくられた可能性が考えられるのであり、この長松院の時代の風儀が、七代重村の時代に伊達家独自の家風として再確認され、武家の頂点に位置する将軍家の風儀への移り変わりも許さず、復興が図られたのである。おそらくこれには、長松院と同じく公家の出身である重村正室の惇姫の意向が強くはたらいていたものと考えられる。

三 「奥方」の職制

1 江戸上屋敷と仙台城中奥の相違

奥方は当時、どのような組織で運営されていたのだろうか。奥方に奉公する女中衆には、いわゆる女中勤めの者と、側妾とがおり、両者を区別して、女中勤めの女性たちは「奥方付」と呼ばれていた。表5は江戸上屋敷における「奥方付」女中の役職と勤務内容を示したものである[25]。

女中衆は上は大上臈・小上臈から下は御茶之間まで（ただしこの下に御走太がいる）、役職が位階制的に編成されており、昇進が可能なシステムとなっている。各役職に定員はないが、人員不足のさいには上下の職階の加役となった。「御奥方格式」が制定された天明後期の時期には御介添は配置されていない。

表5をもとに、おもな役職についてみてみよう。まず大上臈・小上臈は、「奥方付」女中の最上位として姫君（正室）の側向き御用に従事する役職である。「堂上方息女」すなわち公家の娘が多かったようであるが[26]、五代吉村、七代重

表5　江戸上屋敷「奥方付」女中の職制

役職名	職務内容など	表の相当役
大上臈・小上臈	姫君様側向御用のすべてを御中臈・若キ衆等を引き回し担当。御規式事・御祝儀事・御参詣事のほか御給仕・御配膳など。人により御城使・他所向御用も。御介添がいない場合は御日記方・御側御用向・京都などへの御自筆の代筆も。	御一家または御奉行同断。御一門衆御家老、御刀番の体も有
御介添	御日記方・御側御用向の代筆・京都などへの御自筆の代筆。人により老女中の御用も。上臈が一人のときは代役。近年は置かれず、大上臈・小上臈の役となる。	大番頭以上
老女中・御局	御側向・外様の内外御用のすべてを担当。金銀方・御召物方・御道具方・御姫様方・御子様方係のほか、諸願など万事担当。このため諸格式を熟知。人により御城使も。上臈の御給仕・御配膳役に加わる。御介添役がいないときは御日記方の加役となる。	番頭以上
若年寄	御側向・外様とも諸格式、諸願を始め万事担当。御膳方一式。金銀方・御召物方・御守方・御薬方・大納戸・小納戸・御道具方などの係。人により御入料方、御年寄方御用も。老女中・若年寄とともに屋形様刀持を務める。	御召出以上・詰所以上
御中臈	主に御側向御用一式を担当。御薬方・御風呂屋方・御寝所方・御召物方などの係。平日は御給仕などの重き事を担当。	御召出以下・詰所以上
若キ衆	御側向御用のすべてを担当。御中臈が人員不足のとき、御召物方・御道具方・御寝所方・御給仕など。	詰所以下・奥御小性
御小性女中	御側向御用を若キ衆同様に担当。御給仕・御茶・御煙草盆などの軽きこと、その他御相伴給仕。	詰所以下・児小性
表使	外様御用専従で、諸格式、諸願、部屋方の客出入り、御出先諸〆りなどの吟味のほか、奥年寄はじめ諸役人への応対取次一式。火の用心、御普請向、部屋方なども万事担当。若年寄担当の他所掛け合い文通の一部を務める。若年寄などへ昇進可能。	詰所以下・御小性組
御錠口番	御錠口に詰め、軽い御用の取次対応。表使が人員不足のさいは諸〆りを担当。若年寄・表使などへ昇進可能。	
御右筆	御城方・他所文通のほか、御祝儀事、御座敷向御用など。御年寄手前御用物も取り扱う。表使などへ昇進可能。	詰所以下・御右筆

御次	御上り物方、上臈・御年寄衆の給仕と送り迎え、御茶の間で細かい道具の取り扱いなど。元来侍宿より召出され、御側役に昇進可能。	詰所以下・表御小性より定供
呉服之間	御仕立て御用。その他御出先で御次が不足のさい、御目見の者がお供。侍宿より召出され、御側役・表使へ昇進可能。	詰所以下
御三之間	古参の者は人により御上り物方へ加わる。上臈・御年寄などの給仕と諸用向を担当。凡下宿より召出し御次へ昇進多い。	組侍
御末頭	身分は軽いが役人同然。御走太の取り締まり。	組侍
御仲居頭	御膳等一式、仲居を支配。諸町人の取次。	
御仲居	御膳等一式。町人の取次。	凡下・御小人御足軽 組頭
御使番	御右筆部屋務め。御城他への文通取次。町人取次も。	凡下・御小人御足軽 組頭
御茶之間	御茶之間で御走太務め。炭薪など、ほか燭台などの御道具の管理。	凡下・表坊主

注　役職名・勤務内容などは「御奥方格式」(仙台市博物館蔵「伊達家文書」)四冊目の「江戸御奥女中勤方之事」「一役切小役係り等之事」より作成。表の相当役は同上六冊目「表之役ト奥之役々相当之事」による。ただしこの史料では、御三之間以下の役職が、御茶之間・御末頭・御仲居・御使番・御走太(御半下)の順となっている。

村は公家から正室を迎えているので、婚姻時に付き従ってきた公家出身の女性たちが大上臈・小上臈として召抱えられたものとみられる。規式事・祝儀事・参詣事のほか、姫君の給仕や配膳なども役目のうちであり、人によって御城使や他所御用向きなどの外向きの務めを担う場合もあった。また御介添がいない場合、その本役である御日記方の任務や、側御用の代筆、京都への書簡の代筆などの役目も加わった。これら大上臈・小上臈が担う側向き御用は、御中臈・若キ衆・御小性女中が係を分担して務めるものとなっている。

老女中(御年寄)・御局は、側向きと外向きの両方の御用をすべて差配する、奥方の実務面の責任者であり、奥方女中のなかで実質的な権力者であった。このためすべての御用の格式、務めかたを詳細に把握し、理解しておくことが求められた。若年寄は、老女中に従い側向き・外向きすべての仕事に携わる役職である。表使は、外向きの御用を専門とし、表の諸役人との交渉を担当し、奥方の外交係ともいうべき役割を担った。

中位以下の役職は職掌が限定されてくる。御錠口番は、表との境に設けられた御錠口に詰めて、表の男性役人と軽い御用の取次や応対にあたり、御右筆は、仙台城をはじめ他所との文通を担当する文書係で、祝儀事や座敷向きのことにも従事した。御次は、上臈御年寄衆の給仕や送り迎えをはじめ、道具の取り扱いを担い、呉服之間は、当主夫妻の衣服の裁縫をつかさどる役である。御三之間以下は、上の役について下働き的な仕事に従事する。

以上の役職のうち、外向きの御用に関わる老女中・若年寄・表使などの職務については、「役人」として位置づけられている。また、呉服之間までは御目見以上、御三之間より下は御目見以下の身分である。これは、宿元が前者は侍宿、後者は凡下であることに起因するものと考えられる。御三之間は御次へ昇進する者が多くおり、女中昇進の起点の役職であり、この点は江戸城大奥の職制と共通している。ただし、大奥の御三之間は宿元の身分が御目見以上とされており、このため御三之間から上位の役職へ昇進が可能であったとみられる。(27)伊達家の奥方は、御三之間が凡下宿からの採用でありながら、出世の場となっており、大奥に比べて宿元による制約がゆるやかであったといえよう。

ところで、奥方の職制にはこれに相当する表の役列が定められており、表5の下に記した。最上位の大上臈・小上臈は、「御一家」または「御奉行同役」とされている。務めの中身は異なるが、政治向きに関わらないことで、一門衆家老に匹敵する身分格式ともされている。御介添は、政治向き御用を扱うことで「大番頭以上」とされ、老女中・御局は、務め方は「御奉行」「番頭以上」相当とされている。以下、表の役列格である「御召出以上詰所以上」「御召出以下詰所以上」などに、それぞれ相当している。

奥方と表は務めの中身に大きな違いがあり、役職の数も奥方は表よりはるかに少ない。したがって、両者を役列として対応させるのは、かなりの無理がある。それにも関わらず相当の役列が定められていたことは、伊達家において、奥方が表とともに、家の組織として対等に位置づけられていたことを示唆するものといえよう。

表6　仙台城中奥の「奥方付」女中の職制

役職名	勤務内容など
老女中	側向・外様の万事の御用を担当。金銀方・御上り物・御子様方係。側向・外様すべての勤務の格式を覚え、全体を取り締まる。
若年寄	江戸と違い一人役か、いない場合もあり。老女中の下で御膳方・金銀方を務める。御中臈が人員不足のさいはその役務にも加わる。諸願など、善悪の吟味、取り締まりを担当。
御中臈・若キ衆・御小性女中	御身廻り・御手廻り御用を担当。外様向への出会などは謹む。
表使	外様役の役人であるので、外様向の諸格式を熟知し、取り締まりを心得る。江戸と違い、御普請方御入料にも加わる。軽い御用向は二の丸留守居へも掛け合うので、とくに諸格式を心得る必要あり。御錠番役人がおかれないため、表使が代役となる。
御右筆	御年寄手前御用物を取り扱う。末々は表使などへ昇進あり。
御次	江戸と違い凡下宿からも召出され、「士身分」の仰付けもあり。勤務しだいで御側・表使などへ昇進あり。
呉服之間	江戸と違い当時は凡下宿からも召出。人不足のため人柄しだいで昇進あり。
御茶之間	江戸と違い御三之間勤務。すべて江戸御三之間に相当。凡下だが江戸御茶之間より上。御三之間務めであるので御次同様に昇進可能。
御末頭	身分は軽いが江戸と違い軽い御用を務め、二の丸留守居などへも掛け合い、役人同然。格別に取立の可能性もあり。御半下共を引廻し取り締まる。

注　「仙台老女中始勤方之事」(仙台市博物館蔵「伊達家文書」)より作成。

一方、仙台城中奥の「奥方付」女中については表6に職制を示した(28)。中奥は正室の居所でないので、これに仕える大上臈・小上臈の役職はおかれていない。若年寄も一名しかおかれない場合があった。江戸上屋敷の奥方と比べると、全体的に役職も人員も少なく、一見したところ江戸の職制のミニチュア版の様相を呈している。一方、中奥の職制には江戸屋敷と異なる部分も少なくない。

まず老女中は、若年寄の人員が少ない分、多くの仕事が課せられている。表使は、御普請方御入料を担当し、軽い用であれば二の丸留守居に対して掛け合うこともあった。さらに仙台城には御錠番役人の女中はおかれず、代わりに表使がこの役目を兼務した。御茶之間は、実際は御三之間勤務であり、江戸の御茶之間より身分が上とされている。最下位の御末頭は、軽い身分ではあるが、二の丸留守居への掛け合いを担当することがあり、御用を務めるという点で、役人同然の身分として位置づけられている。

中奥女中は採用のされかた、昇進の起点も江戸屋敷と違いがある。御次・呉服之間についてみると、江戸屋敷では侍宿から採用される役職であったが、中奥では凡下宿からも採用されている。昇進の起点も、江戸は御三之間であるのに対して、中奥では御茶之間が実は御三之間勤務であったことから、御茶之間が昇進の起点となっている。

以上みてきたように、「奥方付」女中の職制は、江戸上屋敷と仙台城中奥を比べてみると、規模をはじめ、勤務の中身、昇進システムなどに少なからぬ相違がみられる。江戸上屋敷の奥方は正室の居所であり、しかも伊達家は当時まで二度、幕府の養女を正室に迎えていたことなどから、職制の整備には江戸城大奥の影響が色濃く及んでいる。これに対して仙台城中奥は、側妾の居所として職制の規模が小さいものとなり、江戸城大奥の影響は少なく、伊達家独自のシステムが維持されることになったものと考えられる。

2　伊達家の職制の独自性

伊達家の奥方の職制には、江戸城大奥と大きく異なる部分がある。一つは、江戸上屋敷の奥方では、大上臈・小上臈については正室の世話役に専従し、当主の用向きにはほとんど加わらなかったが、老女中から下の女中衆は、「屋形様方」「姫君様方」に分けられず、「御二所様御一体之御人」として仕えるシステムとなっていた(29)。江戸城大奥の場合、女中衆は将軍付き、御台所付きに明確に分けられ、子女などにも別個に女中衆が付く場合があり、一四代将軍家茂の時代には、将軍付き、御台所和宮付きのほかに、一三代家定正室の天璋院付き、家定生母の本寿院付き、家茂生母の実成院付きと、女中衆は将軍の家族員にあわせて五つの系統に分けられている(30)。大名家の場合も殿様付きと御前様付きに分かれるのが一般的である。

伊達家も六代宗村の時代には、将軍家から吉宗養女の利根姫を正室に迎えたために、利根姫付きの女中が幕府から出向し、「公儀衆」として伊達家と身分格式の取り扱いが異なることになった。このため宗村には、御年寄や御錠口番をはじめ、正室利根姫とは別個に奥女中が付けられていた。だが、五代吉村と七代重村の時代の奥方付女中は、当主付きと正室付きに分けられなかったのである。

奥女中が当主と正室の両者に仕えるというシステムは、「御奥方格式」によると、他の大名家とは異なる伊達家独自の風儀であり、五代吉村の奥方を前例としている。前述したように、重村の時代の奥方は吉村の時代の復興をめざして刷新が図られていた点からすると、奥方付女中の「御二所様御一体之御人」というシステムの起源は、吉村の時代にみてよいのかもしれない(31)。なお、仙台城の中奥にはいわゆる御国御前の立場の側妾がおかれていたが、江戸上屋敷のように女中衆が当主と一体で仕えていたのかどうかは不明である。

もう一つ、伊達家の奥方の特異な点として、仙台城中奥の老女中のなかに、表への出入りを認められていた者がいた。後代の記録になるが、重村の側妾で八代斉村生母である正操院（喜多山氏）が、文化一三年（一八一六）閏八月八日に江戸から在国中の孫の一〇代当主斉村に宛てた書状のなかに、次のような記述がある。

女郎様ニても、御幼少様のうちハ、表へも随分御入まし遊ハし候まゝ、さやうニ思召被為入候へく候、殿様ハ毎日被為入候得共、御姫様ハおりふしハ被為入候、音羽なそ表へ付上候て、御よひましあそハし候てもよろしく、音羽事ハ年寄之事、表江御用之節ハ出候てもよろしくと、被仰付候ハヽ、さそ〳〵有難と存奉候、徹山（重村）様御代中ニも絵川と申御年寄、表へ出候様ニ被仰付候、桂山（斉村）様御代中ハ、清野と申御年寄、表へ出奉候、右故御芝様なそ入申、表へ出候様ニ被仰付候ハヽ、かく別ニ御なしミの所も立、よろしく哉と存上奉候、それともいかゝ思召候哉、思召したいの御事なから、心付候まゝ一寸申上奉候(32)

右は、文化一三年六月に仙台城で誕生していた斉宗の女子芝姫の順調な成長ぶりを喜ぶ文脈のなかでの記述である。誕生間もない芝姫を今後表へ連れていけば、表の役人のなじみが出てよいという思いつきとともに、中奥の老女中である音羽を表へ呼び入れることを提案している。当主の幼少の女子を表へ出すという話も興味深いが、ここでは老女中の表区域への出入りを勧め、その前例として重村と次の斉村の代を挙げていることに注目したい。すなわち、重村の時代には絵川、斉村の代には清野の二人の老女中が、表へ御用で出ることがあり、これを前例に、音羽についても用事があれば表へ呼ぶことをよしとしている。正操院は重村の時代、世子斉村の生母として奥方を詳細に知っていたはずであり、老女中が表へ出る場合があったというのは確かな記憶であったとみられる。

これまで、将軍家や大名家では厳格な性別分離の構造が築かれて、奥の女性たちが御錠口を抜けて表に足を踏み入れることはなかったとされてきた。むろん役目柄、表の男性家臣と接触する場面はあり、伊達家では御錠口番のほか、仙台城中奥で表使・御末頭が表の役人と掛け合うことが役務に含まれている。ただし、そうした接触の場所は、おそらく奥方のなかに設けられていた男性の詰め所である「御〆切外」であり、奥の空間領域を出て表へ出入りすることはなかったと推測される。ところが重村の時代以降、仙台城では、老女中が表の区域に呼び寄せられることがあったのである。(33)

3　側妾の格式

奥方女中のなかには、当主や世子の側妾となった女性たちがいる。側妾は基本的に奥方女中の一員であるが、当主や世子に直接仕える身分として厚遇され、これまでみてきた「奥方付」の女中衆とは別の格式を付与されていた。(34)五代吉村から七代重村までの側妾についてみると、屋形様方上臈・老女中の上格・老女中格・老女中の次の格・若年寄格・中臈上の格・中臈格の七つの格式（職階）に分けられている。このうち屋形様方上臈は、子供の有無にかかわらず、すべて「御一門格」という伊達家家臣団の筆頭に相当する格付けを付与され、「御一門衆其身之衆内室次」「隠居部屋住之衆内室上」という扱いがなされていた。ただし、当主の在世中は一門衆内室と一堂に会することはなく、当主の没後に剃髪した後、年始や御礼の使者と対するときなどに同席することを許された。格付けが上がっても一門衆や隠居部屋住衆の夫人たちと並ぶ身分とはされなかったのであり、当主の没後にいわば俗世から退くことで、格付けの実質に見合う待遇を獲得したのである。屋形様方上臈は扶持七人分、切米二〇両を宛行われている。

老女中の上格・老女中格・老女中の次の格の側妾たちも、ともに「奥方付」女中の老女中より格別の待遇を受け、高い宛行いを付与されていた。時服料や御四季施料などは格式ではなく身分や勤務に付くものとされて、上臈と同様の額が下されている。

ところで、側妾がいずれの格式にランク付けされるかは、従来は当主の思召しだいであり、子どもの出産やその後の子どもの地位などによって、ランクアップもあった。ただし、生母の側妾たちに格式の序列があったことは、宛行いをめぐり不公平感を生むことになり、子どもにとっても、生母の地位に序列があることは問題を生じることになった。一方では、屋形様方上臈をはじめとする側妾と、「奥方付」女中たちとの序列をめぐる問題も発生していた。こうした点の見直しが、「御奥方格式」が制定される直前の時期に行われている(35)。

一つは、側妾の格式を定める基準が設けられた。それまでは思召によって決まり、格式に差異があったのを、懐妊が確認され着帯の儀式を行った者は、一律に老女中格となり、その後無事に子女を出生した者を「御一門格上臈」に昇進させることになった。ただし、子女を出産しても将来旗本や家中に嫁がせる予定のある者については、老女中格のまま据えおかれた。

二つ目は「奥方付」女中との格式をめぐる問題であるが、上臈という名称で格式の違いがあいまいであったのを、側妾の上臈は大上臈よりも上位に位置して厚遇されることが明確にされた。具体的には、側妾としての上臈は屋形様上臈・大屋形様上臈・御曹司様上臈ともに、「御一門格」として遇された。従来は屋形様・大屋形様上臈については「何のお方」と称され、御曹司様上臈の場合は「何御娘」と呼ばれており、一方「奥方付」の上臈の方も、大上臈は「何のお方」、小上臈は「何御娘」と呼ばれていたので、御曹司様上臈よりも大上臈の方が上位であるように聞こえていた。これを格付けの全体が違うものとして、御曹司様上臈と大上臈との間には会釈の区別があることなどを規定している。

さて、側妾のなかでも世子の生母は、さらに特別に遇された。再三登場している、重村の側妾で八代斉村の生母であった喜多山氏（正操院）は、天明三年（一七八三）五月に斉村が世子になると、「御一門格上臈の上」という、上臈のなかでの最高位に就き、待遇も七人扶持、切米一〇〇両に上昇している。その後、天明七年九月には斉村の元服・任官に伴い、「御一門格御子様之御次」という当主の子女の次に位置する、いわば伊達家の家族の構成員に準じた身分となり、扶持方一〇人分、合力二〇〇両の待遇を得たほか、御次格一人、御三之間格一人、御走太二人の専属の女中衆が付与された。家中からの呼称も、従来の「お寛の方」から、公式には「お寛殿」となり、御休所内部や「御内証向」で通常呼ぶさいには「御寛様」とすることが定められている(36)。

さらに同年一二月二六日、家中に対して「お寛様江御家中より御機嫌伺御怡事等申上候ハヽ、奥老書状を以御挨拶可被成候、御中奥女中より右同断申上候ハヽ、御老女中文を以御挨拶可被成候(37)」という指示が出された。喜多山氏は国元仙台の家中と中奥女中から、便書による御機嫌伺いの挨拶を受けることになったのであり、喜多山氏から家中に対しても、表立っての遣わし物、内証での遣わし物などの答礼を行い、挨拶を互酬するものとなっている。世子の生母は世子が元服するに及んで、奥女中の身分から脱し、当主の子女と同じ格式で当主家族の一員に加えられたことになる。

おわりに

本章では仙台藩伊達家の奥方について、七代重村の時代の江戸上屋敷と仙台城中奥の職制の違い、江戸城大奥のシステムとの相違などを明らかにしてきた。紙数の都合もあるが、当時の奥方の全体像のほんの一部分を掘り起こしたにすぎず、今後に残る検討課題は多い。

第一に、奥方女中の職制についてであるが、女中衆の登用ルート、昇進の状況、俸禄形態などを表の男性家臣団と対比して検討してみる必要がある。第二に、女中衆の日常の作法や言葉遣い、衣装や髪型のなかに、奥方の文化の特徴が見出せるものと考えている。本章では公家文化の影響という大枠のみの指摘にとどまってしまったが、「御奥方格式」に記された規則を詳細に分析することにより、具体的な様相が浮かび上がるはずである。第三に、奥方の機構や風儀の時期的な変遷を明らかにする必要がある。七代重村の時代の奥方は五代吉村の時代をモデルとしていたことを指摘したが、いわゆる仙台藩の享保の改革期といわれる吉村の治世期は、奥方においても正室の長松院を中心に整備や刷新が図られていた可能性がある。そうした吉村の時代の奥方について検討を加えるとともに、それ以前の奥方の確立期、そして江戸後期の時期の変化等について、藩政の動向と関わらせてみていくことが重要である。

一方、七代重村夫人の惇姫は表の政治に深く関与しており、惇姫は後家となった後にも、幼い当主の補佐役として藩政を支える重要な役割を担っていく。こうした惇姫の動向は奥方の機能を考える上で見逃せないが、あらためて検討することにしたい(38)。

注

(1)　江戸城については村井益男『江戸城』（中央公論社、一九六四年）、深井雅海「江戸城本丸御殿図に見る中奥・表向・大奥―その変遷を中心に―（上）（中）（下）」（『徳川林政史研究所研究紀要』第二七～二九号、一九九三～九五年）、同『図解・江戸城をよむ』（原書房、一九九七年）などを参照。

(2)　大奥については三田村鳶魚『御殿女中』（青蛙選書2、青蛙房、一九六四年）、永島今四郎・太田贇雄編『定本江戸城大奥』（人物往来社、一九六八年）、東京帝国大学史談会『旧事諮問録』（岩波文庫、一九八六年）など。

（3）竹内誠「寛政改革」（『岩波講座　日本歴史　一二　近世四』岩波書店、一九七六年）、同「大奥老女の政治力」（『図説　人物日本の女性史　六』小学館、一九八〇年）。

（4）長野ひろ子「幕藩制国家の政治構造と女性」（近世女性史研究会編『江戸時代の女性たち』吉川弘文館、一九九〇年、のち『日本近世ジェンダー論』吉川弘文館、二〇〇三年所収）、松尾美恵子「江戸幕府女中分限帳について」（『学習院女子短期大学紀要』第三〇号、一九九二年）、柳谷慶子「近世武家女性の知行と相続―新庄藩の場合―」（横山昭男教授還暦記念会編『山形地域史の研究』文献出版、一九九〇年、本書第一部第三章）など。性別の居住区域に関心を寄せた、柳美代子「近世武家住宅における男女の領域」（『ノートルダム清心女子大学紀要　生活経営学・児童学・食品栄養学編』第一八号、一九八三年）、同「女性の生活空間―各階層をめぐって―」（『女と男の時空』Ⅳ、藤原書店、一九九五年）などもある。

（5）佐藤巧「仙台城の建築」（『日本城郭史研究叢書　第二巻　仙台城と仙台領の城・要害』名著出版、一九八二年）。

（6）宮城県図書館蔵。

（7）仙台城二の丸の中奥については一九八三年以降、東北大学埋蔵文化財調査研究センターによる遺構の発掘調査が進められており、拡張・改造工事の変遷や諸施設の位置関係など、文献や絵図面だけではわからなかった点が解明されてきている（東北大学埋蔵文化財調査研究センター『東北大学埋蔵文化財調査年報九』一九九八年）。

（8）宮城県図書館蔵。なお同館には二の丸を描いたものとしてもう一点、「仙台城享和二年御家作御絵図写」があるが、保存状態が悪く閲覧を許可されなかった。

（9）「仙台城」（『宮城県史　三二　史料篇九』一九七〇年）。

（10）仙台市博物館蔵。

（11）前述の「江戸上屋敷絵図」については、将軍養女として嫁いだ利根姫の時代のものとみられているが、建物が御守殿の部分であるかどうかの明確な確認はできていない。

（12）「六代治家記録　徹山公」（宮城県図書館マイクロフィルムによる）宝暦一二年一二月三日条。

（13）同前、宝暦一〇年三月九日条。

（14）近衛家には惇姫が近衛の養女となった後の宝暦一三年（一七六三）二月一日、さらに二〇〇両を加えて毎年五〇〇両を送ることを決めている（前掲「六代治家記録」宝暦一三年二月一日条）。以後、両家は姻戚として親交を深め、近衛家側は明和二年（一七六五）一一月五日、惇姫に年子の諱を贈るなどしているが（同前「六代治家記録」明和二年一一月五日条）、両家の関係は主に伊達家の側から近衛家に対して経済援助を行うかたちで続いていく。

(15) 宗村夫人の利根姫は延享二年（一七四五）閏一二月六日に二九歳で没した。その後、性善院がいわゆる宗村の御国御前となり、宗村の側妾数人を江戸旗本や家中に降嫁させるなどの施策を講じている。

(16) 「伊達家家譜抜粋」（『仙台叢書』復刻版第六巻、一九七一年）。

(17) 「伊達族譜」巻之一（宮城県図書館蔵）。

(18) 『大日本古文書　家わけ第三　伊達家文書之八』二八六七号（東京大学史料編纂所編、一九六九年復刻版）。

(19) 伊達家文書として仙台市博物館蔵（伊達家文書雑（一））。史料の所在については同館学芸員高橋あけみ氏にご教示いただき、閲覧の便宜を図っていただいた。なお同館には、これと一部分を欠く写本一組が所蔵されている。「御奥方格式」の一部は前掲『大日本古文書　家わけ第三　伊達家文書之八』二八六八号に活字化されている。八冊の内訳は、一冊目は「惣仰渡書」、二冊目は「御年寄女中若年寄女中江斗仰渡書」、三冊目は①「御家風諸法度之事」、②「衣服之制之事」、③「会釈言葉遣之事」、④「大上臈始部屋々々出入之事」、⑤「大上臈始部屋々々ニ而出会之事」、四冊目は①「江戸御奥女中勤方之事」、②「一役切小役係り等之事」、五冊目は「御親類様方御始御取扱之事」、六冊目は①「御紋之事」、②「新参取扱之事」、③「表之役ト奥之役々相当之事」、④「表使始平常心懸之事」、⑤「御咎メ之事」、七冊目は①「屋形様方上臈之事」、②「上臈之儀に付御奉公衆江被仰出候事」、八冊目は①「御衣裳付幷上臈始衣裳付之事」、②「要目之事」。これらの作成時期であるが、八冊目①に「天明八年からの変更分」という文言がみられるので、大方は天明七年までのもので、一部がのちに加筆、変更されたと考えられる。七冊目②に側妾の着帯記事があるが、おなよの方（浜尾氏）と同格とあり、おなよの方の出産は天明七年（一七八七）一月であること、五冊目で重村女子の詮子を「彦根若御前様」と記しているが、彦根藩井伊直富は天明七年七月没であること、重村側室の喜多山氏をお寛の方と記しているが、天明七年九月に世子元服に伴い、お寛殿と殿付きに変わる前であることなどから、大方は天明七年前半の作成とみられる。

(20) ただし前年の触については確認できていない。

(21) 前掲「御奥方格式」二冊目。

(22) 同前、三冊目①。

(23) 『大日本古文書　家わけ第三　伊達家文書之七』二六二五号。

(24) 伊達家の当主の縁組は、初代政宗の妻の愛姫が三春・田村家の出身であったが、二代忠宗が将軍家の養女振姫を正室に迎えたのをはじめとして、将軍養女との縁組が二例あり、四代目綱村は小田原藩主稲葉家の娘、一〇代斉村は紀州徳川家、一三代慶邦は水戸徳川家が縁組の相手である。公家との婚姻は、五代吉村夫人が久我家養女、以後近衛家養女、鷹司家といずれも摂関・清華家が相手である。

(25) 前掲「御奥方格式」四冊目①②。

(26) 前掲「御奥方格式」七冊目①。

(27) 松尾美恵子前掲注(4)論文。

(28) 「仙台老女中始勤方之事」(仙台市博物館「伊達家文書」雑一)。

(29) 前掲「御奥方格式」一冊目。

(30) 松尾美恵子前掲注(4)論文。

(31) 長松院による公家のシステムの導入の可能性も考えられるが、今後の課題としたい。

(32) 前掲『大日本古文書 伊達家文書之八』二九四七号。

(33) 江戸城でも江戸後期には、御伽坊主が将軍の命を受けて中奥への出入りを許されていたが、剃髪して、いわば女性としての性別を可視的に否定されていた存在であり、低い職階の雑用係でもあった。

(34) 前掲「御奥方格式」七冊目①。

(35) 前掲「御奥方格式」七冊目②。

(36) 「御寛殿御取扱等之格」(仙台市博物館蔵「伊達家文書」雑一)。

(37) 同前。

(38) 惇姫の藩政での活躍については『仙台市史 通史編5近世3』(仙台市史編さん委員会、二〇〇四年)第一章第三節第三項「『奥方』の女性と藩政」において触れた。

第五章 姉家督と女性相続
――仙台藩領牡鹿郡根岸村の事例から――

はじめに

江戸時代における庶民の家の相続は、通説では一七世紀後半以降、長男が単独で家督・家産を継承する長男子相続が支配的であったとされている。これは確立した小経営を安定的に維持し、発展させるために採られた相続方法であり、また血筋を尊重して嫡庶・長幼の序列を重んじていた武家の規範が庶民の家に浸透した結果であったともいわれている。(1) しかし家相続の具体的なありかたは、家業や経営の方法、あるいは同族団や共同体の慣行に委ねられることも稀ではなかった。幕藩領主自体が家の継承者について法的な規制を行わなかったこともあり、一部に長男子相続とは異なる相続が続くことになった。そうした相続として従来注目を集めてきた慣行の一つに、姉家督がある。

姉家督とは、第一子に男女の別なく家を継がせる初生子相続の別名である。(2) すなわち、初めに生まれた子供が男子であれば、長男子相続と変わりはなくなるのであるが、初生子が女子の場合には、その下に男子がいても、初生の女子が婿養子を取って家を継承することになった。つまり後者の場合、姉が弟に優先して跡取りの座に就いたことから、姉家督という呼び名が付いたのである。姉家督においても表向きの相続者は、婿養子である。だが、家付娘は家内では家の跡取りに相応しい権限を有し、実質的に家付娘が家督を相続したものとみなされていた。他方、家督に就くべき男子が幼少のさいに、その姉に婿養子を迎えて弟を姉夫婦の養子に据え、弟の成人後に姉夫婦を分家させる相続形態もあった。このように姉夫婦が弟の成人までの一定期間、中継的に家を相続する方法も、姉家督の範疇で理解されている。いずれにせよ姉家督では、初生の女子は家の相続から排除されなかった。つまり女系の血筋が認められていたのであり、このような点が、男系で家を継承する一般的な相続形態と比べて特異な習俗として、注目を浴びてきたのである。

姉家督は明治三一年（一八九八）、民法が施行され嫡出の長男子本位の相続が規範化したことを機に、衰退したとされている。慣習の痕跡については、明治一三年（一八八〇）刊行の『全国民事慣例類集』(3)からうかがうことができる。同書は明治初年に行われた全国の民間習俗調査の集成であるが、「相続の権」の項目によると、陸中国胆沢郡、羽前国置賜郡・同田川郡、および常陸国新治郡、伊豆国田方郡に姉家督の慣行があり、家督の男子が幼少の場合に採られた中継的な姉家督についても、陸前国宮城郡、羽後国秋田郡で確認されている。こうした地域分布の状況から、姉家督は東日本を中心とした地方的な相続慣習とする見解が定着している。

ところで、姉家督に関する研究はこれまで、民俗学および社会学・法社会学の独壇場であった。明治五年（一八七二）の壬申戸籍による統計分析や、民俗調査・社会学調査によって、明治初年から二〇年代にいたる慣行の残存状況や、相続上の特色、家内での夫婦間の役割などが明らかにされている。ただし、民俗学や社会学は近代以降を分析の対象としており、いわば姉家督が衰退化をたどっていた時期の事例によって、この慣行の特徴が説かれてきたことになる。姉家督の実態に迫るためには、慣行が全盛であった江戸時代の実相を解明する必要があるが、歴史学ではこれまで、姉家督が正面から取り上げられたことはほとんどなく、江戸時代における検証は皆無に等しいといってよい。

前述のように東北地方は明治初年の習俗調査において、慣行地域の所在が報告されており、その後の研究では、すべての県に姉家督の慣習が根強く残存していたことが判明している。しかし江戸時代の宗門人別帳による相続分析では、幕末まで長男子相続が優勢を占めた地域は検証されてきたが、姉家督の存在は明らかにされてこなかった。(4)そうした点で、結論を先取りすることになるが、石巻市根岸の雁部己巳夫氏が所蔵される「根岸村当人数御改帳」は、江戸時代に当地域で姉家督慣行が存在したことが明瞭に知られる貴重な史料である。「根岸村当人数御改帳」(以下「人数御改帳」と略す)は仙台藩領牡鹿郡根岸村の宗門人別帳で、天保四年(一八三三)、同一三年(一八四二)、弘化四年(一八四七)、嘉永三年(一八五〇)、同五年(一八五二)、万延二年(一八六一)、元治二年(一八六五)、慶応四年(一八六八)、明治三年(一八七〇)の合計九冊が残されており、江戸時代後期から明治初年にかけての村の相続動向をうかがうことが可能である。(5)そこで本章では右の史料によって、根岸村の姉家督の様相を分析し、江戸時代における姉家督慣行のケーススタディとしたい。

一 根岸村の概況

牡鹿郡根岸村は、石巻湾から二キロほど内陸部に入り、万石浦西畔の山あいに位置した村である。藩の行政組織では牡鹿郡陸方に属し、一円藩の蔵入地であった。集落ははじめに根岸本郷が開かれ、のちに石巻湾沿岸に端郷の渡波町が形成されている。その後、渡波町が港町として、さらには金華山道沿いの宿場町として発展し、これに伴い、村の中心は根岸本郷から渡波に移り、安永年間(一七七二—八一)頃には渡波が独立して、同所に大肝入がおかれ、根岸本郷には肝入がおかれている。本章で検討する「当人数御改帳」は、根岸本郷の肝入を務めた雁部家に残る、同所の宗門人別改である(以下、根岸本郷を根岸村と呼ぶことにする)。村の生業は、農業のほかに製塩が行われていたが、製塩業は寛永三年（一六二六）、万石浦入江に藩直営の塩田が開発されたさいに、入江の周辺に位置する流留・沢田・沼津・鹿妻・渡波・祝田の各村とともに当村の農民の一部にも一人一丁前＝一反五畝歩宛の塩浜が分与され、以来塩煮を請け負ってきたものである。

藩政前期の村の概況を元禄一一年（一六九八）の「牡鹿郡万御改書上」(6)によってみると、村高は新田を合わせて四二貫五二一文、うち田三八貫四六一文・畑四貫六〇文、ほかに茶畑二七一文がある。(7)また人頭は四一人で、(8)人数は五八三人、うち男三〇八人・女二七五人である。

表7　人頭・人数・御塩煮人頭の推移

年　　代	人頭数	人　数			御塩煮人　頭
		男	女	計	
天保 4年(1833)	92	339	303	642	69
天保13年(1842)	68	140	139	279	52
弘化 4年(1847)	73	178	190	368	57
嘉永 3年(1850)	76	198	196	394	60
嘉永 5年(1852)	79	211	210	421	61
万延 2年(1861)	89	274	249	523	69
元治 2年(1865)	89	280	247	527	69
慶応 4年(1868)	89	301	249	550	70
明治 3年(1870)	87	295	259	554	45

藩政後期の状況を九冊の「人数御改帳」の記載からみてみよう。まず村高であるが、新田を合わせて三八貫七二九文で、茶畑二六一文を含めても元禄一一年の段階と比べて減少している。ただし、周辺農村への入作分が本地・新田を合わせて一一貫五四文に達している。表7は、人頭・人数・御塩煮人頭の推移を示したものである。天保四年（一八三三）の人頭は九二人、人数は六四二人で、元禄一一年と比べてみると、人数が六〇人余増加したのに対して、人頭は倍以上に増えており、近世中期以降に表百姓の独立が順調に進んだ様子が看取できる。製塩に携わる御塩煮人頭は、天保四年には六九人おり、表百姓の七五パーセントが製塩に従事していたことになる。天保四年から同一三年（一八四二）にかけて、人頭が約七割、人数は四割にも陥落しているが、これは天保七年（一八三六）の凶作による被害で餓死・横死者が多数出たことによる。(9)その後、幕末にかけて徐々に禿地が再興されてゆき、人頭・人数ともに回復に

表8　村の階層構成

所持高	人頭数				
	天保4年(1833)	天保13年(1842)	嘉永5年(1852)	万延2年(1861)	明治3年(1870)
2貫文以上	1(　1.1%)	0(　0　%)	0(　0　%)	1(　1.1%)	0(　0　%)
1貫文～2貫文	3(　3.3%)	2(　3.0%)	4(　5.1%)	1(　1.1%)	7(　8.0%)
800～999文	4(　4.3%)	1(　1.5%)	1(　1.3%)	3(　3.4%)	6(　6.9%)
600～799文	7(　7.6%)	6(　8.8%)	5(　6.3%)	4(　4.5%)	13(15.0%)
400～599文	21(22.8%)	17(25.0%)	21(26.6%)	17(19.1%)	24(27.6%)
200～399文	25(27.2%)	23(33.8%)	26(32.9%)	34(38.2%)	26(29.9%)
100～199文	17(18.5%)	10(14.7%)	11(13.9%)	17(19.1%)	4(　4.6%)
100文以下	14(15.2%)	9(13.2%)	11(13.9%)	12(13.5%)	7(　8.0%)
合計	92(100.0%)	68(100.0%)	79(100.0%)	89(100.0%)	87(100.0%)

向かうが、明治三年（一八七〇）に至っても天保四年時の状態までは戻っていない。ただし、御塩煮人頭は万延二年（一八六一）には回復し、慶応四年（一八六八）は七〇人となり、人頭に対する比率が天保期を上回っている。これは飢饉後に表百姓が製塩株の継承と結びついて取り立てられたことや、あらたに御塩場を買得した者が多かったことによるもので[10]、いずれにせよ万石浦での製塩業は、幕末においても村の生業の中心を占めていたことが明らかである。だが明治三年に御塩煮人頭は四五人に減少する。維新後、製塩事業は藩から大蔵省会計官の統轄となり、地元ではこれを民営に移すための請願を行い、明治三年に民部省の許可が下りている[11]。おそらくこうした民営化の動きのなかで、製塩はもっぱら万石浦沿岸に位置する渡波・流留の二村に集中してゆき、山あいにある根岸村の農民たちの多くは離脱を余儀なくされたものとみられる。

表8によって村の階層構成をみると、天保四年には一貫文以上の上層高持は四人で、全体の四・四パーセントしかおらず、うち最高所持高は二貫五九〇文である。これに対して一〇〇文以下の零細層は、最低一七文を筆頭に一四人で一五・二パーセントおり、人頭の五割が二〇〇文から六〇〇文の中位層に集中している。天保飢饉を経た同一三年以降、二貫文以上の所持者がいなくなり、六〇〇文以下への集中の度合いがさらに高くなり、

万延二年までこうした傾向は変わらなかった。明治三年には全体的に所持高が増加しているが、製塩から離れた人々を中心に、農業従事者が周辺農民への入作によって耕作を増やしたことが推測される。

以上、根岸村の概況をみてきたが、次節ではいよいよ姉家督の実態に迫りたい。

二　姉家督の相続形態

1　姉家督の発見

表9は、天保四年（一八三三）から明治三年（一八七〇）までの三八年間に「人数御改帳」で人頭（当主）が交代した事例を拾い出し、前当主との続柄を整理したものである。(12) 九二人の当主が交代した回数は、延べ一一二回に上っている。なお、天保飢饉により家族が死亡または離散して禿地となった家のうち、二七戸が再興されているが、これらは相続人・被相続人の関係が不明であるので表には加えなかった。

さて、この表からまず興味深いのは、相続人がきわめて多様な様相を示している点である。長男が相続した例がいちばん多いものの、三三件で全体の約三割であり、婿養子が一九件で一七パーセント、養子が一一件で九・八パーセントを占めている。次いで夫、弟、孫、養女婿と続いているが、妹婿や姪婿、甥などによる相続もある。一方、女性相続が合計で一一件みられ、さらに添人(13)が相続した事例も一件あって、全体的な傾向として、直系・男系による相続が支配的な様相はうかがえない。こうした原因の一つには、天保飢饉を経たのちの相続状況であること、すなわち天保飢饉後に人頭および人口が激減したことからも明らかなように、飢饉によって家族員が減り、相続人が得にくい家

表9　相続人の続柄

続　柄	相続件数
長男	33(29.4%)
二三男	3(　2.7%)
婿養子	19(17.0%)
弟	4(　3.6%)
孫男子	4(　3.6%)
養子	11(　9.8%)
妹婿	3(　2.7%)
孫婿	2(　1.8%)
養女婿	4(　3.6%)
甥	1(　0.9%)
姪婿	1(　0.9%)
夫	7(　6.2%)
妻	4(　3.6%)
娘	3(　2.7%)
養女	2(　1.8%)
孫娘	2(　1.8%)
添人	1(　0.9%)
不明	8(　7.0%)
合　計	112(100.0%)

が多かったことが考えられる。

さらに注目したいのは、婿養子相続の実態である。婿養子が相続した一九件の内訳は、一人娘、あるいは姉妹の婿が相続した事例が一〇件、下に弟がいる娘の婿養子が相続した事例が九件である。つまり後者の九件では、婿養子が長男を差しおいて家を相続したのであるから、姉家督が行われたことになる。ちなみに長男が相続したケースは婿養子の相続数を凌駕して三三件を数えているが、うち二八件は長男が初生子ないしは一人息子の場合であって、姉弟の兄弟で長男である弟が家を相続した事例は五件である。したがって、初生子が女子で下に弟がいるケースの相続状況を整理してみると、姉の婿養子による相続と、長男である弟による相続の割合は九対五となり、婿養子による相続、すなわち姉家督の方が高比率を占めていることになる。根岸村において、姉家督は特別な事情から個別的に採られていた相続方法ではなく、村の慣習として定着していたとみてよいだろう。

2　縁組形態からみた姉家督

前項では根岸村の相続の状況から姉家督の慣行を発見した。それでは、姉家督は実際、どのような家族構成のなかで生まれていたのだろうか。姉家督の実態に迫るために、まずは「人数御改帳」のなかから初生子が女子で、第二子以下に弟がいるケースを抽出し、婚姻の様相に着目してみたい。

表10　初生子が女子の場合の縁組動向

A	姉に婿取り…………………20件（うち婿の相続6）
B	弟に嫁取り…………………11件（うち弟の相続5）
C	姉弟ともに婿嫁取り……　3件（婿相続3）
D	姉は他出し，弟は独身……6件

天保四年から明治三年までの期間で四〇件のサンプルが得られるが、表10はこの四〇件について、婿取り・嫁取りの縁組の動向を整理したものである。姉に婿を取ったケースをA、弟に嫁を迎えたケースをB、姉弟ともに伴侶を迎えたケースをCとし、ほかに姉が生家を出て弟が独身で家に残っているケースをDとした。これによると、Aの姉が婿養子を迎えたケースがいちばん多く、二〇件で全体の半数を占めている。弟が嫁取りをしたBのケースは一一件で、二七・五パーセントであるが、Dの姉が他出して弟が独身で家に残っている六件についても、やがては弟が嫁を迎えることが予測される。一方、姉弟ともに伴侶を迎えたケースは三件である。

さて、以上の縁組形態のなかで、姉家督が予測されるのは、姉が婿養子を取ったAの二〇件である。実際このうち六件で婿養子が家督に就いており、姉家督が確認できる。またCの三件は、いずれも婿養子が家を相続しているので、姉家督とみてよい。一方、弟が嫁取りをしたBと、Dの合計一七件は、弟が家督に就いたことを推測できるが、果たして姉家督がまったく志向されなかったものか、結果的に弟が家を相続したものかは吟味してみる必要がある。そこで、縁組の各形態ごとに、家の相続が実際どのように進められたのか検討してみよう。

3　姉家督の相続方式

はじめに姉が婿養子を迎えたAの二〇件を取り上げよう。このうち六件では婿養子が家督に就いたことが確認されるが、その典型が図10の六三郎家である。六三郎家では、長女はつが天保一三年の「人数御改帳」で二歳で「嫡女」

図10　六三郎家の相続

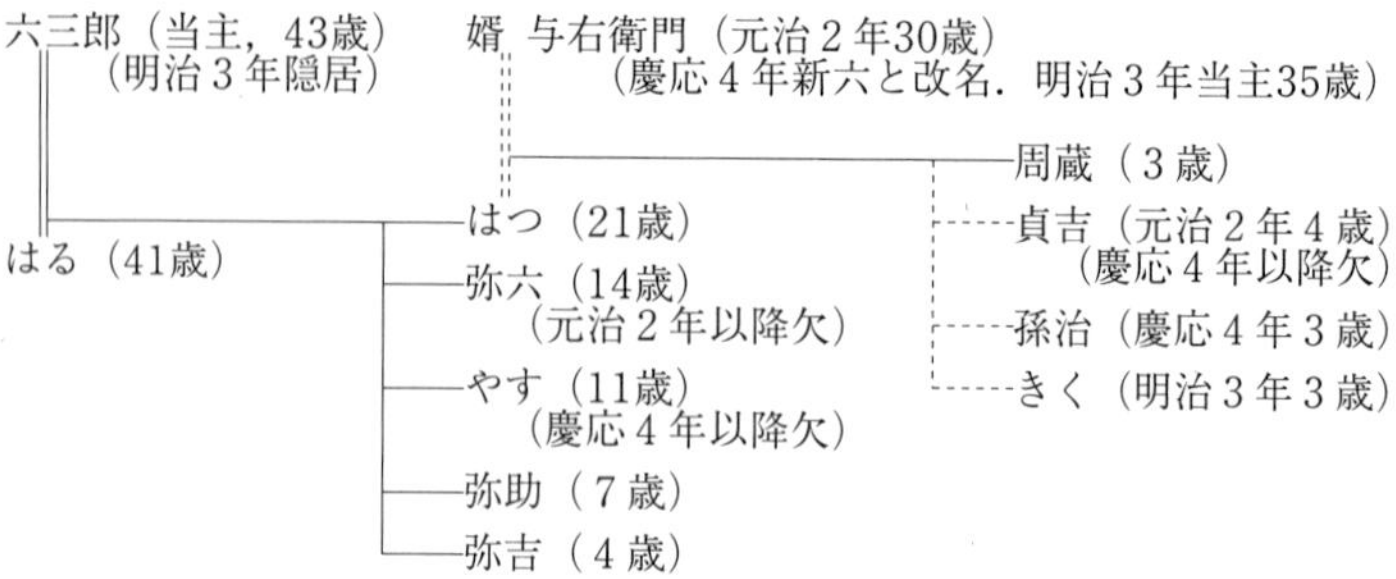

注　実線および（　）の算用数字は万延２年（1861）の状況を示す．
「○年以降欠」はその年の帳面以降名前の記載がないことを示す．
図11以下も同様．

と記されている。その後はつの下に弥六をはじめ、次々に兄弟が生まれ、万延二年にははつ二一歳を頭に三男二女の子供がいた。さて、この年の記載をみると、はつには婿養子がおり、周蔵三歳も生まれている。ただしはつの夫で周蔵の父親である与右衛門は、はつの記載の横に「聟出」と後筆されているが、名前はみえず、家内人数八人のなかにも含まれていない。つまり与右衛門は、当時ははつと事実上の婚姻関係にあり男子も生まれながら、正式な婿養子としては認められていなかったものとみられる。与右衛門は四年後の元治二年までには婿としての立場が確定したらしく、同年の記載では「婿」として名前が明記されており、第二子の貞吉も生まれている。与右衛門はその後、慶応四年に養父の六三郎から一字を貰って新六を名乗り、明治三年には六三郎の隠居に伴い、当主の座に就いている。このように六三郎家では、初生の女子であるはつが婿養子を迎え、婿養子が家を相続して姉家督が行われたのである。なお、はつの弟の弥六は、元治二年に一八歳で記載がみえているが、横に「欠」と後筆されている。その後三年を経た慶応四年には家族の記載の最後に「男子八五郎二十一」とあり、年齢から推して、弥六が一時家に戻って名前を変えていたことが推測される。しかしこの記載の横にも「欠」の文字があり、弥六は明治三年には姿を消しているので、弥六ははつが家を継いだことにより、生家を出たものとみられる。

図11　弥五郎家の相続

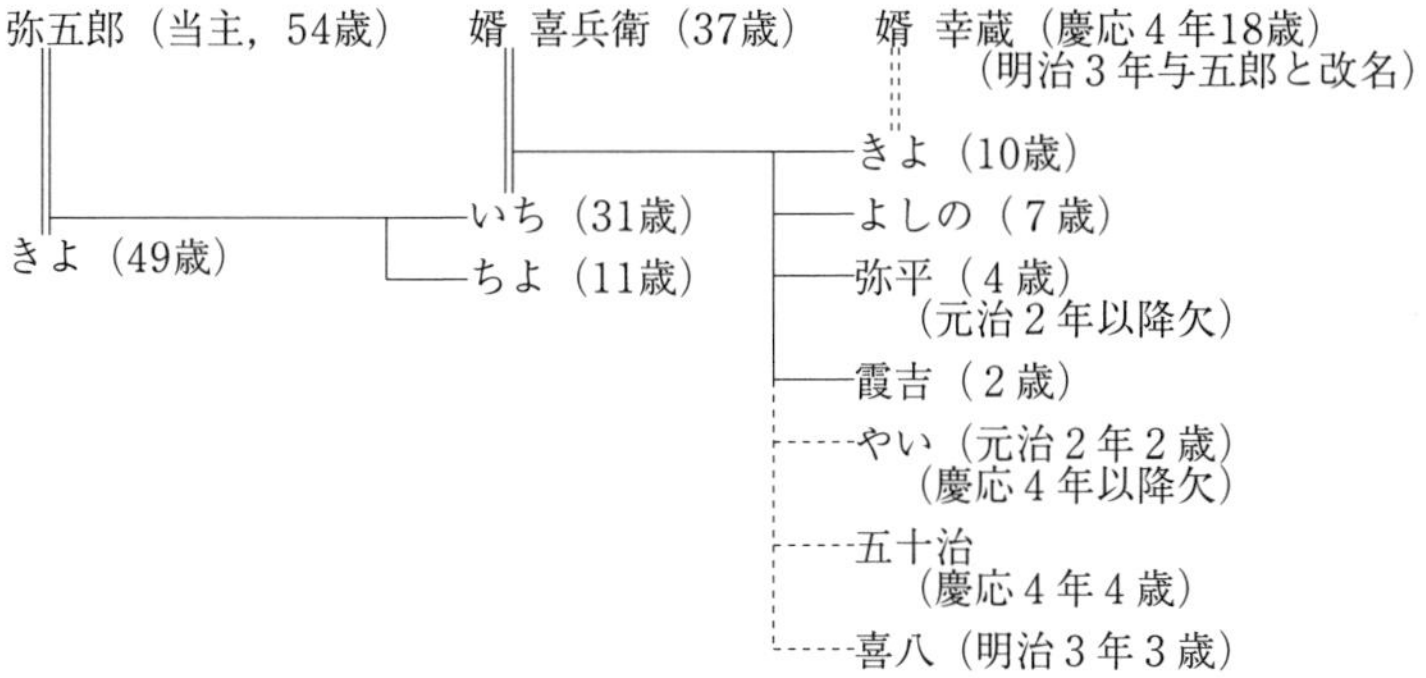

注　実線および（　）の算用数字は万延２年（1861）の状況を示す．

図12　仁右衛門家の相続

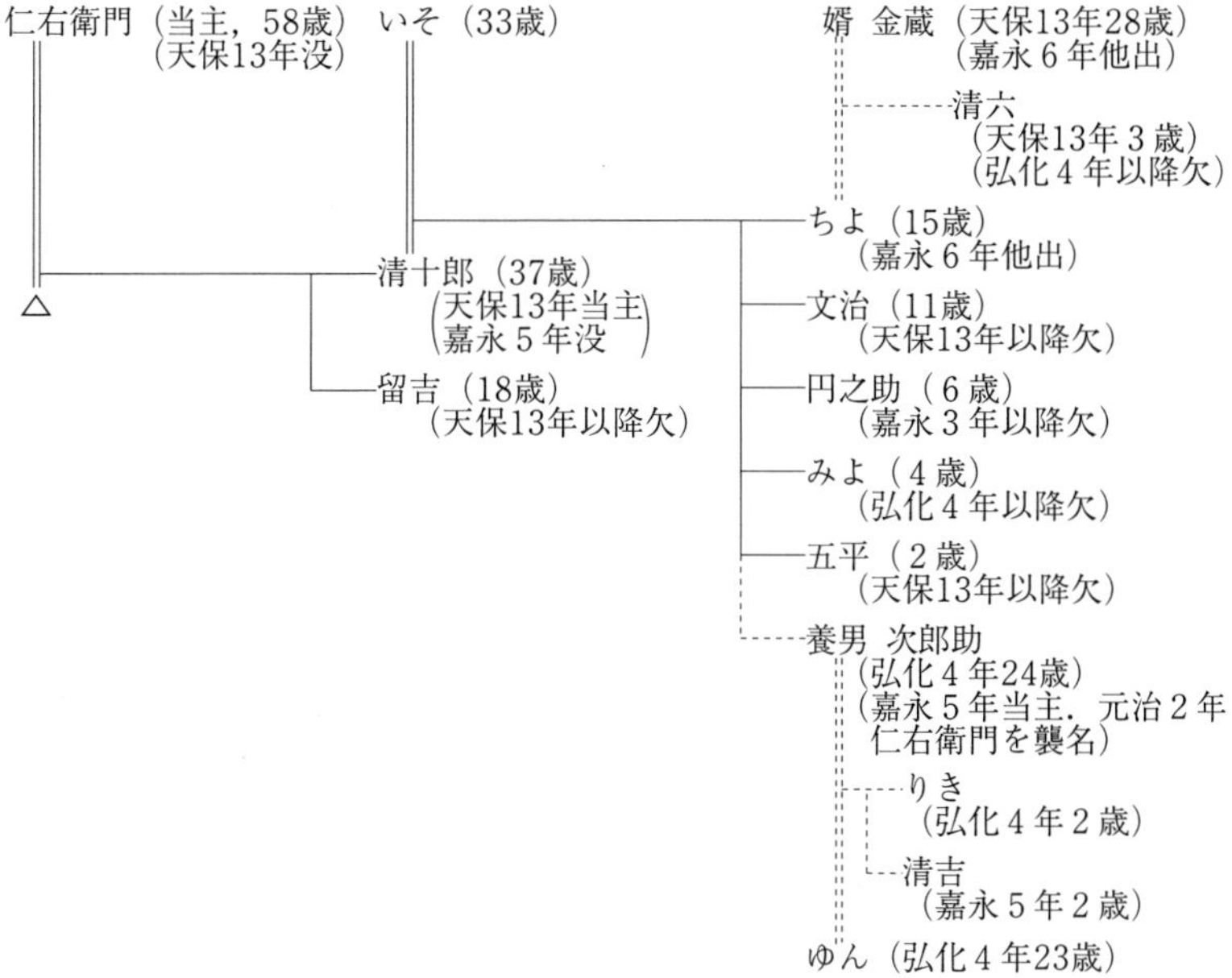

注　実線および（　）の算用数字は天保４年（1833）の状況を示す．

さて、Aの二〇件のうち残る一四件は、姉が婿養子を迎えた後の相続は確認できない。たとえば弥五郎家では、図11のように万延二年、娘いち夫婦にきよ・よしの・弥平・霞吉の四人の子供がおり、七年後の慶応四年にはきよが一七歳で婿養子幸蔵を迎えている。このとき、きよの下には八歳になる弟霞吉と四歳の弟五十治がおり、きよのすぐ下の弟である弥平は、元治二年以降、養子か奉公にでも出たのか姿を消している。その後、明治三年の「人数御改帳」では、きよの婿幸蔵が与五郎と改名しているので、弥五郎・喜兵衛の次には与五郎が当主に就いて家を継いだことが推測される。一四件のうち残る一三件についても、姉が婿取りをしたのち、弟たちは順次「人数御改帳」から姿を消しているので、順調にゆけば婿養子が相続人となったことを推定できる。姉が婿養子を迎えたのち相続が確認できない一三件は、いずれも姉家督の相続形態とみなしてよいだろう。

ただし、姉が婿取りをしたケースのなかに、婿養子が結果的に家を相続できなかった事例が一件ある。図12の仁右衛門家である。仁右衛門家は天保四年、嫡子清十郎と嫁いそとの間に、孫がちよを筆頭に五人生まれていた。九年後の天保一三年には仁右衛門が亡くなり、清十郎が当主に就いて、長女のちよが二四歳で婿養子金蔵を迎えており、孫の清六も生まれている。ちよの四歳下の弟文治と一三歳下の弟五平は姿を消しているが、二人はおそらく、ちよに婿養子が迎えられたために、他に養子か奉公に出されたのであろう。さて注目すべきは、五年後の弘化四年の状況である。ちよは二九歳、婿金蔵は三三歳となり、子供の清六の姿はみえず、あらたに養男次郎助二四歳と女房ゆん二三歳、その娘のりき二歳が家族に加わって、三世帯家族を構成している。当主清十郎は、五年の間に実の娘夫婦と男子円之助がいながら、養子を入れて、さらにこれを妻帯させていたのである。しかもその五年後の嘉永五年には、清十郎の死亡により、ちよ夫婦を差しおいて、養子の次郎助が当主となっている。家督に就いた次郎助の立場がいつから決まっていたのかが気になるが、「人数御改帳」ではこれを探ることはできない。ただし、次郎助の養子入りがちよ夫婦の下に弟の円之助が残っていた時点であることや、次郎助が妻帯した点からみると、清十郎は次郎助を家督とするつもりで養子に迎え、これを遺言に残していた可能性が考えられる。それではちよ夫婦はなぜ、家督を継げなかったのだろうか。ちよの弟たちが姉の婿取り後に姿を消している点からすると、少なくとも婿取りの時点では姉家督が予定されていたことは確かであろう。婿舅間のみにいさかいがあったのであれば、婿を離縁するか、当時家に残っていた男子の円之助に嫁取りをして家を継がせてもよいはずである。親と娘夫婦との間に確執が生まれていたことが想像されるが、これ以上の推測は控えよう。その後の様子を追跡してみると、ちよ夫婦は次郎助夫婦が家督を継いだ翌年に家を出て、村内で同組合の三郎右衛門家の跡地を相続している。三郎右衛門家はわずか二三文の零細な持高を三郎右衛門の娘であるさんが単身で維持していたが、嘉永五年以降さんは相続を放棄して家を出ており、その跡地にちよ夫婦が入ったのである。そして万延二年にちよははつ、金蔵は清五郎と名をあらため、養女ひさを迎え、娘のきちが生まれている。一方、次郎助の方は、元治二年養祖父の名前である仁右衛門を襲名し、娘のりきに婿養子喜助を迎えて家も安泰であった。

以上みてきたように、仁右衛門家では初生の孫娘が婿養子を迎えていたものの、婿養子は相続人になれず、家督は養子によって継承された。こうした例からすると、姉が婿取りをしたのちの相続人の交代が確認できない他の一二件についても、果たして最終的に婿養子が家督に就いたものかはわからない。だが、姉の婿取りは基本的には、婿養子による相続を志向していたものとみられ、結果的に変更があったとすれば、なにか特別な事情があってのことと考えられる。

次に、姉と弟の両方が縁組みをしたCの三件の相続をみてみよう。まず図13の七右衛門家は天保四年、初生の女子であるうん二九歳が婿養子七三郎を迎え、孫が二人生まれていた。九年後の天保一三年には当主七右衛門が亡くなり、

図13　七右衛門家の相続

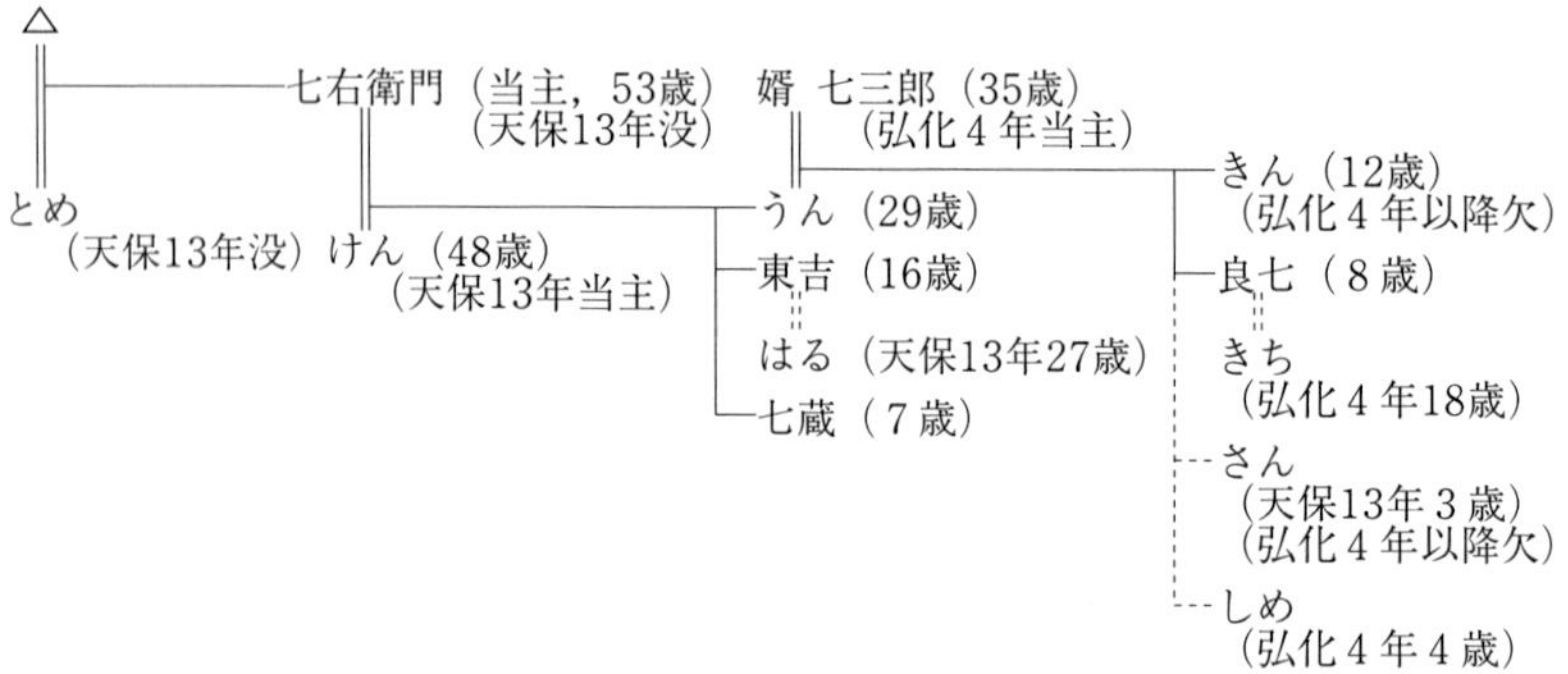

注　実線および（　）の算用数字は天保４年（1833）の状況を示す．

図14　鴨左衛門家の相続

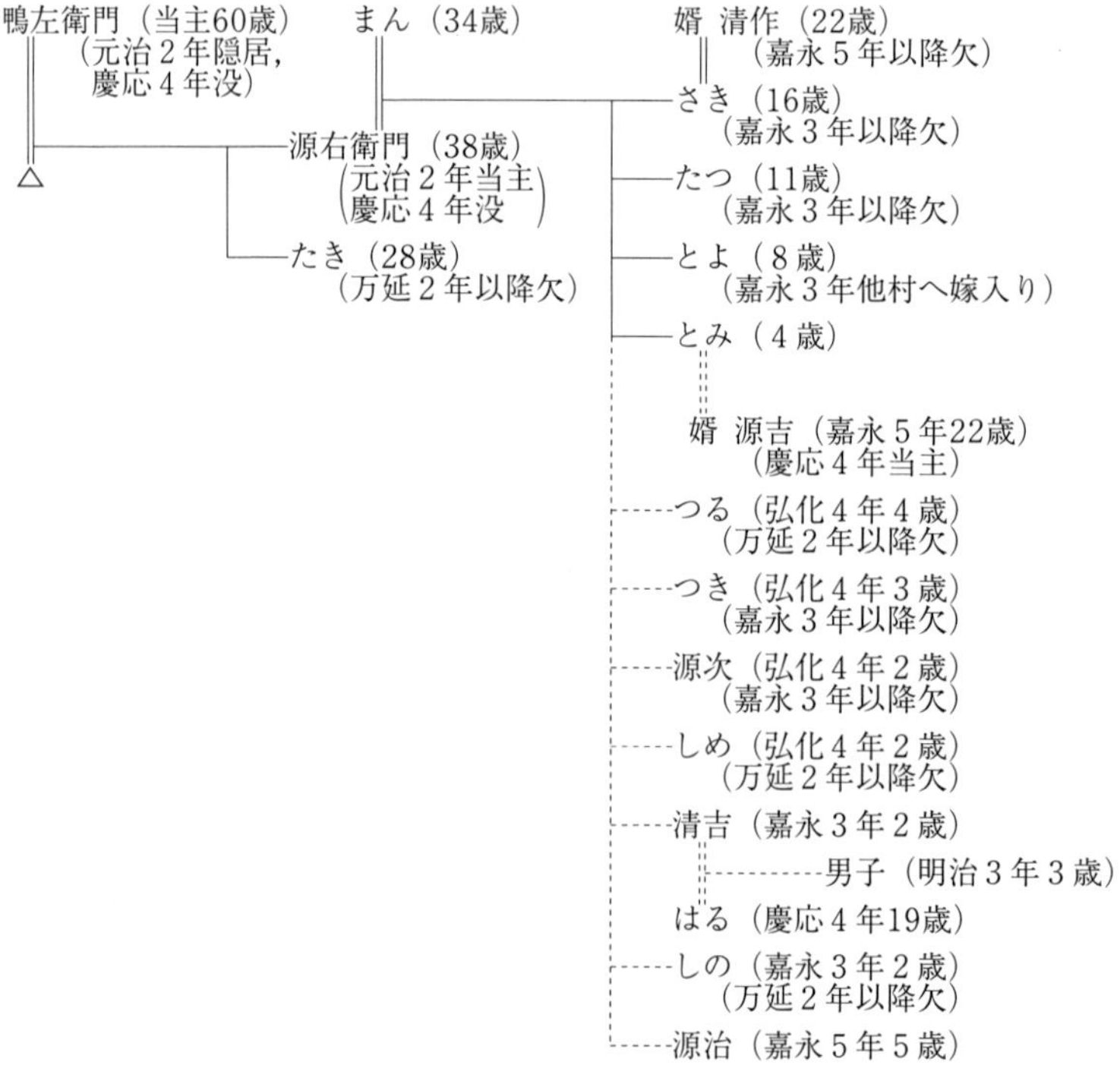

注　実線および（　）の算用数字は天保13年（1842）の状況を示す．

後家のけんが当主の地位に就いており、さらにうんの弟である東吉も嫁取りをして同居している。つまりこの時点では、姉夫婦と弟夫婦の二世帯が、後家の母とともに暮らしていたのである。だが、五年後の弘化四年の状況をみると、後家名前が解消されて、うんの夫である七三郎が当主に就いている。東吉夫婦は生家を出て、天保飢饉後に禿地となっていた清蔵の跡目に入っており、東吉は幸十郎と改名し、女子二人が生まれている。このように七右衛門家では、姉と弟がともに伴侶を迎えたが、姉の婿養子が家を相続し、弟夫婦は家を出て禿地を再興したのである。

鴨左衛門家の場合は、図14のように、天保一三年嫡子源右衛門夫婦に孫が女子ばかり四人生まれており、このうち年長のさきが、一六歳で婿清作を迎えている。ところがさきは嘉永三年以降、死亡したのか姿を消しており、残された婿の清作も嘉永五年以降姿がみえない。さて、嘉永五年にはさきに代わる跡取りとして、残る孫のうち年長のとみ一四歳が婿源吉を迎えている。その後元治二年に鴨左衛門が隠居して源右衛門に家督が譲られており、子供たちは順次家を出たのか姿を消して、当時家に残っているのはとみ夫婦とその弟の清吉・源治の四人だけである。さらに三年後の慶応四年には、当主源右衛門夫婦は死亡し、とみの婿養子源吉が当主の座に就いているが、弟の清吉も二〇歳で女房はるを嫁に迎えて同居しており、姉弟の二世帯家族を構成している。清吉が嫁取りをして同居したのは、おそらくとみ夫婦に子供がいないために、つぎの相続人として予定されたのであろう。いずれにせよ鴨左衛門家では、初生の孫娘であるさき夫婦が亡きあと、年齢順に縁組みが行われて相続人が決まっており、初生子相続の志向が繰り返されている。

Cの残る一件は、図15の兵右衛門家である。兵右衛門家は弘化四年、八太郎を筆頭に子供が三人生まれていたが、八太郎は嘉永三年以降姿を消し、以後妹のうんが事実上初生子の立場となり、嘉永五年の家族は兵右衛門夫婦とうん・兵太・福蔵の三人である。九年後の万延二年には当主兵右衛門が亡くなり、うんの婿養子市蔵が家督を継いでい

図15　兵右衛門家の相続

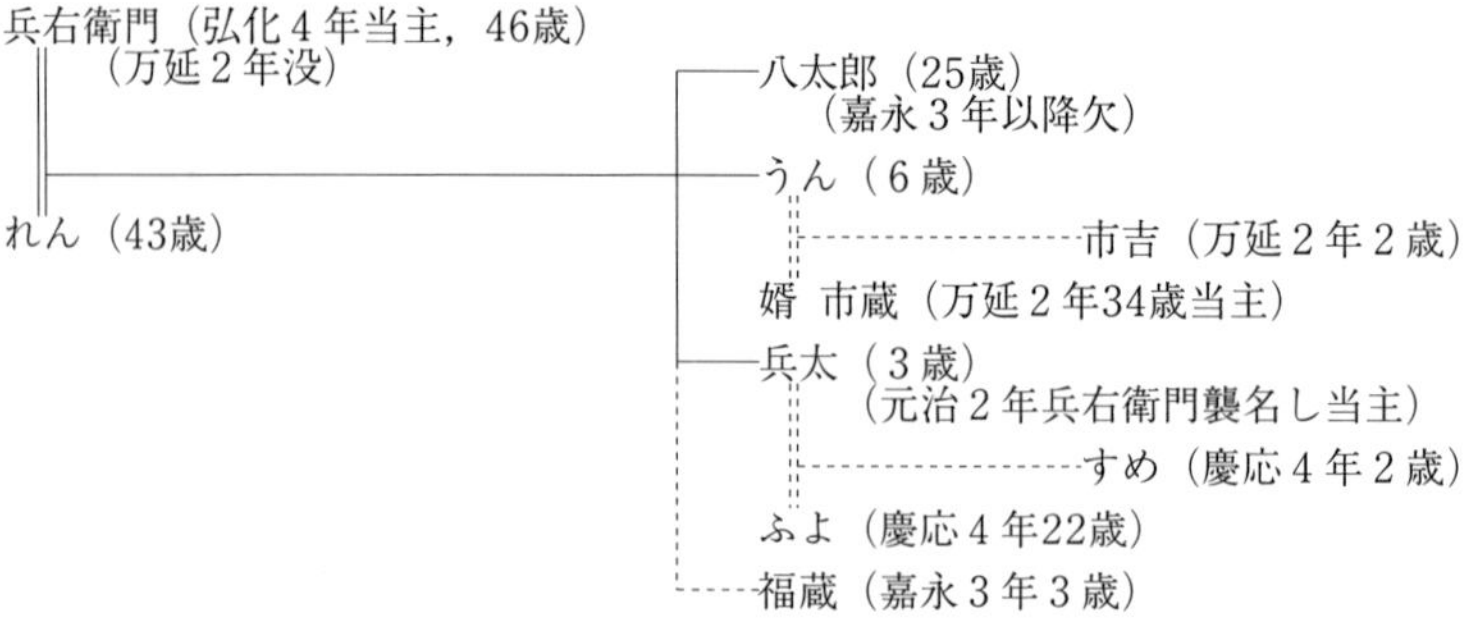

注　実線および（　）の算用数字は弘化４年（1847）の状況を示す．

図16　新右衛門家の相続

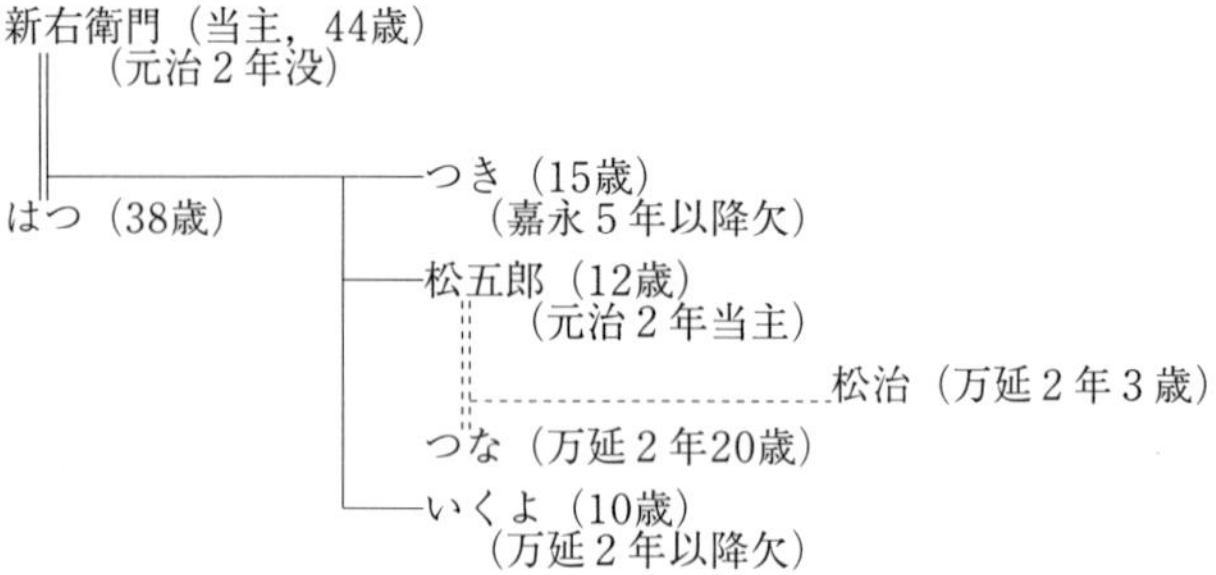

注　実線および（　）の算用数字は嘉永３年（1850）の状況を示す．

る。つまりうんは、三歳下の弟兵太がいながら婿を取り、婿が当主の地位に就いたのであるから、この場合も姉家督が行われたことになる。ところが四年後の元治二年の記載をみると、「人頭替」が行われてうんの弟の兵太が兵右衛門を襲名し、当主に就いている。そして兵右衛門は慶応四年には嫁取りをして、娘のすめが生まれている。その間、うん夫婦と子供も同居しており、兵右衛門家は明治三年も二世帯家族である。このようにうんの婿市蔵は、いったんは当主の座に就いたものの、弟が二〇歳を過ぎた段階で弟に譲っており、うん夫婦は家の相続上、弟が家督に就くまでの中継的役割を果たしたことになる。

以上、姉弟の両方が縁組みをした三件の相続状況を検討してきた。三件とも姉の婿養子が当主の座に就いており、姉家督であることに違いはない。ただし最後のうん夫婦の場合、婿養子による相続は、長男である弟が家督に就くまでの、一時的手段として行われたものであり、純粋な姉家督の形態とは区別してみるべきであろう。

次に、弟が嫁取りをしたBのケースと、弟の嫁取りが予測されるDのケースについてみておこう。

弟が嫁取りをしたBの一一件のうち五件では、弟の家督が確認される。図16に示した新右衛門家は、家付娘である妻のはつとの間に、喜太郎・つき・松五郎・いくよの四人の子供が生まれていたが、喜太郎は天保四年に二歳で「嫡男」とみえたきり、その後記載がなく、幼児のうちに死亡したことが推測される。嘉永三年にはつき一五歳を頭に三人の子供がいるが、二年後の嘉永五年以降、つきは姿を消し、万延二年にはつきの三歳下の弟である松五郎が二三歳で女房つなを迎え、孫の松治が生まれている。松五郎は元治二年、新右衛門の死亡により当主に就いている。このように新右衛門家では、「嫡男」喜太郎の死亡後、事実上初生子の立場となった娘のつきは、嫁入りか奉公によるものかは定かではないが、成人後に姿を消しており、弟の松五郎が嫁を迎えて家を相続したのである。弟が家督に就いた五件のうち残る三件も同様に、初生の女子は成人の前後でみえなくなり、弟が家を相続しているので、女子は初生であっても家の継承者としての立場にはなく、姉家督は志向されなかったものとみられる。一方、五件のうち残る一件では、姉が高齢で家に残っている。重兵衛家は天保四年、当主重兵衛三〇歳、女房えん二四歳のほか、姉りき三九歳、弟源四郎二九歳、同与惣兵衛二四歳、同茂吉二一歳、妹とめ一七歳の七人家族であった。重兵衛は姉がいながら家督を継いだのであるから、結果的には姉家督ではないことは確かである。ただし姉のりきが独身で家に残っているのは、一度婿取りをして婿が離縁された可能性もなくはない。真相はこれ以前の「人数御改帳」がないので究明できないが、姉家督を全面的に否定することはできないという点を指摘しておこう。

図17　新九郎家の相続

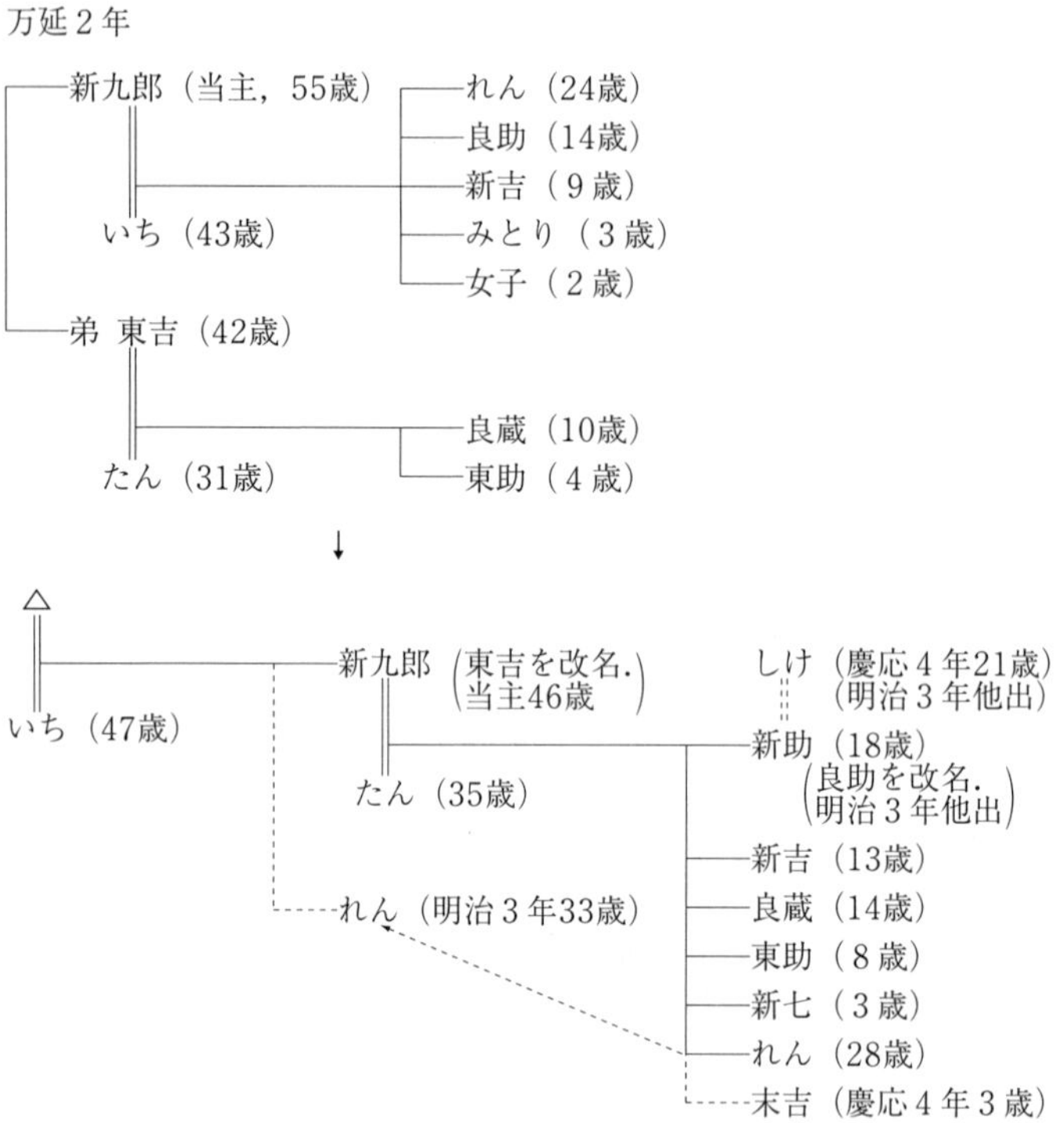

注　実線および（　）の算用数字は元治２年（1865）の状況を示す．

弟が嫁を迎えた一一件のうち、残る六件では、その後の相続が確認できない。ただし、六件のうち五件では弟の嫁取り前に姉が姿を消しているので、当初から姉家督の志向はなく、弟がやがて家督に就いたことが推測される。残る一件については、弟の相続はほぼなかったといってよい。新九郎家では万延二年、図17のように、当主新九郎と女房いちとの間に長女のれんをはじめ五人の子供が生まれており、さらに新九郎の弟東吉夫婦も同居して男子二人がおり、二世帯家族を構成していた。ところが四年後の元治二年に新九郎が死亡し、弟の東吉が後家いちの養子に入って新九郎を襲名している。そして前当主の遺児であるれん・良助ら兄弟は、伯父である新当主新九郎の子供となり、このうち良助は新助と改名している。さて、新当主新九郎夫婦の初生子は、系譜上は亡兄の遺児であるれんのはずであるが、れんは年頃になっても婚姻せずに家に残っており、れんの九歳下の実弟である新助が、慶応四年に嫁しけを迎えている。つまり新九郎家では、初生子のれんが家を継がずに、弟の新助が嫁取りをしたのである。したがって姉家督が行われなかったことは確かであり、順調にゆけば新助が養父新九郎の家督を継ぐはずであった。しかし二年後の明治三年の「人数御改帳」をみると、新助夫婦は生家を出ており、一方れんは当主新九郎の妹として記載されている。おそらく、新助は嫁取りをした時点では、養父新九郎の家督を継ぐことが予定されていたものとみられる。その後、養父との間になにかトラブルが生じて相続を放棄したのであろう。

弟が嫁を迎えた一一件の相続状況をみてきた。このうち九件では、姉家督の志向はなく、当初から弟の相続が予定されていたものとみられる。残る二件のうち一件では、結局弟は家を相続できず、もう一件の場合は、結果的には弟が相続したが、高齢の姉が家に残っている点で姉家督の形態も否定はできない。

最後に、弟が独身のまま家に残り、姉が姿を消したDのケースをみてみよう。長太夫家では万治二年、当主長太夫四二歳と女房はつ四二歳との間に女子もと一七歳・男子養七一一歳・善八八歳・長吉四歳・長治二歳の五人の子供が生まれていた。しかし四年後の元治二年には長女のもとの姿がみえず、長治もおらず、子供は養七以下三人である。その後、女子わんが生まれ、明治三年の記載では、長男の養七二〇歳を筆頭に四人の子供が家に残っている。この状況からみると、養七がやがて嫁を迎えて家を相続したことが推測される。Dの六件ではいずれも同様に姉が一五歳前後で記載が消えて、長男である弟が家に残っているので、順調にゆけば弟が嫁を取って家を相続したことが予測される。ただし、なかには生家を出た姉が婿を取って村内の禿地を再興したケースもある。孫左衛門家では嘉永五年、初生子のたつ九歳を頭に孫治六歳・孫助五歳・孫吉の四人の子供がいた。このうちたつは、万延二年の記載をみると、生家を出て村内の同組合で天保飢饉後に禿地となっていた与右衛門家の跡地に入り、「入夫」を迎えている。つまりたつは、生家を出たものの、嫁入りしたのではなく、婿を取って絶家を再興したのである。実家には弟の孫治がおり、のちに孫治が実家を相続したことが推測されるのであるが、たつも婿取りをしたのであるから、相続形態としては姉家督の様相を残しているものといえよう。

以上、初生子が女子で下に弟がいる四〇件のサンプルについて、縁組みの形態に着目しながら相続の様子を考察してきた。全体的な相続状況を整理しておくと、姉家督に該当するのは、推定も含めてAの二〇件のうち一九件と、Cの三件、Dの一件の合計二三件、弟による相続は、Bの一一件のうち一〇件と、Dの五件を合わせた一五件、その他は二件となる。相続比率は姉家督が五七・五パーセント、弟相続が三七・五パーセント、その他の相続が五パーセントで、姉家督の優勢が明らかである。

姉家督の大部分は、婿養子が家督を全面的に掌握する完全な姉家督形態であるが（Ⅰ型）、ほかに弟が家を相続するまでの期間、一時的・中継的に婿養子による相続が行われた事例が一件（Ⅱ型）、実家は弟が相続し、姉は婿養子を取って村内の禿地を再興した分家的形態も一件（Ⅲ型）あり、三種類の相続方式が並存している。Ⅱ型の場合、本来の家の相続者は弟であって、婿養子による相続はあくまで暫定的な措置にすぎないのであるが、ともあれ姉夫婦は弟が成人するまでの中継ぎとして、家の相続上、一定の役割を果たしたのである。一方Ⅲ型は、弟が家を相続した点では長男子相続となるが、姉は嫁に出たのではなく、村内分家の形をとって同族家を作ったとみることができる。

三　姉家督と女性の地位

1　女性の地位評価のメルクマール

姉家督の慣行地域では女性たちはどのような位置づけにあったのだろうか。姉家督研究の先駆者である中川善之助は「姉家督といっても長女自ら相続をなさず、その夫たるべき婿が相続人となるところにやはり父権的家族制度の基調をあらわしている[14]」と述べている。つまり中川は、姉家督の相続人はあくまで婿養子であって、男性相続が貫徹されたことにより女性は家内で男性の性抑圧を免れ得なかったとみている。しかし現在の民俗学・社会学における評価では、姉家督の慣行地域において女性の社会的地位は相対的に高く、主婦権も大きかったとする見方が一般的であり、中川の見解はほとんど支持を得ていない。フィールドワークの成果によると、村内で何かもめごとが発生したさいに、婿養子ではなく家付娘が仲裁をしたり、また家計を妻が取り仕切っている家が多いなど、女性の発言力や行動力の大きさを示す事実が数多く掘り起こされている。また「総領娘」「家付娘」という言葉が残存していることも、女性の地位や役割を示す証左とされてきた[15]。

近代以降の民俗上の痕跡ばかりではなく、江戸時代の史料によっても女性の地位や役割をうかがうことは可能である。「人数御改帳」の記載に注目してみると、興味深いことに、初生子の女子には「嫡子」「嫡女」あるいは「嫡孫」など、家督推定者を示す肩書きが付されている。初生女子のすべてにみえるわけではないが、その点は男子の場合も変わりはない。女子については一三件の事例があり、しかも二歳・三歳といった誕生後の初筆の時点で確認される事例が三件ある。つまり、女子であっても初生子であれば、誕生の時点で跡取りの座が決められていたのであり、しかもそれは家内での約束事という私的なレベルにとどまらずに、村社会のなかで公認されていたことを示している。

一方、婿養子の境遇に着目してみると、離縁された事例が五件、妻の死亡後に家を出た事例が一件ある。家付娘の四人は離縁後に後夫を迎えている。こうした状況からみても、姉家督の家では夫に対する妻の立場は嫁入り婚に比べて相対的に高かったことが推測される。

それでは、家と財産の相続に女性は直接関与しえたのだろうか。前述のように中川善之助は、相続人はあくまで婿養子であることを強調し、男性相続の強固さと父権の強さを主張したが、果たしてそのように言い切れるのだろうか。次項では根岸村の女性相続人の様相を明らかにしてみたい。

2　女性相続の動向

まずは前掲の表9に立ち戻って、天保四年から明治三年迄の期間に当主の交代によって女性が新当主に就いたケースをみておこう。これによると、女性当主は妻が四件、娘が三件、孫娘と養女がそれぞれ二件ずつで、合計一一件あり、全体の約一割を占めている。女性当主はこのように、新旧当主の交代によって生じたケースのほかに、天保飢饉により禿地となっていた人頭跡を再興して生まれたケースも三件ある。そこで以上一四件の女性当主について、相続期間や相続時の家族構成、相続の契機等を整理してみたのが表11である。表11から女性が当主に就いた事情を探ってみると、三件（№11・12・13）は右に述べたように、天保飢饉後の禿地を自ら再興したケースであるが、残る一一件のうち七件までは、天保飢饉で一家が全滅状態となり、娘一人もしくは姉妹が辛うじて生き残っている。次に相続時の

表11　女性相続人一覧

No.	女性相続人名	相続期間	年齢	相続の事情	相続時の家族	次の当主
1	七右衛門 後家けん	天保13 ～弘化4	57～62	夫の死亡	娘(38)娘婿(42) 次男(25) 次男嫁(27) 孫(21・17・13・3)	娘婿(47)
2	弥四郎 後家とめ	天保13 ～万延2	49～68	家族全滅	単身	なし
3	三郎右衛門 養女さん	天保13 ～嘉永6	21～32	家族全滅	単身	なし
4	治郎兵衛 娘かね	天保13 ～嘉永3	23～31	家族全滅	単身	夫(42)
5	金右衛門 娘はつ	天保13 ～嘉永3	29～37	家族全滅	妹(17)	妹婿(31)
6	与治右衛門 娘いせ	天保13 ～弘化4	32～37	家族全滅	入夫(33) 息子(12・2) 娘(15・10)	夫(38)
7	与七郎 娘あさ	天保13 ～慶応4	21～47	家族全滅	単身	なし
8	八右衛門 孫娘さん	天保13 ～嘉永6	17～28	家族全滅	単身	夫
9	三右衛門 後家りん	万延2 ～明治3	47～56	夫行方不明	娘(16)息子(11)	後夫(57)
10	庄三郎 養女こきん	元治2 ～継続中	51～？	養父の死亡	息子(12)	継続中
11	孫左衛門 娘たつ	万延2 ～元治2	18～22	禿地の再興	入夫(27)息子(1)	夫(31)
12	(出自不明) けん	万延2 ～明治3	19～28	禿地の再興	入夫(26)	夫(35)
13	重兵衛 養女きつ	万延2 ～慶応4	20～27	禿地の再興	単身	夫(33)
14	孫左衛門 後家なを	明治3 ～継続中	48～？	夫の死亡	息子(24)娘(8) 養女(12)	継続中

注　相続期間は，「人数御改帳」で女性名前が初見される時点から，女性名前が消えた時点ないしは男性名前に変更された時点までを示す．

家族構成に着目してみると、①女性の単身世帯が六件（№2・3・4・7・8・13）、②娘のみの女性世帯が一件（№5）、③母親が娘と一五歳未満の息子を抱える家族が二件（№9・10）、④夫や婿養子、一五歳以上の息子など成年男子がいる家族が五件（№1・6・11・12・14）である。このうち①②③の合計九件は、家族のなかに当主に就くべき成年男性がいないので、家の存続のために女性が当主となるのは当然としても、④の五件については、成年男性がいながら女性が当主に就いている。しかも前者の九件についても、その後の家族状況をみてみると、女性が単身のまま姿を消すか、単身を通している①の№2・7の二件を除いて、残る七件では後述するように、女性世帯が解消されたのちも女性たちは一定期間、当主の座を降りていない。女性相続人の性格については、これまで一般的に「中継相続人」説、すなわち父親や夫の死亡により家族に男性が不在となったさいに、非常手段として女性が当主に就き、やがて夫や婿養子を迎えると彼らに家督を譲り渡すという、一時的・中継ぎ的相続人とみなす見解が通用してきた。しかし根岸村の女性相続人は、成人男性が家内におりながら相続人となり、あるいは女性世帯を解消したのちもなお家を相続し続けた点で、明らかに中継相続人の範疇では説明できない様相を呈している。そこで、家内に成人男性がいながら女性がしばらく家を相続していた一二件の事情について、前述した相続時の家族構成による類型別に検討を加えてみることにしよう。

①単身世帯の女性当主（表5の№3・4・8・13）

はじめに№3の三郎右衛門家をみよう。天保四年には図18のように七人家族で、養女さんは一二歳であった。九年後の天保一三年、養女さん二一歳（三郎右衛門孫女と誤記されている）を残して家族は皆死亡し、さんが単身で家を相続している。さて、注目すべきは五年後の弘化四年の状況で、さんは「入夫」勘七三〇歳を迎え、女子はつが生まれながら、依然として当主の地位にある。はつの年齢から推すと、さんが勘七と婚姻したのは二年以上前であるが、さんは

図18　三郎右衛門家の相続

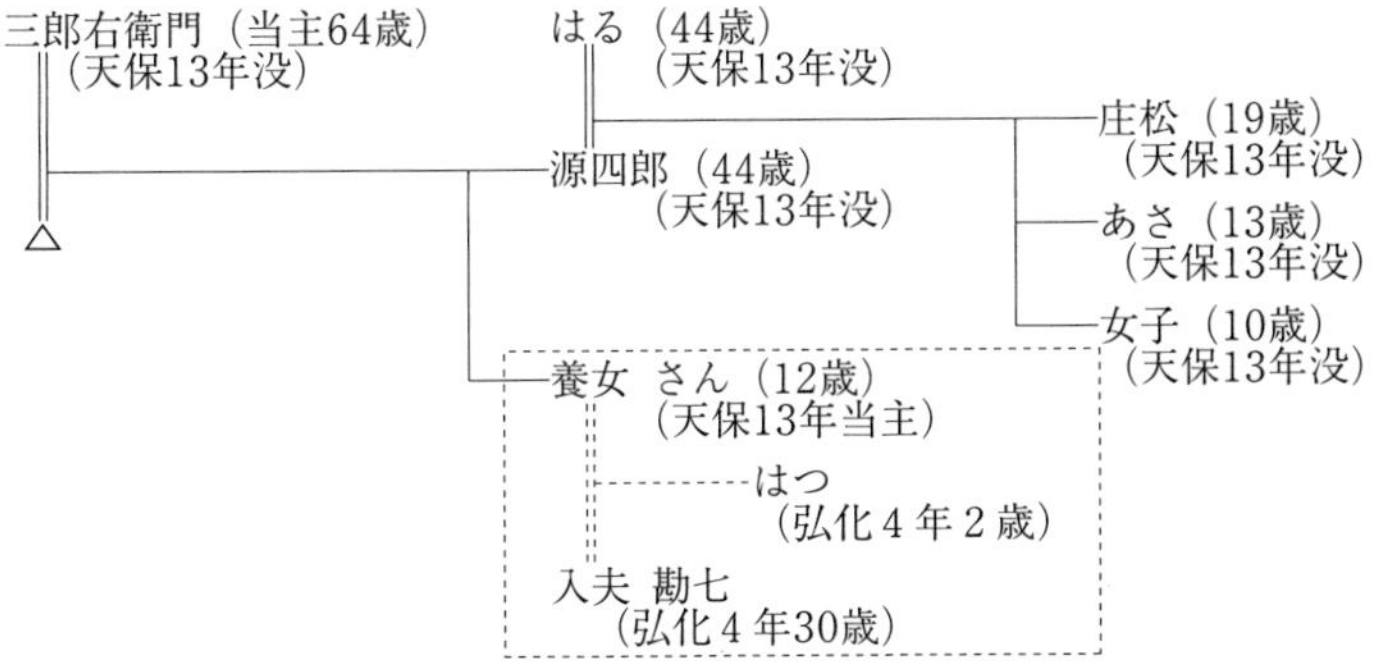

注　実線および（　）の算用数字は天保４年（1833）の状況を示す．

その間、夫に家督を譲らなかったことになる。しかもその後五年を経た嘉永五年の段階でも、さん三二歳・「入夫」勘七三五歳・女子はつ六歳の三人家族であり、さんが引き続き家督を維持している。その後勘七は当主に就かないまま死亡し、残されたさん母子も姿を消して、やがてこの跡地には前節で述べたように、村の同組合から金蔵・ちよ夫婦が入った。ともあれさんは、「入夫」を迎えたのちも八年もの間、当主の座に居続けたのである。

№４の治郎兵衛家の場合は、天保四年には父治左衛門八〇歳・当主治郎兵衛五六歳・女房そめ三四歳・弟市之丞三三歳・「嫡子」かね一四歳・次女こたね一一歳・三男治郎助八歳・四男治太郎二歳の八人家族であった。この直後にかねは婿養子久松二二歳を迎えたことが後筆でわかる。ところがこの家も天保飢饉後に娘のかねひとりが残り、同一三年にかねが二三歳の単身で家を相続している。かねは弘化四年には二八歳で婿善兵衛三九歳を迎えて再婚しているが、依然として当主の地位にあり、三年後の嘉永三年に善兵衛に家督が移っている。このようにかねの場合も、後夫を迎えたのち、少なくとも四年以上にわたって家督を維持していたことになる。

№８の八右衛門孫娘さんは、天保四年から同一三年の間に家族六人を亡くし、同年一七歳で単身家を相続していた。その後婿を迎え、五年後の弘化四年には、さん二二歳で「入夫」源十郎三〇歳・男子八兵衛三歳との三人家族であるが、さんが当主である。嘉永五年もまだこの状態は変わらないが、後筆で「入夫源十郎三五歳」が「源十郎三六歳」と書き換えられている。次の万延二年には源十郎が当主となっているので、嘉永六年にさんから夫の源十郎に家督が引継がれたものとみられる。ともあれさんは、婚姻後一〇年もの間、夫に当主の座を譲らずにいたのである。

No.13のきつは、組頭重兵衛家の養女である。当主重兵衛夫婦に跡継ぎがおらず、きつが養女に入ったが、その後重兵衛の弟の茂吉が嫁取りをして重兵衛の養子となり（「人数御改帳」では「家督」と記されている）、跡取りの男子喜太郎も生まれた。こうして重兵衛家は嘉永五年には、当主重兵衛夫妻と「家督」の茂吉夫婦、孫の喜太郎、それに養女のきつの六人家族であった。次の万延二年の記載をみると、きつは家を出て、村の同組合で天保飢饉後に死亡した喜左衛門家の禿地を再興している。おそらくきつは、跡取りの喜太郎が成長したところで養家を出され、禿地に入ったのであろう。さて、きつはその後婿を迎え、元治二年にはきつ二四歳で「入夫」勘三郎三〇歳との二人家族であるが、単身時代に引き続き、きつが当主に就いている。そして三年後の慶応四年（一八六七）に勘三郎が当主となり、女性名前が解消されている。

以上、女性の単身世帯四件では、いずれも婿養子の夫を迎えて単身世帯を解消したのちも、妻がしばらくの間家督を維持していたのである。

②娘のみの女性世帯（表5のNo.5）

金右衛門家は天保四年、図19のように娘いち夫婦に三人の孫娘がおり、このうち初生の孫娘であるはつが、二〇歳で婿重松二三歳を迎えていた。その後同一三年には孫のはつ・はる姉妹二人きりの世帯となり、姉のはつ二九歳が「金右衛門娘」として家を相続している。五年後の弘化四年には妹のはるが二二歳で婿利吉二八歳を迎え、女子も生

図19　金右衛門家の相続

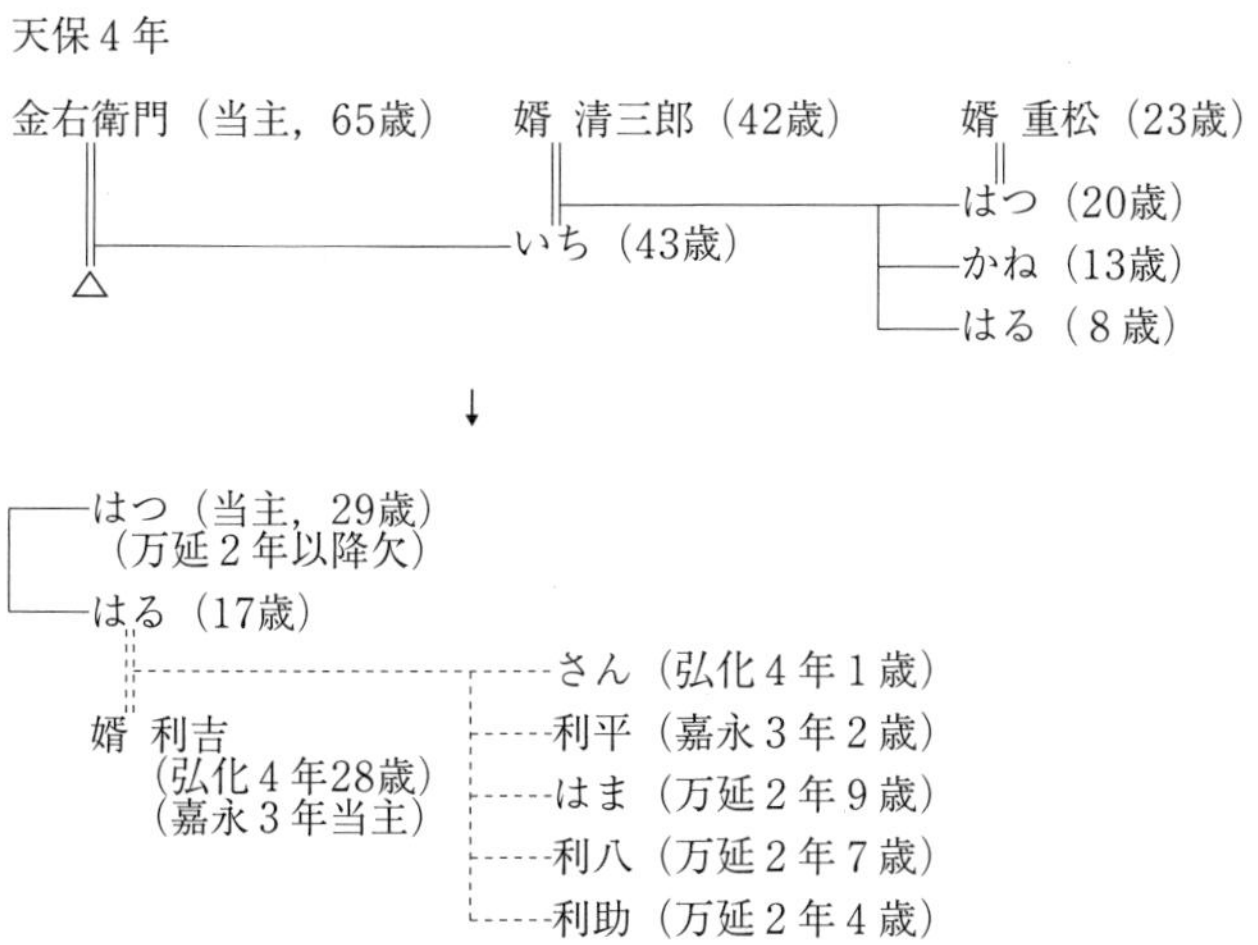

注　実線および（　）の算用数字は天保13年（1842）の状況を示す．

まれているが、当主は相変わらず姉のはつである。次の嘉永三年の「人数御改帳」では利吉が三一歳で当主に就いているので、三年の間に姉から妹婿に家督が譲られたことになる。ともあれ、飢饉後に姉妹二人が残った金右衛門家では、妹が婿養子を迎えたのちも四年間ほど、姉が当主の座を降りなかったのである。なお、はつはその後、万延二年以降、死亡か他出したのか記載がない。

③母親と成人前の男子がいる世帯（表5のNo.9・10）

No.9の三右衛門家は嘉永五年、当主の三右衛門四四歳・女房りん三七歳・女子すて七歳・男子勘助二歳の四人家族であった（図20）。ところが三右衛門は万延元年（一八六〇）八月中に行方不明となり、このため翌二年の「人数御改帳」では妻のりんが当主に就き、すて・勘助の三人家族である。さて、この家族構成に変化が現れるのは元治二年（一八六五）である。当主は引き続きりんであるが、三右衛門の妹のとく五〇歳が婚家から出戻ったのか家族に加わっている。また「娘」としてとし一一歳がみえるが、としはそれ以前の記載にはみえないので、とくが連れてきた娘かもしれない。さらにもう一人、

図20　三右衛門家の相続

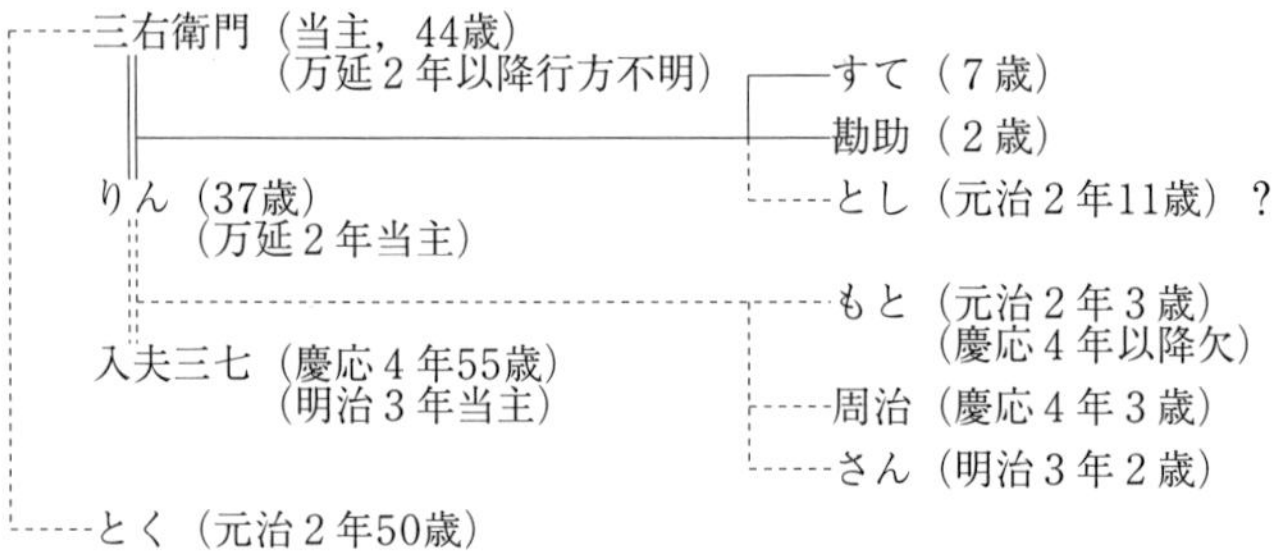

注　実線および（　）の算用数字は嘉永５年（1852）の状況を示す．

「孫」のもと三歳がいる。りんの娘のすては当時二〇歳になっていたが、まだつれあいはいないので、もとはすての娘とは思われない。そこで次の慶応四年（一八六八）の「人数御改帳」をみると、三右衛門が行方不明という記述がありながら、りんは「入夫」として三七五五歳を迎えており、「孫」はもとのほか周治・さんの三人に増えている。この状況から判断すると、「孫」とあるのはおそらく、りんと「入夫」の三七との間に生まれた子供で、体面上子供としては届け難かったために孫として扱われたものと思われる。いずれにせよりんは、元治二年には夫三右衛門の行方が知れないまま、事実上三七と夫婦関係にあり、娘も生まれていたことになる。慶応四年には三七が「入夫」として名前の記載があるので、正式に婿入りしていたことになるが、当主はりんである。そして明治三年に至って三七が当主に就き、女性名前が解消されている。このように三右衛門女房りんの場合は、夫が失踪し、息子は二歳の幼児であったために、やむを得ず当主の座に就いたものとみられるが、その後三右衛門の帰宅を諦めて後夫を迎え、後夫との間に子供も生まれながら、少なくとも二年間は当主の座を降りなかったのである。

一方、№10の庄三郎家の場合は、天保飢饉後に一人身となった庄三郎が万延二年に七九歳でこきん四七歳を養女とし、こきんの男子である善蔵八歳とともに三人家族であった。元治二年には庄三郎の姿が見えないので死亡したことが推測されるが、こきんが「正三郎娘」として家を相続している。こきんが当主となったのは、庄三郎の没時に息子の善蔵が一二歳の年少で、当主に立てるには若すぎたからであろう。しかし明治三年には善蔵が一七歳に成長していながら、依然としてこきんが当主の座に就いている。

④成年男性がいる家族（表5のNo.1・6・11・12・14）

No.1の七右衛門家は前項で取り上げた図13の家である。相続状況を繰り返しておくと、天保四年には当主七右衛門と女房けんとの間に三人の子供がおり、このうち長女のうんは婿を取ってその子供も合わせて家族は一〇人である。九年後の天保一三年には当主七右衛門が死亡し、後家となったけんが当主に就いている。その後、弘化四年に婿の七三郎に家督が譲られ、女性名前が解消された。当主七右衛門の没後、本来ならばただちに娘婿である七三郎が家を継ぐはずであるが、少なくとも二年間は後家が相続し、その後婿養子に家督が譲られたのである。天保一三年当時、婿七三郎はすでに四二歳の壮年であり、しかも孫の年齢から推せば、婿入り後二〇年は過ぎていた。にもかかわらず、養父の跡目を後家が中継ぎした点が注目される。

次にNo.6の与治右衛門家は、天保四年には与治右衛門八〇歳・女房たり七九歳と「家督」の吉太郎三五歳の三人家族であるが、天保一三年にこの三人の姿はすべて消えて、「与治右衛門娘」いせ三二歳と「入夫」運七三三歳、および二男二女の六人家族となり、いせが当主となっている。その後弘化四年（一八四七）には、いせから夫の運七に家督が譲られて女性名前は解消されている。いせと「入夫」運七の出自ははっきりしない。天保四年には与治右衛門の子供は家督の吉太郎しかみえず、いせは嫁に出ていたのかもしれないが、与治右衛門夫婦の年齢から推すと、いせは実子ではなく養女として育てられ、家を出ていた可能性も考えられる。いずれにせよ天保飢饉で与治右衛門の一家が全滅したために、いせはなんらかの血縁によって跡目に入ったのであろう。天保一三年にはいせの嫡子順助は一二歳であるので、もし夫の運七が再婚による後夫でなければ、いせは婚姻後一二年間も当主の地位にあり、そして引き続き五年間、家督を守っていたことになる。

続いて№11・12はともに禿地を再興した事例である。№11のたつは、万延二年たつ一八歳、「入夫」十兵衛二七歳の二人家族で、たつが当主となっている。この家はもともと与左衛門家の跡地であり、天保飢饉で一家が全滅したために、一〇五文の土地をたつ夫婦が安政五年から十ヵ年散田並の条件で再興していた。当主のたつは孫左衛門の初生子であり、第二節で述べたように、嘉永五年にはたつ九歳の下に孫治六歳・孫助五歳・孫吉の四人の子供がいたが、たつは生家を出て与右衛門家の跡地に入ったのである。一方たつの夫である十兵衛は、「入夫」と記されているので、入婿であることは明らかであるが、前述した№13のきつの事例から推すと、たつがはじめに一人で禿地を再興し、その後婿を迎えたことが推測される。十兵衛は四年後の元治二年には与治兵衛と改名し、当主の座に就いている。№12のけんの場合も同様に、天保飢饉で全滅した卯兵衛家の跡式に入ったもので、万延二年の記載ではけん一九歳・「入夫」彦兵衛二六歳の二人家族でけんが当主である。けんについては出自が定かではない。跡地を再興したこれまでの事例の場合、相続者はいずれも村内の同組合の家から出ているので、そうした推測のもとに該当事例を探してみると、清治右衛門の第二子であるたつが名前を改めた可能性がある。さて、けんと彦兵衛との間には娘きんが生まれたが、きんが六歳になった慶応四年の段階でも、けんが当主の地位にあり、彦兵衛は相変わらず「入夫」である。そして明治三年にようやく彦兵衛が与三郎と改名し、当主の座に就いている。したがってけんは、婿取り後少なくとも七年間は家督を維持していたことになる。

最後に№14の孫左衛門後家なをの場合をみよう。孫左衛門家は№11の事例で紹介した家で、嘉永五年には当主孫左衛門と女房なをとの間にたつ・孫治・孫助・孫吉の四人の子供が生まれていた。万延二年には初生女子のたつが家を出て婿を取り、村内の禿地を再興しており、その後弟たちも他出し、慶応四年には男子孫治二二歳、養女きし一〇歳、女子めん六歳の三人の子供が残っている。二年後の明治三年には孫左衛門が死亡し、後家のなをが当主に就いている。当時家内には二四歳になった孫治がいたが、孫治ではなく後家のなをが相続人となったのである。

3　女性相続と姉家督

女性たちはなぜ、相続人としての地位を維持し続けたのだろうか。あるいは維持することが可能であったのだろうか。この点を考えるために、まずは一二人の女性相続人たちの後嗣、ないしは後嗣に予定された人物に注目してみたい。前節での結果を整理してみると、女性相続人たちの後嗣は、婿養子である夫が八人（№3・4・6・8・9・11・12・13）、娘婿が一人（№1）、妹婿が一人（№5）、それに息子が二人（№10・14）で、一二人のうち一〇人までが養子である。言い換えれば、女性たちは養子に対して容易に家督を渡さなかったことになる。さらに、一〇人の養子のうち№1を除く他の九人は、女性一人、あるいは姉妹のみの女性世帯か、女性と未成年の男子からなる世帯に入っている。

女性世帯およびこれに準じる九軒の家では、妻や姉が養子を迎えても数年間は試用期間として家督を渡さず、自立した活動をし得る立場にあったのである[16]。女性たちはどのようにして、養子に代替する自立した相続人としての立場を獲得し得たのだろうか。この要因の一つには、女性たちが養子を迎える以前に単身で、または小家族の中で当主となり、家を維持してきた実績が挙げられよう。すなわち、父親や夫に代わって家を相続し、あるいは禿地を自ら再興して家産を維持管理してきた女性たちは、そうした財産管理の経験を身に付けることにより、新たな家族員である養子に対して、彼らの家産運用能力を見極めるまで容易に家督を譲らなかったものと考えられる。そのような力量が村のなかでも評価されていたことで、村も女性たちを一定期間、当主に据えていたのであろう。

さらに見逃せないのは、九人の女性たちがいずれも家を継ぐ跡取りとしての立場にあったという点である。No.4のかねは、「人数御改帳」では次郎右衛門家の「嫡子」と記されており、No.5のはつも初生の女子である。No.3のさん、No.6のいせ、No.8のさんも天保飢饉後に家内でただ一人生き残ったのであるから、亡き父や兄に代わって家を守る立場にあった。村内の禿地を再興したNo.11・12・13の女性たちも、自ら家を興した点ではこれを維持する家付娘の立場にあったとみてよい。No.9のりんの場合は夫が失踪して戻らず、いわば後家になったことになるが、未成年の娘や息子を抱えて自ら家を維持しなければならなかった。家を相続した経験に加えて、そもそも家を守り後世に伝えてゆく役割を担う、家付娘の立場にあったことが、養子に対して容易に家督を渡さず、養子に代わって自立した活動を行い得る女性相続人を生み出したと考えられる(17)。

さて、養子がいながら女性が家を相続した一〇件の事例のうち、No.1は女性世帯ではなく、娘婿が婚姻後二〇年以上も同居しており、次男夫婦もおりながら、後家が数年間家を継いでいる。娘婿のなんらかの事情によって生じた特別な措置とみた方がよさそうであるが、そうであれば姉家督の形態からみて、後家ではなく家付娘が当主に就く手段もあっただろう。当時は弟夫婦も同居して九人という大家族を構成しており、家族を統率して家秩序を安定させる役割が、後家に期待されていたのではないだろうか。

一二件のうち残る二件は、成人した息子がいながら母親が家督を譲っておらず、明治三年の段階でも女性名前が継続中である。このうちNo.10のこきんの場合は息子が一七歳、No.14のなをは息子が二四歳に達しており、とくに14については本来ならば問題なく息子が当主に就くケースである。なをは家付娘ではないので、姉家督の相続原理から説明することは難しいが、当時根岸村では女性による相続が珍しいケースではなくなっていた状況のなかで、このように息子に代わって家を相続する母親も出現しえたのであろう。

以上、根岸村において女性相続人が誕生した事情を考察してきたが、結果を整理しておこう。根岸村では天保飢饉後、養子を迎えたのちも一定期間、当主の座を譲らない女性相続人、つまり単に父親と婿養子との間を繋ぐ「中継相続人」ではない、養子に代替する自立した性格を持つ女性相続人が出現していた(18)。女性相続人たちは、養子を取る以前は単身で、または未成年の男子を抱えた小家族の当主として家を相続しており、そうした経験をもとに、養子の相続人としての力量を見極めるまでは、容易に家督を譲らなかったものと考えられる。さらに、女性相続人たちが出現し得た最大の要因は、女性たちの本来の立場、すなわち家付娘として、ないしはそれに近い立場として、家を存続させ、後世に伝える役割を負わされていた点に見出せる。

さて、このように考えてくると、養子に代わって家を相続した女性相続人の存在は、まさしく家が家付娘を通じて継承されるという姉家督の相続原理が貫徹されたなかから生まれた、姉家督独自の相続人のありかたを示唆するものではないだろうか。つまり今一度事実として確認すべきは、姉家督においては婿養子にただちに家督が引き継がれずに、家付娘が一定期間、家を相続する場合があったことである。これはあくまで女子相続が法的に排除されていない幕藩制下における特色といえよう。少なくとも、姉家督のなかに父権の強さをみる見解については、見直す必要がありそうである。

おわりに

これまで三節にわたって根岸村における姉家督慣行の様相を検証し、姉家督の相続方式の特徴を考察してきた。根岸村では江戸後期から明治初年にいたる姉家督の相続率が、弟による相続を凌駕して高い比率を占めており、また「人数御改帳」の記載でも初生の女子は誕生の時点で「嫡女」と記され、将来家を継ぐべき立場が明確化されていた点で、姉家督が村の相続慣行として定着していた様子が明白である。しかも、姉家督は階層や生業の種類に関わりなく行われていた点もつけ加えておきたい。

表12　姉家督・弟家督の年齢差

年齢差	姉家督	弟家督
19歳	1件	
17歳	1件	
13歳	1件	
11歳	3件	
10歳	2件	1件
9歳	3件	3件
8歳	2件	
7歳	2件	
6歳	2件	3件
5歳	3件	2件
4歳	1件	
3歳	2件	4件
2歳		1件
1歳		1件
平均年齢	8.52歳	5.33歳

さらに兄弟間の年齢差にも注目してみよう。表12は、第二節で検証した姉家督二三件、弟による家督一五件について、姉弟の年齢差とそれぞれの平均を示したものである。これによると、姉家督の場合は弟との年齢差が一九歳を最高に一〇歳以上が八件あり、平均は八・五二歳である。一方、弟が家督に就いた場合、姉との年齢差は高いもので一〇歳、平均すると五・三三歳で、平均年齢は姉家督の場合と比べて三歳の差がある。しかし、両者ともに年齢差が三歳から一〇歳までに集中している点からすれば、姉弟の年齢差と相続方法との間に明瞭な相関関係は見出し難い。

それでは根岸村において、姉家督はどのような要因から出現していたのだろうか。この最大の問題について、今のところ明確な回答は出すことができないでいる。一般的には、経営規模が大きい東北地方の農家の場合、家族労働力を早く補充する必要から、男女を問わず初生子に対して婿や嫁を取ったと説明されることが多い。根岸村は当時農村ではあるが、製塩稼業が生業の中心を占めていた。製塩業では作業工程の特色から家内に多くの労働力を必要としたことは確かであり、したがって製塩稼業における労働力補充という観点からみれば、姉家督はたしかに合理的な相続形態であったといえる。しかし、早期に労働力を確保する方法は、長男子相続の場合であっても採り得ることである。

注目すべきは、男女の性別に関わりなく初生子を家の跡取りに定めるという、双系的な相続方法それ自体であり、また東日本一帯、とりわけ東北地方に広く展開していたという事実であろう。相続慣行における東北地方の地域性について、今後は他の民俗慣行も視野に入れながら検討してみたいと思う。(19)

さて、小稿では姉家督の慣行下における相続の特色として、養子に代替する女性相続人が出現していたことも明らかにした。これまで、姉家督の相続人はあくまで婿養子であり、男性相続が貫徹していたとする見解が通説として通ってきたが、少なくともこの点は見直す必要がありそうである。ただ、こうした女性相続人が江戸期の姉家督相続で頻繁に生まれていたものか、それとも天保飢饉の影響によって出現してきたものかについては、今後さらに他地域での検証も踏まえて検討してみる必要がある。最後に、姉家督の慣行が敷かれた根岸村で近代以降、そして現代において、女性の社会的地位や、家内における妻と夫の立場について関心を寄せてみたいが、今後の社会学・民俗学調査の進展に期待したい。

註

（1）江戸時代の相続制度については石井良助『長子相続制』（一九五〇年、日本評論社）、大竹秀男『「家」と女性の歴史』（一九七七年、弘文堂）、大藤修「身分と家」（深谷克己・松本四郎編『講座日本近世史3』一九八〇年、有斐閣）などを参照。

（2）姉家督の概況については中川善之助・塩田定一「姉家督相続」（『家族制度全集』史論篇Ⅴ 一九三八年、河出書房）、洞富雄「姉家督と末子相続の民俗」（同『庶民家族の歴史像』一九六六年、校倉書房）、竹田旦『「家」をめぐる民俗研究』（一九七〇年、弘文堂）、前田卓『姉家督』（一九七九年、関西大学出版部）などを参照。

（3）司法省編、青史社より一九七六年復刻刊行。

（4）「宗門人別帳」を用いた東北地方の相続分析としては、大藤修「近世中・後期における農民層の家相続の諸態様―羽州村山地方の宗門人別帳の分析を通じて―」（『歴史』四八輯、一九七六年、のち同著『近世農民と家・村・国家』一九九六年、吉川弘文館に所収)、大口勇次郎「近世後期における農村家族の形態」(女性史総合研究会編『日本女性史　第三巻』一九八二年、東京大学出版会、のち同著『女性のいる近世』一九九五年、勁草書房に所収)などがあり、ともに出羽国村山郡の農村を扱っている。

(5) 九冊の「根岸村当人数御改帳」には持高・屋敷名・家族名および年齢が記載されている。このうち天保四年分は『石巻の歴史第九巻　資料編3近世編』(石巻市、一九九〇年)に翻刻されている(一七七〜一八八頁)。

(6) 前掲『石巻の歴史』八六一〜八六二頁。

(7) 仙台藩は年貢上納高および藩士の知行高に貫文制を採用しており、一貫文＝一〇石、一〇〇文＝一石に相当する。

(8) 人頭は年貢を負担するいわゆる表百姓を指す。

(9) 稲井村大肝入阿部与平治が書留めた「牡鹿陸方大肝入与平治扱拾八ヶ村之内荒増餓死致候村々調」によると、天保七年の凶作により根岸村では五五二人のうち二一六人余が餓死し、空き家も二〇軒余出ていた(『稲井町史　全』一九六〇年)三三八頁。

(10) 寛政元年以降塩田の譲渡が公認され、以降幕末にかけて周辺の村々との間で塩場の売買が盛んに行われている(前掲『石巻の歴史』三四二〜三四六頁に「塩場譲証文」の一部を掲載)。

(11) 『渡波町史　全』(一九五九年)二二八頁。

(12) 一般的な人別帳の筆頭名前人＝当主に相当するのが、「人数御改帳」の人頭である。以下一般的な言いかたである当主を用いることにする。

(13) 添人というのは表百姓の家に寄宿している者で、沽却禿などで破産した百姓の家族が多い。

(14) 前掲、中川『姉家督相続』一六八頁。

(15) 前掲、前田卓『姉家督』二二二〜二二七頁。

(16) 「人数御改帳」では女性が単身の場合、「諸上納幷諸郡役諸式請合人」として組頭が判をついているが、これは男性が単身の場合も同様である。女性と未成年の男子がいるケース、「入夫」がおり女性が当主のケースでは保証人はみえない。したがって、女性が当主に就いている家では、単身の場合を除き、当主の女性は自立的な活動をし得たとみなしてよいと思われる。

(17) 女性世帯あるいはこれに準じる世帯に入った養子の大半は「入夫」と記述されているが、家族内に成人男性がいる世帯では養子が「入夫」と書かれた事例が皆無であるので、「入夫」は女性世帯およびこれに準じる世帯の養子に特有の肩書であると推測される。「入夫」は正式な家の一員であったことは確かであり、たとえば表5№9の三七は、りんとの間に子供がおり、事実上りんとは婚姻関係にありながら、当初は「人数御改帳」に名前の記載がなく、次の段階で「入夫」として名前が記されていることが示唆的である。婚姻関係が村内に披露されていない配偶者は「人数御改帳」に名前が記されないのであり、「入夫」として名前が記述されたことは、正式な婚姻関係にあることを示すものだろう。「入夫」という書き方は、おそらく家に入る入婿に対して、女性の配偶者としての立場を強調したもので、いまだ家の家督を譲り受けていない夫を指して使われたものとみられる。「入夫」の村内における立場、たとえば年貢や役負担の状況や村寄合における席順などが気になるが、ここでは史料がなく論証はできない。

(18) このように女性たちの多くが養子を迎えながらお家を相続しているケースについては、大口勇次郎が河内国丹波北郡の東出戸村の事例を紹介している（前掲大口論文）。大口の分析によると、東出戸村の女性相続人は文化元年（一八〇四）から明治三年（一八七〇）までの六六年間に四五例確認され、このうち七例が、養子を取りながら女性が家督を譲らずに維持していた。大口は東出戸村では当時、養親と養子とのトラブルが多発していたことに着目し、女性相続人は家族的紐帯の弛緩を避けるために出現したことを指摘している。ただし根岸村の場合は、「人数御改帳」の記載を見ても養子が不縁となっているケースは五件より見当たらず、養子が何度も変えられた事例もみられない。養子の大部分が当主に就いている点からみても、女性相続人出現の背景に養子縁組によるトラブルを見出すことはできない。

(19) 宮城県内における姉家督の事例としては、たとえば県南の名取地方で明治初期まで姉家督の慣習があったことが報告されている（松浦武「村落社会」『郷土なとり』四〇号　一九九一年）。平川新氏の御教示による。

第二部　看病・介護をめぐる「家」と家族

第一章　近世の「家」と扶養・介護
――『仙台孝義録』の分析から――

はじめに

近世社会において「家」が担っていた役割の一つに、老人・病人・障害者など社会的弱者の生存保障が挙げられる。老人や病人、身障者の生活には、経済的な支えとしての「扶養」、および身体的・精神的扶助としての「介護」が必要であるが、近世の「家」は家族員に対して、そうした扶助機能を施す場であった(1)。

それでは、家において実際、誰によって、どのような介護が行われていたのだろうか。また、扶養・介護の担い手は、いかなる状況におかれていたのだろうか。こうした家のもつ福祉の機能の内情については、従来の研究ではほとんど明らかにされてこなかったように思われる。そこで本章では『仙台孝義録』(2)を素材として、この点の解明を試みることにする。

「孝義録」あるいは「孝義伝」は、歴代の幕藩領主が「善行者」として顕彰してきた人々の記録を、後年になって編纂したもので、全国で一〇〇種類以上が編まれている(3)。なかでも代表的な幕府による「孝義録」は、寛政改革における民衆教化策の一環として、寛政元年（一七八九）に公領・私領の別なく顕彰者の書き上げ提出を命じて編纂され、享和元年（一八〇一）に『官刻孝義録』として全国で市販されている。「孝義録」の編纂は、顕彰された人々の「善行」

の内容と、それに対する領主の報償を公表することで、民衆に生きかたの模範を示すことを企図したものであった。したがって、称揚されている行為は為政者のめざした民衆教化の方針が具現化されたものであり、必ずしも実態を示しているとは言い難い。だが、叙述された個々の生活や善行は、現実の暮らしの一端を反映していることもたしかである。そうした点から注目されるのは、善行とされた行為の具体的な中身として、家族ケアに関わる行為が少なからず見受けられる点である。

近年、女性史の視点から『官刻孝義録』を検討された菅野則子氏は、「善行者」に挙げられた女性たちの行動が「家を守る」という点に収斂されること、その「守り方」が、一八世紀半ばを境にして、それまで主に家の中で家業に携わるものであったのが、家外の労働に従事する傾向に変わっていくことを明らかにされた(4)。菅野氏の分析は、近世社会における女性と家との関わりに示唆に富む貴重な成果を上げているが、論考中に紹介されている表彰事例を個々の家に立ち入ってみてみると、大部分は経営が破綻しており、しかも家内には老齢や病身のために働けず、養生を必要とした親や夫を抱えている事例が大半を占めている。つまり、女性たちが「守った」とされる「家」は、その多くが自立した小農や商戸として維持・継承し得るような状態にはないのであり、にもかかわらず女性たちが家の維持に奔走するような行動をとった内実には、老親や病身の家族の扶養と介護に尽くさなければならなかった、家族ケアの問題の存在が明らかである。したがって、菅野氏が指摘された女性たちの「家を守る」行為は、とりもなおさず、家族の生存を支えるための行動ととらえた上で、具体的な様相を考察してみる必要がある。

以上の認識のもとに、本章では仙台藩で編纂された『仙台孝義録』を素材として、近世の家が直面していた家族員の扶養・介護をめぐる問題の内情を明らかにしてみたい。

分析に先立って、『仙台孝義録』の概要を述べておこう。『仙台孝義録』は序文によると、藩学養賢堂の学頭大槻格

徳目内容											
1孝行	2貞節 貞順	3悌順	4忠義 忠孝	5村政 納税	6仇討	7その他	複数徳目				
							1+2	1+3	1+5	1+7	2+5
1					1						
2(2)											
1(1)	1										
9(6)	1	1(1)	3(2)					1(1)	5(2)		
3(1)						1			1		
5(5)	1		1		1						
9(7)	2		1(1)								
9(7)	1(1)		2(2)					1	3		
27(21)	1		4(2)				2(1)	2(2)	5(3)	1	
27(22)	2(1)		2			1	2(2)		4(4)	1(1)	
23(18)	1(1)			2			6(6)		8(5)		
13(10)	1(1)		1		1		1(1)	1	3(1)		
53(48)	1(1)		3(1)		1		5(5)		8(8)	1	
14(11)			1(1)		1		1(1)		2(2)		
60(51)	8(7)	3(2)	4(1)		1		6(6)		7(5)		
45(40)	2(1)		6(1)		1	2	4(3)	3(2)	1		
39(34)	9(9)	2(2)	4		4		9(8)	4(4)	5(3)		
19(16)	4(4)						2(2)		1(1)		1(1)
7(6)	1(1)										
365 (306)	36 (27)	6 (5)	32 (11)	2	11	4	38 (35)	12 (9)	53 (34)	3 (1)	1 (1)

表13 『仙台孝義録』の表彰の推移

	A 表彰件数				B 扶養介護件数				B／A (%)
	男	女	複数	合計	男	女	複数	合計	
延宝	1		1	2				0	0
天和									
貞享									
元禄									
宝永	2			2	2			2	100
正徳	1		1	2	1			1	50.0
享保	14	3	3①	20	9	2	1	12	60.0
元文	3		2①	5			1①	1	20.0
寛保	5	2	1①	8	3	1	1①	5	62.5
延享	10	1	1	12	8			8	66.7
寛延	11	4	1①	16	5	4	1①	10	62.5
宝暦	25	6	11⑧	42	19	4	6④	29	69.0
明和	20	10	9⑧	39	17	6	7⑥	30	76.9
安永	20	13	7④	40	12	11	7④	30	75.0
天明	14	3	4②	21	6	3	4②	13	61.9
寛政	32	16	24⑱	72	29	15	19⑮	63	87.5
享和	12	5	2①	19	11	4		15	78.9
文化	51	26	12⑩	89	39	23	10⑧	72	80.9
文政	36	12	16⑩	64	25	10	12⑩	47	73.4
天保	37	19	20⑪	76	26	19	15⑩	60	78.9
弘化	7	12	8⑦	27	6	11	7⑦	24	88.9
嘉永	1	4	3②	8		4	3②	7	87.5
合計	302 (53.5%)	136 (24.1%)	126 (22.4%)	564 (100%)	218 (50.8%)	118 (27.5%)	93 (21.7%)	429 (100%)	76.6

注1　表彰件数の複数項目のうち○は夫婦数を示す.
　2　徳目欄の（　）は扶養介護があるものを示す.

次（習斎）が、一三代藩主伊達慶邦の命をうけて編纂し、嘉永三年（一八五〇）に献上したもので、延宝五年（一六七七）から嘉永元年（一八四八）まで一七一年間にわたり表彰された五六四件の小伝が、漢文体で叙述されている。表彰件数の内訳は、身分別では庶民が五〇〇件、士分が六四件で、庶民の表彰が大部分を占めている。表13に示したように、性別では男性の単独表彰が全体の過半数を占めており、女性の割合は二四・一パーセント、同性ないし異性の複数で表彰された事例は二二・四パーセントである。なお、表彰された者の居住地域は仙台領内のほかに、飛地である常陸国筑波・信太両郡の事例も七件含まれている。

表13から表彰件数Aの推移をうかがうと、延宝五年（一六七七）から正徳年間までは合計で六件の表彰にとどまっているが、享保年間から徐々に増えはじめ、寛政年間以降は年平均で六件以上にのぼっている。このうち家内に老人や病人、障害者を抱えてその扶養と介護を行っていることが明らかな事例Bを検出し、表彰件数に占める割合を調べてみると、享保年間以前からその比率Cは五割に達し、寛政年間以降はほぼ八割を超えており、全体の平均でも七六・六パーセントを占めている。表彰徳目については明確な記載がみえない事例もあるので、便宜的に、善行が向けられた対象により、孝行（親と祖父母が対象）、貞節貞順（夫が対象）、悌順（兄弟および伯父伯母が対象）、忠義忠孝（主人が対象）の四項目と、村政や納税に関わる功績、仇討、その他に分け、さらに複数の徳目がみえるものを別にした。これによると、孝行による表彰が三六五件で全体の六四・七パーセントを占めており、孝行のうえに貞節や悌順が加わった、ないしは村政や納税への貢献が賞された複数徳目も合わせると、四七一件で八三・五パーセントにのぼる。次いで貞節による表彰が三六件で六・四パーセントある。そこで、孝行や貞節・悌順という家族道徳の徳目事例を複数徳目も含めて合計してみると、五一四件となり、表彰徳目の九一パーセントに達する。このうち扶養・介護が行われている事例は四一八件あり、八一・三パーセントを占めている。なお、忠義・忠孝という奉公先の主人に対する善行のなか

にも、介護行為を伴うものが三割みられる。ともあれ、仙台藩の善行者の顕彰において、家族ケアに関わる行為が大きな比重を占めていることは明らかであり、時期的には寛政年間（一七八九〜一八〇一）を画期として、そうした傾向がさらに顕著になっている。

以上の概況を踏まえ、本章では『仙台孝義録』の登載事例のうち、家族および親族の範囲で扶養・介護が行われている事例〈表13の徳目番号で1・2・3・1＋2・1＋3・1＋5・1＋7・2＋5のうち（ ）の数字を合計した四一八件〉をとりあげて、分析を加えてみることにしたい。

一　扶養・介護の発生

扶養・介護を施された者は、家族のなかでどのような立場にあり、またいかなる病気や障害を患っていたのだろうか。

表14は、四一八件の事例について、表彰された者が誰の世話をしていたのか、その対象別に整理したものである。表13で表彰徳目の八割以上が孝行であることからも明らかなように、親が七七パーセントと圧倒的に多く、次いで親と夫の両方をみているケースが八・四パーセント、夫が六・七パーセント、祖父母が二・六パーセントと続いている。伯父（叔父）・伯母（叔母）の面倒を見ているケースもあるが、すべて親や祖父母の世話に付随して行われている。つまり扶養・介護の対象は、親・祖父母・夫という直系の親族および配偶者が中心を占め、これに兄弟や伯父・伯母という傍系の血縁が加わっていた。なお、夫婦間では妻による夫の扶養・介護の事例はあるが、夫が妻の世話をしたことで表彰されたケースは皆無である。これはおそらく、夫による妻の扶養と介護は、親が子供の面倒をみるのと同様に

表14　扶養・介護の対象

扶養介護の対象	件　数（%）
A 親	322（77.0）
B 祖父母	11（2.6）
C 夫	28（6.7）
D 兄弟	5（1.2）
E 親＋夫	35（8.4）
F 親＋祖父母	8（1.9）
G 親＋兄弟	5（1.2）
H 親＋伯父	2 ｝（1）
I 親＋祖父＋伯母	1
J 夫祖母＋伯父	1
合　　計	418（100）

表15　疾病・障害の種類

盲目・失明	50	血症	3
眼病	15	血塊	1
中風	49	咳血	1
らい病	8	痰患	3
不仁症	8	心疾	2
麻痺	5	狂疾	1
手足不遂	5	癪	1
脚病	5	瘡毒	2
軟病	3	眠瘡	1
歩行不可	3	瘡患	1
偏枯	2	疫病	1
手足痿疾	1	耳聾	3
痛風	1	聾	2
廃疾	4	難病	7
疝疾	4	悪疾	6
痢病	3	多病	20
黄疸	2	久病	13
下疳	1	身体不調	1
痕満	1	病	164

家族の当然の行為とされたこと、また子供がいれば子供に母親への孝行が期待されたことによるものと思われる。

それでは、看護されていた人々は、具体的にどのような病気や障害を患っていたのだろうか。表15は、『仙台孝義録』にみえる疾病・障害の種類、症状を抽出したものである。なお、一人で複数の病気を抱えていたり、家内に病人が複数いるケースでは、それらの病気を重複して数えている。この表によると、病名や障害が判明するもので最も多いのは、盲目、および眼病による失明であり、中風がこれに次いでいる。また、らい病が八件ある。同じく八件みられる不仁症は手足が痺れる症状で、麻痺・手足不遂・脚病・軟脚・偏枯・痛風なども合わせて、四肢に痛みや痺れを生じて立居が不自由となる病気が多かったことがわかる。さらに疝疾・黄疸・痕満などの内臓疾患や、痢病・下疳といった消化器系の病気もあり、癪や「心疾」・「狂疾」と表記された精神的な病もみえている。

眼病の多くは、いわゆる緑内障・白内障といった老人に特有の疾病であったとみられ、有効な治療が施されない限り、最後は失明にいたる。老人にとって避けられない病気といえようが、とくに継続的な医療が受けられない貧窮者の場合は失明にいたる可能性がきわめて高かったことだろう。中風は脳または脊髄の出血、軟化等によって起こり半身不随・麻痺に至る病気であり、塩分の取り過ぎや、寒さが原因で発病することが多い。東北の寒さと、きつい労働に伴う塩分の強い食事が中風患者を多く発生させていたものとみられる。四肢の痛みや痺れといった症状も、農業をはじめ長年の重労働に起因していたことだろう。おそらく、「多病」や「久病」、そして単に「病」としか記されていない事例も含めて、疾病の大半は、貧困で十分な医療や食住環境が得られないまま、長期間重労働に従事したことで、老年を迎えて発生したものと考えられる。

らい病については、「穢汚」すなわち〝ケガレ〟として衆人に嫌悪・忌避されていた患者を「厭色」なく看護したとして、妻や嫁、息子夫婦が褒賞を受けている。らい病の母を離縁しようとした父親を説得した息子や、実家の父母かららい病の夫との離縁を勧められながら、献身的に看病していた嫁の事例も二件ある。このようにらい病は離縁の原因ともなっていたのであるが、家や村から排除されて仙台藩の在地に存在した「癩人小屋」に収容された患者がいた一方で、(5) 家族による看護が一定存在し、藩権力もまたこれをよしとしていたのである。

さらに、特別寝込むほどではなくとも、高齢となって身体が衰弱し、これに伴い心も病んで、痴呆の症状がみえる老人も少なくない。我儘・勝手に振舞い、あるいは童心の頼りない存在と化して、やがては自力での排泄もままならなくなった親や祖父母、夫を、家族は心身ともに支えなければならなかったのである。

介護の具体的な方法をみてみよう。病気や症状に関わりなく、日常的に行われていたのは、食事や起居の介助である。食事は食欲が進むように好物を揃え、就寝にさいしては病状の急変に備えて添い寝をし、外出を求められれば背負って出かけている。老人には多くの場合、これに排泄の世話が加わっており、また病んだ心を慰めるために話相手になることも大事な介護の一つであった。医療事情に注目してみると、病気が判明する三二七件のうち、投薬や医師による診療など医療行為がみられる事例は九三件である。ただし、医療を受けられた場合であっても、治療費の捻出のために、家族が自分の着物を売り、ひいては全財産をつぎ込み、衣食のままならない状況に追い込まれている事例が少なくない。神仏に参拝して治癒を祈願するという宗教的行為は二七件あり、回復を願っての塩断ちや食断ちも六件みられる。塚本学氏によれば、一般的に一八世紀後半には村方でも医師が増加し、医療情報が増大したことが指摘されているが(6)、東北地方では医療の受容層はまだ限られていたとみるべきだろうか。いずれにせよ、今日のような介護の知識も技術も不十分な時代にあって、家族は肉体も精神も酷使した自己犠牲的な介護を強いられていた様相が浮かび上がる。

二　親の扶養と介護

家族のなかで老いた親や病人を、誰が中心となって看ていたのだろうか。表14で示した被扶養・介護者のうち、夫とある事例については、いうまでもなく妻が世話をしている。そこで本節では、親の介護に焦点を絞って介護者の様相を明らかにしてみたい。なおここで検討する介護の担い手は、孝行で表彰された者をさしている。

表16は、表14のなかから親を看ている三七三件を取り上げ、その担当者を単身・複数の別に整理したものである。これによると、実子・養子・継子など男子が単独で世話をしている事例は五二・五パーセントで過半数を占めており、娘・養女・妻・嫁など女性による単独の介護は二四パーセントである。残りの二三パーセントは家族員が複数で看ているものである。以下、単身による介護と複数の家族員によるものとに分けてみてみよう。

表16　親の介護の担い手

	介護者	件数(%)
単身	男(実子・養子・継子)	196 (52.5)
	女(娘・養女・嫁)	90 (24.1)
複数	息子(娘)夫婦	66 (17.7)
	子供	13 (3.5)
	息子夫婦＋孫夫婦	1
	息子夫婦＋孫	2
	長男夫婦＋次男	1
	息子＋孫夫婦	1 (2.2)
	嫁＋孫	1
	娘＋甥	1
	息子＋妹	1
合計		373 (100)

(表14　A＋E＋F＋G＋H＋I)

1　単身による介護

表17は、単独で親を看ている男女の内訳を、未婚、配偶者死亡、離婚、配偶者が健在、配偶者が病気という境遇の違いにより整理したものである。なお、男性の場合は既婚か未婚かが判然としない事例が全体の過半数を超えているが、他の事例の記載から推して、配偶者が死亡していたり、存命でも病気である場合にはその旨が明記されると判断されるので、不明とした一〇九件の大方は、未婚か、ないしは配偶者が健在でいるかのどちらかに振り分けられるとみてよい。ただしこれ以上の判断はつけ難いので、とりあえず明確な分だけで検討してみたい。

まず男性による介護の状況をみよう。未婚の男性が親を看ている三一件は、すべて極貧家族である。このうち、兄弟がいながら病気で動けない事例が四件、母子家庭が三件、一六歳以下の子供が他の幼い兄弟の面倒もみながら父母の看病と生計維持を担っている事例が六件ある。つまり以上の一三件では、他に親の介護に協力できる家族員がいないために、息子が一人で親を看ざるを得なかったのである。残る一八件は、兄弟など他の家族員の存在は不詳であるが、いずれにせよ家族のなかで未婚の息子に親の介護が委ねられている。このうち一三件では、親を看るために四〇過ぎまで独身を強いられたり、孝行のためにあえて妻帯しなかったとあり、病身の親を抱えた跡取り息子には嫁の来てがなく、結婚難が生じていた様子がうかがえる。

次に、妻と死別して寡となった男が親を看ているケースは八件あり、五件までが極貧家族である。うち三件では、周囲に再婚を勧める者がいながら、本人が介護を理由にあえて妻帯を拒否している。寡男はこうして再婚の機会を失い、ひとり親の面倒を看ざるを得なかったのである。

離婚した男性が親を看ているケースは六件で、すべて貧困家族である。このうち五件は、病気の父母と嫁である妻との折り合いがつかなかったのが原因で妻を離別している。なかには三度も妻を代えた者もいる。家内では親の看病が必ずしも嫁に任せきりではなかったにしても、貧窮家族の場合は嫁にかかる負担は決して小さくなかったことだろう。舅姑と嫁との間に看病をめぐる葛藤が生じれば、夫は妻を離別してひとりで親を看取らなければならなかったのである。

表17　単身で親を看ている者の内訳

	未婚	配偶者死亡	離婚	配偶者あり		不明	合計
				健在	病気		
男	31	8	6	42(21.4)		109	196
(%)	(15.8)	(4.1)	(3.1)	39	3	(55.6)	(100)
女	6	20	2	62(68.9)		0	90
(%)	(6.7)	(22.2)	(2.2)	31	31		(100)
合計	37	28	8	104		109	286

一方、既婚の男性が親を看ているケースは四二件あり、このうち三件は妻も病気のために夫が一人で親を看ている。妻が健在でいる三九件のうち一五件は、妻もともに親の世話をしており、夫の留守には妻が介護を交代していながら、夫のみが表彰されているので、夫婦協同の介護として後述したい。そこで注目すべきは、残りの二五件である。たとえば宝暦五年（一七五五）表彰の宮野村農民甚六は、困窮のために妻を下女奉公に出して、甚六が馬卒をしながら老母の世話をしており（三七頁）、天保八年（一八三七）表彰の入谷村農民市之進は、家業を妻子に任せて老母の介抱に専従している（一二五頁）。以上の二件は、妻が扶養役割の中心を担い、夫が介護を担当して孝行を表彰されたのである。また天保二年（一八三一）表彰の宮町肴売沼沢屋栄助の場合は、中風を患う老母が生まれたばか

りの孫の泣き声を嫌ったので、妻子を実家に返して一人で老母の介護にあたった（一一九頁）。二五件のうち残る二二件は、妻の役割を具体的にうかがうことはできないが、妻子や使用人がいながら親の介護を委ねずに夫が面倒をみたことで表彰されている事例がほとんどである。夫婦間では親の介護を夫が中心的に担うことも、珍しくはなかったとみられる。

それでは、女性が単独で親を看ているケースの場合、どのような事情があったのだろうか。まず未婚女性の六件は、すべて寛政年間以降に登場している。このうち二件は母子家庭であり、一件は乳呑児の弟がいる一四歳の娘のケースで、ともに家内に介護の協力者はいない。また六件のうち五件は貧窮家族であり、娘は裁縫や女工などで賃稼ぎをしながら看護にあたっている。親戚から縁談がもちあがりながら、親を見捨てることができずに断ったとする事例もある。娘たちは親の介護のために独身を強いられていたのである。

夫と死別して親を看ているケースは二〇件で、このうち一四件は舅姑を介護しており、残りの六件は実父母・養父母の世話をしている。後家の大部分は介護の傍ら生活の資を得るために賃稼ぎをしており、親の面倒をみるために再婚していない。なお男性に比べて寡の比率が高い点は、女性の方が長命であったのだろう。

離婚した女性が親を看ているケースは二件である。ともに家付娘で婿を離縁している。このうち一件は、婿が老父母の意に添わなかったとあり、残る事例も父親が老いて失禁が続いていた状況からすると、離縁の背景に親の看護問題の存在が推測される。

続いて既婚女性の状況をみてみよう。六二件のうち三一件は、夫も病気を患い、妻は親と夫の両方の看護と、一家の生計維持という二重負担を強いられている。一方、夫が健在でいる三一件のうち二件は、実際は夫の介護協力がありながら、妻のみが表彰されているので、夫婦協同の介護として後述したい。三一件のうち残る二九件は、夫が健在

表18　夫婦で扶養と介護を分担している事例

	表彰年代	被表彰者	夫婦の分担
①	寛延3年(1750)	旗本歩卒加藤清十郎妻	夫が公事で不在のさいは妻が老父の介護に専念
②	安永7年(1778)	岩谷堂長五郎妻と息子	夫は戸外で傭作,妻は家政を任され老姑の世話
③	享和3年(1803)	歩卒甚之助妻津満	夫は営業で日夜不在,妻はらい病の姑の世話
④	文化5年(1808)	中畠村農民妻加祢	夫は傭作,家事と姑の看病は妻に一任
⑤	文化10年(1813)	二日町商戸長三郎娘里武	婿は骨董販売で不在がち,妻は病臥の父の介護
⑥	文化12年(1815)	菅谷村農民善之助妻	夫は耕作に専念,妻は舅および中風の姑の世話
⑦	文化14年(1817)	常州吉沼村農民善助妻寸以	夫は戸外で傭賃稼ぎ,妻は老舅の看病
⑧	文政元年(1818)	高城本町農民勇吉妻満津	夫は大工で不在,妻は老いて失明の姑の世話
⑨	文政11年(1828)	正紺野某添人弥惣治妻	夫は飴の製造販売,妻は中風の姑の世話
⑩	弘化2年(1845)	龍宝寺側伊藤屋長十郎妻	夫は木工業で不在,妻は麻痺病の舅の世話

でいながら介護には関わらず、妻が単独で親を看ているケースである。このうち一〇件は、表18に示したように、夫婦間で扶養と介護がほぼ分担され、夫は家外での稼ぎに専念し、介護を担当した妻が表彰されている。たとえば①の旗本妻の場合は、夫が役務で不在がちのために、妻が中風の舅の看病に専従しており、病気の父親を抱えた夫がいまだかつて役務に支障をきたしたことがないという「公私両全」を貫けたのはまさに妻の助力のたまものであるとして、妻が表彰されたのである。これは武士身分の事例であるが、夫の職業はさまざまであって、②④⑦の三件は傭作・傭賃稼ぎで家を離れており、⑤⑨は販売の業により日中家に居らず、⑧⑩は大工や木工業といった職人で長期に家を空けている。

ただし家に残る妻たちも、介護に携わっていただけではなかった。④の加祢は寝たきりの姑の世話の傍ら、昼は耕作、夜は紡績の内職に励み、⑦の寸以は舅の就寝後に紡績や縄綯いをしており、⑧の満津も夜は紡績で稼いでいる。このように妻たちは、介護の傍ら貧しい家計を補助するために賃仕事に従事していたのであり、稼ぎ方は介護と両立させるために、家内や家の周辺での賃仕事に制限されている。二九件のうち残る一九件では、夫の役割をうかがうことはできないが、おそらく右の一〇件と同様に夫は稼ぎに専念し、妻が主に介護役割を担っていたものと考えられる。

以上、単独で親を看ている事例を男女の境遇別に検討してきたが、とくに次の二点に注目しておきたい。第一に、未婚で親を看ている事例は男性が全体の一五・八パーセント（ただし不明分も含めるとさらに多くなる）、女性が七・四パーセントであり、男性の割合がはるかに高いことである。未婚男性の比率の高さはおそらく、跡取り息子に親の扶養と介護が一任される傾向が強かったことによるものと考えられる。ことに貧窮家族の息子の場合は、介護を必要とする親がいると、妻帯が難しくもなり、自己の家族をつくることができずに老いを迎える者が多かった。一方、娘の場合は、年頃になると嫁にゆくことになり、家付娘を別とすれば、親のために家に残ることはほとんどなかったとみられる。ただし、寛政年間以降はこうした状況が変化し、娘が親の介護の中心となるケースが発生していた。第二に、夫婦間では夫も妻もともに介護役割を担っており、今日のように介護がとりわけ嫁の仕事として意識されていた様子はうかがえないことである。この点は、夫婦の協同による介護が少なくなかったことからも裏付けられる。そこで次に、介護が夫婦をはじめ家族員複数の協力のもとに行われた事例を検討してみよう。

2　複数家族員による親の介護

表16にみえるように、息子もしくは娘夫婦で親の面倒をみたことにより表彰された事例は六六件あり、全体の一七・七パーセントを占めている。次いで、子供が複数で親を看ている事例が三・五パーセント、それ以外が二・二パーセントである。息子夫婦に孫や孫夫婦が協力しているケースも含めて、介護が夫婦単位で行われている事例を合計すると、七一件に上り、この数字は表17に示した、夫婦のうち妻に介護が任されている六二件を上回っている。さらに、前述のように夫婦の片方が表彰された事例のなかには、実際は夫婦が介護を協力しているケースが男女あわせて一七件あ

るので、これらを合計すると、夫婦単位での介護の件数は八八件に上り、全体の二三・六パーセントを占めることになる。

夫婦で行われた世話の方法を具体的にみてみると、奉公人等の労働力を抱えた富裕な家の場合は、夫と妻がともに親の介護に専従しているケースが多くを占めている。一例を示すと、宝暦二年（一七五二）に表彰を受けた梶賀村名主六右衛門夫婦は、父親の病気にさいして、交代で湯薬や排泄の世話をしており、母が老いて病気になると、名主職を子供に委ねて、母とともに別室で暮らしながら介護に専心している（三四〜三五頁）。一方、中下層の家族の場合は、夫婦が多少の比重差はありながらも、扶養と介護の両方を担っているケースが大半である。たとえば明和三年（一七六六）に表彰された倉沢村農民専右衛門夫婦は、母親が八〇歳を過ぎて失明すると、戸外での傭賃稼ぎの傍ら、代わる代わる母の側で世話をしていた（四七〜四八頁）。このように夫婦で扶養と介護をともに担っているケースは、幕末まで一貫して存在している。近世社会において扶養・介護を夫婦が協力しあうことは、一般的な姿であったとみてよいだろう。

次に、子供が複数で親を看ている一三件についてみてみると、このうち一〇件は兄弟が皆未婚であり、その半数は適齢期に達しながら親の世話のために結婚できずにおり、あるいはあえて結婚を拒んでおり、独身のまま老年を迎えている事例もある。介護の方法は、子供どうしで扶養と介護のローテーションがほぼ平等に組まれている場合や、介護と生計維持が分業されている場合があるが、兄弟・姉妹間に性別によって役割が固定されていた様相はうかがえない。

三　親族・地縁による扶養と介護

『仙台孝義録』にみえる扶養・介護の対象は、同居する父母および祖父母、兄弟、そして配偶者が大部分であるが、わずかながら親族の面倒をみている例もある。本節では親族に対する介護、ならびに地縁による相互扶助の様相と、藩の対応についてみておきたい。

1　親族の扶養・介護

親族の対象は、伯父・伯母、別宅の兄弟、実家の父母の三者に分けられる。このうち伯父・伯母を看ている事例は表14にみえるように、四件ある。文政三年（一八二〇）表彰の歩卒清蔵は、病気の伯父を家に迎えて看護し、さらにその死を看取っており（一〇三頁）、文政一二年（一八二九）表彰の旗本佐藤直右衛門夫婦の場合は、同僚でもある叔父が「偏枯病」を煩いながら看護人がいなかったので、家に迎えて夫妻が交代で看病していた（一一四頁）。以上の二件を含めて、伯父・伯母の世話はすべて、親を看取ったあとや、親の世話と平行して行われている。

別世帯の兄弟の世話をしている事例は四件ある。享保一二年（一七二七）表彰の石越村農民喜平治は、長兄の家が貧しかったため、自ら一年間身売りをして生計を助け、帰村後は、次兄を看病しながら傭に出てこれを養った。喜平治はやがて妻を娶ったが、次兄が早世したので、その息子である甥の面倒をみて、甥が亡兄の跡取りとして家を継承できるように援助を惜しまなかった。老後にようやくわずかばかりの田を貰い受けたが、まずは甥の田を耕してから自分の田の耕作にかかり、妻と死別後は再婚せず、困窮を理由に一人娘に婿もとらなかった（一三三頁）。天保元年（一八三〇）表彰の塩竈村の農民多蔵妹由幾の場合は、一五歳で嫁いでいたが、実家の兄が病気を患ったため、しばしば見舞いに帰っていた。父母はすでに亡く、他の兄弟たちにはこの兄を扶養できる者はいなかったので、兄が貧困のまま生死も危ういと判断し、婚家の許しを得て実家に戻り、兄の世話に専念した（一一六頁）。このように同居の家族に介護を担える者がいない場合、他家に属する血縁の弟や妹が看護することがあったのである。

実家の父母の面倒をみている事例は三件ある。安永二年（一七七三）表彰の水沢鍼師鈴木正範妻は、盲目で多病の夫によく仕え、別居の姑と義妹が病気に罹ったさいも、通って介抱していた。その後、里で一人暮らしをしていた老齢の実母を夫の同意を得て家に迎え、終身養っている（五二頁）。寛政五年（一七九三）表彰の高田駅農夫妻婦幾の場合は、眼病により失明した舅と、中風の姑、さらにらい病の夫を三〇年間介抱し、その間、実家の母も老齢であったので月に四、五度は必ず帰省して、様子をうかがっている（六七頁）。女性の場合は婚家のみならず、実家の父母の介護も気にかけねばならず、通って様子をみたり、ときには婚家に引き取って世話をしていたのである。ただし前節で述べたように、父母の介護は同居の息子夫婦がいれば、そちらに任されることが一般的で、嫁いだ娘が世話をすることは、事例が三件しか確認できない点からみても、介護の担い手が足りないときであったと思われる。

以上みてきたように、伯父・伯母、兄弟、実家の両親に介護者がいない場合、親族として引き取って世話をしたり、通って様子をみるという援助が行われていた。このほか明確な血縁関係は不明であるが、親戚として面倒をみている事例が三件ある。天保一二年（一八四一）表彰の大番隊大内兵衛の事例では、金銭的な援助の様子が知られる。兵衛の義母は後家となり長く病気がちであったが、やがて中風に罹り、手足が不自由のうえに言語も不明瞭となって、医療の効果も上がらなかった。この間、初めのうちは親戚や旧知の者が多く出入りして介護を手伝っていたが、徐々に遠のき、やがて兵衛が一人で介護を担わなければならなくなった。こうした事態を憐んだ親戚たちは、金を出しあい、介護の世話をする下男・下女を雇っている。ただし、当の母親が他人の世話を嫌い、我儘を振舞って下男・下女に逃げられてしまっている（一二九頁）。親族間での助けあいは、継続が難しい場合があり、金銭的な支援に代えようとする志向が生まれていたのである。

2 地縁による扶養・介護

『仙台孝義録』は家族道徳の実践者を称揚するという基調で編纂されており、隣人をはじめ地縁による善意・善行については前面に出てくることはない。ただし、叙述のなかに若干ながら、隣人や村共同体による相互扶助の様子を垣間見ることができる。

文化年間の事例として、袋原村農民十吉一家は疫病に罹ったさい、「隣人之扶」をうけており（九〇頁）、沢内村又市は、病気の母を残して外出せざるを得なかったさいに、「託其扶持於隣人」とある（九八頁）。介護の援助のほかに、経済的な支援も行われていた。天明五年（一七八五）表彰の福田村農民三四郎は、罹患のすえに失明した老母を抱えて貧窮していたところ、名主をはじめ村人から衣料や米銭の施しをうけており（六一～六二頁）、同様の隣人や村の有力者による経済的援助の事例は三件確認できる。一方、村が経済的な支援を行うこともあった。寛政一二年（一八〇〇）表彰の川口村利総治夫妻は、失明した義母の扶養に当てるために田五畝を分け与えていたところ、おそらくその五畝分を対象にしてではあろうが、村が夫妻の孝に免じて公役半減の措置を採っている（七九頁）。隣人をはじめ村共同体は、介護の手伝いや生活資の援助というかたちで助力・救済を行っていたのであり、こうした地縁の絆による相互扶助の機能が、家による介護を支えていたといえよう。

一方、村の直接の領主である給人や、郷方支配にあたる藩役人が、個別に家族を救恤することもあった。前述の利総治夫妻に対して、夫婦の孝養を聞いた給人遠藤氏が米若干を支給しており、嘉永元年（一八四八）に母親への孝行を表彰された登免には、天保年間に郡中を視察に訪れた郡司（郡奉行）から養資金が与えられている（一三七～一三八頁）。しかし藩は、こうした社会的弱者を救済するための積極的な政策・制度を施行しなかった。表彰者に対して、そのつど米銭を施してはいたが、あくまで表彰者の善行を称える、「勧善」を目的とした褒賞であった。一方、村方から藩に対して、病身で配偶者がいない者、あるいは母子家族で母が病死して六〇歳を超え、親類組合の援助も尽き果てた者など「鰥寡孤独の者」の書き上げが上申されている(7)。藩はこうした身寄りのいない困窮者に対しては、なんらかの救済策を講じたことが推測されるが、救援の対象となった者たちの条件は、きわめて厳しいものであった。乳幼児に対する養育料の支給を伴う赤子養育仕法が、文化四年（一八〇七）以降、その成果はともかくも制度化されていった点と比べてみても(8)、老人や病人、障害者たちの生存保障に藩権力がいかに無関心であったか明らかである。赤子養育仕法は近世中期以降、領内人口が著しく減少するという藩政の危機的状況を背景に登場していたが、老人・病人・障害者については、乳幼児とは異なり藩の稼動人口の獲得には寄与しないという政治的判断のもとに、藩は恒常的な救援策を施さなかったものと考えられる。ただし、藩には「仁政」を志向する「公儀」としての立場があり、道義的に温情的救済を施す一方、家族道徳を教宣して家族の福祉役割を自明のものとし、そして家族機能を補完するべく親類組合などの親族と、五人組をはじめとする地縁組織を受皿に据えることで、その責を塞いだのである。寛政年間以降、『仙台孝義録』の表彰件数が増加し、表彰件数に占める扶養・介護の比率が高くなっている点は、藩権力が当該期に家族の福祉役割を自明とするイデオロギー操作を強化したことを示唆するものである。

四　家族への重圧

本節ではこれまでの分析をもとに、老親や病人の扶養・介護が、家族、とりわけ介護の中心的な担い手にどのような問題を生じさせていたのかを整理しておきたい。

第一に挙げられるのは、家の困窮化である。介護者が老人や病人の世話に専念することができる富裕な家はわずかであり、大半は生活資と医療費の捻出のために、介護人が自身の衣食もままならない事態に追い込まれている。看病の傍ら行う仕事は制限され、とくに単独で世話をする場合には、家のまわりのわずかな土地の耕作と、賃仕事などの内職が中心となった。こうして老親や病人を抱えた家は、窮乏を余儀なくされたのである。

第二に、生活難と介護の負担によって、介護者が独身の場合は結婚難、妻帯者の場合は離婚、ないしは再婚難となり、介護者自身が自らの家族を形成し得ない事態となっている。とりわけ子供の数が少なく、他に看護の人手を得ることができない下層の家に、この傾向がみられる。男女ともに発生していた状況であるが、結婚難はとくに男性に多く、跡取り息子は高齢の親や病人を抱えると、嫁を得にくかったといえる。夫婦の間では扶養と介護を協力していた様子が知られるが、それでも親の介護が原因となって離婚にいたったケースが少なくない。『仙台孝義録』には嫁が介護を嫌って婚家を飛び出したという例はみえず、親が嫁を気にいらなかった、あるいは夫が孝行の障りとなることを避けて妻を離別したとする説明がみえる。しかし嫁の立場に立ってみれば、病気で気の難しくなった舅姑の世話をすることは、夫の協力があったとしても、負担は小さくなかったのだろう。(9)

第三に、介護人の家族形成の難しさは、やがて老人世帯を生み、老人が老人の世話をせざるを得ない状況を生み出している。寛政一〇年（一七九八）表彰の三本木駅三四郎の場合は、母の意に添わなかった妻を離縁し、寡暮らしで老母を看て六〇歳を迎えている（七〇頁）。こうした老人世帯では、介護者自身が病気を患ったり老齢で動けなくなれば、介護にあたる家族がいないことになる。身寄りのない者を保護するために、藩は五人組や村に扶助を委ねており、実際そうした機能はたしかに生きてはいたが、万全であったわけではない。家族が病人や障害者、そして老後の生活を支える主体として位置づけられていた近世社会においては、家族による扶養介護が受けられない者のなかには、一人孤独のまま人生の末期を迎えた者が少なくはなかったことだろう(10)。

おわりに

現在、日本では高齢化が急速に進行し、これに伴い高齢者の生活保障と介護問題が深刻な社会問題として浮上している。問題の核心は、公的負担の縮小化を図ろうとする政府の方針のもとに、介護が家族による在宅介護に過度に依存され、しかも当の家族は核家族化が進行し、女性の就労率の増加もあって、介護機能が低下しているという現状にある(11)。こうしたなかでキャリアを積んだ女性たちが介護のために就労を断念せざるを得ないという事態も生まれている。現代の日本社会は妻・嫁・娘など女性による無償の介護を自明のものとする意識が根を張り、女性自身もそうした性別役割の呪縛にとらわれているのが実情である(12)。このような社会全体の意識のありようは、介護を社会化させ福祉の拡充を図ろうとする動きの障害になっている点においても深刻である。

日本の現状はいうまでもなく、近年突如生まれたものではない。家族を福祉の受け皿とする政策も、女性に介護役割を強要する社会風潮も、ともにその発生と増幅の過程をたどってきた歴史の所産であるが、それでは近世社会における扶養・介護のありかたは、現代日本にどのような影響を及ぼしているのだろうか。小論での結論として、今日の家族介護の源流は近世にあるということができる。近世社会では身分・階層を問わず、老人・病人・身障者の生存保障は全面的に「家」に委ねられていた。老年隠居の制度のもとに隠居料の支給もあった武士の家や、経営が安定して奉公人等の人手も足りた一部の裕福な庶民の家は別として、大多数の中下層の家では、老親や病人を養い、介抱することは、経済的にも肉体的・精神的にも家族に大きな負担を強いていたのである。幕藩権力は、家族の扶養・介護を家による私的な解決を自明として、家の機能を補うために親族と地縁による扶助を位置づけたが、公的扶助を恒常的に打ち出すことはなかった。その下支えとして機能していたのが、「孝行」や「貞節」という家族道徳であった。すでに大竹秀男氏が指摘されたように、「孝」イデオロギーは、子供が自己を犠牲にして親を養い介護するという老親扶養の基本原理として働いていた(13)。これに加えて、「貞」という夫への従順を促すイデオロギーもまた、介護を強要する原理として機能していたことが指摘できる。表13から明らかなように、貞節による表彰の七五パーセントは、病身の夫を看護したり、働けない夫に代わって一家の生計を支えた女性たちが対象とされていたのである。つまり女性の場合は家族ケアが、「孝」「貞」の両面から強要されていたのであり、この点は、表13で表彰件数に占める男女の扶養・介護の割合のうち、女性の方がはるかに高い点からも裏づけられる。

一方、近世社会では実際の介護は今日みられるように、娘・妻・嫁という女性たちに集中していたわけではなかった。行論で明らかにしてきたように、老親や病人の扶養・介護は男女がともに担っており、言いかえれば扶養・介護の重圧は、男女の別なく襲っていたのである。ただし子供が未婚の場合は、娘ではなく、跡取り息子に責任が委ねられる傾向が強かった。これはもちろん、当時は現代社会に比べて娘よりも息子の方が親孝行であったということではない。家を社会の基本単位とした近世社会において、家族員の生存は家の継承者の責任に大きく委ねられていたのであり、しかも経営が不安定で家としての体裁をもたない、あるいは経営が悪化して家の機能が崩壊した家族の場合であっても、家族を支える役割は、家長とその予備軍である跡取り息子の責務が大きかったのである。これに対して娘たちは、年ごろになれば嫁にゆくものとされ、家付娘を別とすれば、介護のために家に残ることを強いられることはなかったとみられる。結婚した後は夫婦の協力のもとに扶養と介護が行われることになる。奉公人等の手が足りて、経済的に恵まれた上層の家の夫婦には親の介護に専心する「ゆとり」があったが、夫婦で生産労働に従事していた中下層の家でも、夫婦がともに介護を担っていたのである。

だが、幕末にはこうした状況に変化が生じてくる。表13に立ち戻って男女別に表彰件数の推移をみてみよう。弘化年間以降は男女の表彰件数が逆転して、女性が男性を凌駕しており、それはそのまま扶養と介護の担い手の変化に結果している。つまり、当該期には女性による介護が増加し、藩側もそうした状況を押し進めるべく、イデオロギー操作を強めていた様相をうかがうことができる。ただし一方では、夫婦単位での扶養・介護が相変わらず存在していた点からすれば、介護を女性の性別役割とみなす社会認識の形成には至っていなかったとみられる。女性の介護役割を自明とする社会通念は、資本主義の発達により生産労働と家事労働に明確な分離が起こり、そして旧民法をはじめとする家族法に家族道徳が法定された近代の歴史過程のなかで成立し、増幅されたものと考えられる。

注

（1）「扶養」という用語は、『日本国語大辞典』（第三版・小学館）によれば「助けやしなうこと。生活の面倒をみること」とあり、経済的な助力を主として使われているようである。一方「介護」については同辞典に項目がみえないので、おそらく近年外来語の「ヘルプ」「ケア」の訳語として登場したものと思われるが、現在の日常的な使われかたは、高齢者や身障者の日常的な生活を助ける行為をさしているようである。本章では便宜的に、家族がもつ経済的扶助機能を「扶養」、介護や看病の機能を「介護」と区別して用いることにする。なお分析の素材となる『仙台孝義録』では「介護」にあたる行為は「扶持」とみえることが多く、ほかに「奉養」「調養」「侍養」という言葉も使われている。

（2）鈴木省三編『仙台叢書』第二巻所収（仙台叢書刊行会、一九二三年）。以下必要に応じて該当頁を本文中に（　）で示した。

（3）伊東多三郎「近世道徳史の一考察」（同編『国民生活史研究』五、吉川弘文館、一九六二年）。「孝義録」を検討した論考には伊東氏のほかに、山下武「『官刻孝義録』刊行の意義とその分析」（同『江戸時代庶民教化政策の研究』第一章、校倉書房、一九六九年）、池上彰「後期江戸下層町人の生活」（西山松之助編『江戸町人の研究』第二巻、吉川弘文館、一九七三年）、菅野則子「幕藩権力と女性―『官刻孝義録』の分析から―」（近世女性史研究会編『論集近世女性史』吉川弘文館、一九八六年、のち同『村と改革』三省堂、一九九二年に所収）などがある。

（4）前掲注(3)、菅野論文。

（5）「四冊留」（『宮城県史　三一　資料篇第八』、一九六二年、五四頁）によれば、文化六年（一八〇九年）に「癩人小屋」主五郎右衛門の吟味が行われ、「穢多」・「癩人」はともに「穢多頭」の支配をうけるべきことが定められている。なお五郎右衛門は伊達安房家中である点からみると、家中のらい病患者のなかにも「癩人小屋」に収容される者があったとみるべきかもしれない。

（6）塚本学「民俗の変化と権力―近世日本の医療における―」（同『近世再考―地方の視点から―』日本エディタースクール出版部、一九八六年）。

（7）「浅井村鰥寡孤独の者書上」（『江刺市史　第五巻　資料編近世Ⅲ』、一九七六年）五五九頁。

（8）赤子養育仕法については土屋喬雄「旧仙台藩の赤子養育仕法」（『経済学論集』三巻一五、一九二四年）、高橋梵仙「仙台藩の人口及び人口政策の研究」（同著『日本人口史之研究』第二、日本学術振興会、一九五五年）、小原伸「仙台藩の赤子養育仕法」（東北大学地域社会研究会編『宮城県の地理と歴史』第三輯、国書刊行会、一九八二年）、谷田部真理子「赤子養育仕法について」（渡辺信夫編『宮城の研究』第四巻、清文堂出版、一九八三年）がある。

（9）近年の女性史研究の成果によれば、近世社会では身分を問わず離婚が多かったことが明らかにされているが、離婚の原因を家族ケアとの関連で検証してみる必要がある。

（10）今日伝わる「姥捨て伝説」は実態は不明とされているが、伝説の増幅という点で現実の老親介護をめぐる苛酷な状況が背景にあるとみるべきであろう。

（11）日本婦人団体連合会編『婦人白書一九九〇』（ほるぷ出版、一九九〇年）「高齢者福祉」の項目を参照。
（12）働く女性をめぐる介護問題については、とくに沖藤典子『働きながら親を看る』（学陽書房、一九八四年）に示唆を得た。
（13）大竹秀男「江戸時代の老人観と老後問題」（利谷信義・大藤修・清水浩昭編『老いの比較家族史』三省堂、一九九〇年）。なお宮下美智子「近世『家』における母親像—農村における母の実態と女訓書のなかの母—」（脇田晴子編『母性を問う』下、人文書院、一九八五年）も「孝義録」から母親への孝原理を分析している。

第二章　介護をめぐる教説と教育

はじめに

前章「近世の『家』と扶養・介護」では、嘉永三年（一八五〇）に編纂された『仙台孝義録』を素材として取り上げ、善行者の表彰のありかたに注目することによって、近世社会における介護問題の一端を明らかにした。分析結果の一つとして浮かび上がったのは、男性家族員による家族の扶養と介護の姿である。これは、介護が嫁を中心に家族の女性によって担われている、また嫁の介護役割を自明とする観念が根強い現代社会と比べて、異なる様相を示していることになる(1)。

近世社会における介護の具体相を明らかにする取り組みは始まったばかりである。その一事例研究として検討した前章に引き続き、本章では、第一節において、幕府が編纂した『官刻孝義録』により、善行者表彰における介護の位置づけと、そこにみられる男女の性差について再検証を行う。なお、前章では高齢や病気のために働けなくなった親を直接介抱した事例ばかりでなく、そうした親の生活を経済的に支える扶養の事例も合わせてデータを作成し、論を進めたが、ここでは今日の介護問題との関わりを明確にするために、「病人などを介抱し看護する(2)」という介護行為に絞ってみていく。また第二節では、近世の一般的な啓蒙書・教諭書において、さらに子弟・子女教育において、介護の必要性がどのように説かれていたのか、性差に注目しながら考察することにしたい。

一　『官刻孝義録』にみる介護

1　介護者の表彰

『官刻孝義録』（以下、『孝義録』と略す）は、寛政元年（一七八九）幕府が寛政改革における民衆教化策の一環として、公領・私領の別なく過去に善行を表彰された者の書き上げの提出を命じて編纂したもので、享和元年（一八〇一）に版本として全国で市販されている。慶長七年（一六〇二）を初出として寛政一〇年に至るまで、全国で約八六〇〇人の表彰者の名前、職業や身分、年齢、表彰徳目、領主名が国郡ごとに登載され、そのうち約一割の九〇六人について、表彰の中身を記した略伝が付されている。菅野則子氏によれば、登載された表彰者の徳目・年代と略伝分のそれとは、ほぼ同じ傾向にあり、ただし女性の占める比率は略伝の方が若干高いことが指摘されている(3)。表彰者が具体的にどのような行為によって顕彰されたのかを知るためには、略伝の検討が不可欠である。そこで本節では、『孝義録』のうち、出羽・陸奥二国、つまり現在の東北地方の表彰者の略伝を取り上げて、検討を加えてみる。

東北地方の表彰者の登載件数は一三四三件で、このうち二六四件について略伝が付されている(4)。略伝の徳目を時代別に整理したのが表19である。表彰徳目は「孝行」以下九つに分かれているが、ほかに複数の人間が一件の表彰の中に、「孝行」や「忠義」というように、異なっ

潔白	複数	合計
1 0%	0 —	20 (11) 55.0%
0 —	4 (2) 50.0%	107 (72) 67.3%
2 0%	7 (4) 57.1%	137 (106) 77.4%
3 0%	11 (6) 54.5%	264 (189) 71.6%

表19 『官刻孝義録』略伝の表彰徳目の推移

年代＼徳目	孝　行	奇　特	忠　義	忠　孝	農業出精	貞　節	兄弟睦	家内睦
1655—1703 （明暦元—元禄16年）	9 (9) 100%	0 —	3 (1) 33.3%	1 (1) 100%	3 0%	2 0%	1 0%	0 —
1704—1750 （宝永元—寛延3年）	54 (47) 87.0%	11 (3) 27.3%	16 (8) 50.0%	3 (2) 66.7%	2 0%	10 (7) 70.0%	4 (2) 50.0%	3 (1) 33.3%
1751—1789 （宝暦元—寛政元年）	76 (71) 93.4%	17 (5) 29.4%	11 (8) 72.7%	5 (4) 80.0%	0 0%	16 (14) 87.5%	1 0%	2 0%
合　計	139 (127) 91.4%	28 (8) 28.6%	30 (17) 56.7%	9 (7) 77.8%	5 0%	28 (21) 75.0%	6 (2) 33.3%	5 (1) 20.0%

た徳目であわせて表彰されたケースを「複数」とした。各徳目に表彰件数を入れ、このうち表彰者が介護に携わっているケースが何例あるのかを（　）で示し、表彰件数に占める割合を提示した。

表彰者の略伝には、老親や病人・身障者を骨身を削って介護している様子が数多く記されている。二つほど代表的な事例をあげてみよう。

〈事例一〉大沼郡玉梨村の農民吉三郎は、父母が共に多病で長期間煩い、わずか一石五斗の田畑も耕作できずに貧窮したため、一三歳で質奉公に出ていた。自分の年季は無事に勤め上げたが、伯父が奉公途中で病に倒れたため、これを代わり、二〇年にわたり奉公生活を続けた。この間、吉三郎は、暇があれば親の病気の様子を見に帰り、親の病が重くなると、奉公先を家に近い村に代えて、夜ごとに主人の許可を得て帰宅し、介護にあたった。親が眠れないときには四方山話を語って聞かせ、眠りにつくと山に出て薪や食糧を集め、冬は親にだけ綿入れを着せて、自分は薄着で屋根の雪を払うなどし、日ごろ面倒をみてくれる近隣の人々にも礼物を配るなどして気配りを忘れなかった。親の食糧がなくなると、自分の食物を送ったりしたので、奉公先の主人はこれを憐れみ、扶助を申し出たが、吉三郎は堅く辞して聞かなかった。宝永三年領主はこうした吉三郎の孝行を賞して米を与えた。

〈事例二一〉市助は会津若松城下の道場小路町に住む塗物師安右衛門の下男であった。安右衛門家は二四年前に火災に遭い、その後当主の伯父、父親がともに病死した。市助は二人を生前よく看病し、昼夜付き添って起臥の介助を行い、飲食を調え、排便の始末まで手掛けていた。主人安右衛門には年老いて中風を患った祖母もおり、手足が不自由なうえに心も病んでいたが、市助は背負って温泉へ連れてゆき、草木や花などを見せて慰めた。こうして祖母は八年後に亡くなったが、その後安右衛門の祖父も中風を病み、市助はこの祖父についても神社仏閣の祭礼を見せるなどして心を慰めた。安右衛門家は火災後不幸が続いて家産も傾きかけたが、市助は給金を受け取らずに家職に励み、また休日には山に入って薪を採り、夜は子供たちのために履き物を作るなどして、誠心誠意主家のために力を尽くした。安右衛門家が一家離散を免れたのは、なにより市助の忠節のたまものであるとして、明和四年、領主は市助に米を与えてその忠義を讃えた。

『孝義録』はこのように、介護の具体的な行為が詳しく記されていることに特徴がみられる。そこで表19に戻り、表彰事例の全体的な傾向と、介護の比率、推移に着目してみよう。九つの徳目のうち、「孝行」「奇特」「忠義」「忠孝」「貞節」「兄弟睦」「家内睦」の七つに介護に携わった事例がみられるが、このうち親に対する道徳規範である「孝行」では、全体の九一・四パーセントを占めている。また女性独自の徳目である「貞節」では七五パーセントを占めており、二一例のうち一三例、比率にして六一・九パーセントまでが、らい病の夫を看病している。これらのケースでは、夫本人や家族から、これ以上看護の継続には及ばないとして、婚姻を解消し再婚することを勧められながら、「貞婦は二夫にまみえず」として断ったことが美徳として讃えられている。一般的に「貞節」といえば、夫亡き後も再婚しなかった後家や、夫のために貞操を守った妻が思い浮かぶところであるが、『孝義録』の「貞節」事例一八例のうち、そうしたケースは五例のみで、一六例までが、夫の看病に専心して再婚しなかったことを称揚するものとなっている。

つまり「貞婦は二夫にまみえず」という儒教道徳は、現に病身の夫を持っている妻に対して、また夫が将来煩ったときに、妻を看病役に張り付ける規範として意味をもっていたといえよう。なかでも病気の中身がらい病であったことは、注意を要する。らい病患者は仙台藩などでは家や村から排除されて、「癩人小屋」に入るケースが知られているが、家族による看護が一定存在していたのであり、しかもそうした在宅看護は「貞節」という妻の夫に対する道徳規範によって維持されていたことが知られる。

一方、事例二のように、奉公人としての善行である「忠義」、および「忠孝」の徳目においても、それぞれ五六・七パーセント、七七・八パーセントという高い割合で介護への関与がみえている。つまり忠節の証は、滅私奉公の精神性や労働の内容ばかりでなく、主人やその家族に病人や老齢者が居たさいに、彼らを看護、介抱することも、大きな意味を有していたことになろう。「奇特」の徳目のなかの介護は、検断や名主などが、共同体の高齢者や病人の介抱に力を尽くした事例であり、全体で三〇パーセントみられる。

「兄弟睦」「家内睦」は表彰事例自体が少ないが、兄が弟の病気を介抱したり、病人を一家を挙げて看護しあったというケースが三例ある。このように『孝義録』は、表彰者が親や兄弟、夫などの家族・親族ばかりでなく、村や町などの地域社会の成員、あるいは奉公先の家の家族など、血縁・非血縁の別なくさまざまな人間関係のなかで介護を行っていた様相を示しており、表彰件数全体に占める介護の割合は七一・六パーセントという高比率に上っている。

そこで次に、介護事例の時期的な推移に着目してみよう。「孝行」についてみてみると、一七世紀後半から一貫して高い比率で介護事例がみえており、「貞節」や「忠義」「忠孝」では時代が下るにしたがい、介護の割合が増えている。全体的な傾向としても、一七世紀後半から一八世紀初頭の段階では約半分に過ぎなかったのが、半世紀ごとに漸次上昇し、一八世紀後期には七七・四パーセントに上っている。つまり、孝道徳を中心に儒教道徳の実践において、介護は重要な行為として位置づけられていたのであり、しかも時代が下るにつれて、その評価は高くなかったとみることができる。

2　介護役割の性差

それでは、介護の行為に男女の性差は存在したのだろうか。この点を考えるために、まずは表彰数に占める介護事例の比率を男女別に比べてみよう。表20によると、男性の場合、介護に携わっている割合は、一七世紀後半の六一・五パーセントからしだいに増えて、一八世紀後半には七五・六パーセントに上昇している。一方、女性は当初の段階では介護に関与した表彰はみえないが、一八世紀前半で八〇パーセントが介護の事例となり、その後半世紀も若干の減少はあるものの七〇パーセントを占めている。複数の人間が表彰されたケースでも介護がみえる比率は一八世

割合			
男　b/a	女　b′/a′	複数 b″/a″ (夫婦)	全体　B/A
61.5%	0%	60.0%	55.0%
65.7%	80.0%	58.8% (100%)	67.3%
75.6%	73.3%	89.7% (100%)	77.4%
72.2%	73.1%	74.5% (100%)	71.6%

割合			
男　b/a	女　b′/a′	複数 b″/a″ (夫婦)	全体　B/A
100.0%	—	10.0%	100%
91.9%	75.0%	75.0% (100%)	86.0%
91.5%	90.0%	88.5% (100%)	90.4%
92.3%	93.3%	85.0% (100%)	89.3%

表20　『官刻孝義録』略伝の表彰における介護事例の性別

	A　表彰略伝数				B　介護の件数			
	a　男	a′女	a″複数（夫婦）	計	b　男	b′女	b″複数（夫婦）	計
1655—1703（明暦元—元禄16年）	13	2	5	20	8	0	3	11
1704—1750（宝永元—寛延3年）	70	20	17（6）	107	46	16	10（6）	72
1751—1789（宝暦元—寛政元年）	78	30	29（17）	137	59	22	25（17）	106
合　　計	161	52	51（23）	264	113	38	38（23）	189

注　「複数」は複数の人間の同時表彰を示す.

表21　『官刻孝義録』略伝の孝行表彰における介護事例の性別

	A　表彰略伝数				B　介護の件数			
	a　男	a′女	a″複数（夫婦）	計	b　男	b′女	b″複数（夫婦）	計
1655—1703（明暦元—元禄16年）	7	0	2	9	7	0	2	9
1704—1750（宝永元—寛延3年）	37	8	12（6）	57	34	6	9（6）	49
1751—1789（宝暦元—寛政元年）	47	10	26（15）	83	43	9	23（15）	75
合　　計	91	18	40（21）	149	84	15	34（21）	133

注　「複数」は複数の人間の同時表彰を示す.

紀後半には九〇パーセントを占めており、なかでも夫婦の表彰は、この段階ではすべて介護に関わるものとなっている。全体の平均では、表彰件数に占める介護事例の比率は男性・女性・複数表彰ともに、七〇パーセントを超えており、介護への関与は男女の性差に関わりなく、表彰の中心的な位置を占めている。

そこで「孝行」による表彰に絞って、介護事例の比率を男女で比べてみてみよう。表21によると、全体で男性は九〇パーセント強、女性は八〇パーセント強、複数の場合も八五パーセントという高い比率で、介護への関与がみえている。これは親や祖父母に対する介護が、男性・女性の性差なく行われたことを示唆している。

介護の担い手を性差の視点でみた場合、夫婦の関わりかたが注目されるところである。「孝行」の事例を取り上げてみると、夫婦が介護を伴って表彰された二一例は、すべて夫と妻の双方が介護に携わっている。このうち名主夫婦の一例については、家が豊かで夫婦は仕事を他の家族や下部に任せて親の介護に専念しており、三例は貧窮のために双方が親の側で介抱することはできず、夫も妻も生計維持のための仕事と介護をともに担っている。残る一七例については、夫婦のどちらに介護の比重がかかっていたのかはわからないが、いずれにせよ介護は両者で行われたことは明らかである。

一方、「孝行」により男性、女性が単独で表彰され介護行為がみえる事例のなかにも、配偶者の存在がわかるケースが何例かある。男性の場合、二〇例で妻がいたことが明記されているが、このうち一五例は、妻も介護を手伝っており、三例は妻の手を借りずに夫が介護に専念し、残る二例は妻が病気である。女性の場合は、七例に夫の存在が知られ、このうち三例は夫も妻の介護に協力し、二例は夫が農事に専念したり他へ奉公に出たりして生計維持の仕事に携わり、残る二例では夫が病気で臥せている。これらの結果を整理すると、「孝行」のなかの介護事例全体で、配偶者がいることが明らかな事例は二一例プラス二七例の計四八例となり、このうち実際は夫婦の双方が介護に携わっていたケースは四〇例、夫ひとりで介護を行っていたケースは五例、妻が介護を担ったケースは四例で、夫婦の場合、圧倒的多数が、夫と妻の双方が介護に関わっていた様相を示すものとなっている。ただし、妻がいながら夫が介護に専念している事例が三例あることや、夫が主導して妻はその指示に従って動いているケースが少なくない点などは注目すべき点であろう。

以上、『孝義録』の表彰事例の中で介護の担い手を男女の性差に着目してみてきた。男性・女性ともに介護に関与した事例が七〇パーセント以上、とくに「孝行」では八〇パーセント以上という高い比率でみえている点は、介護役割を男女がともに担っていたことを示すものであろう。夫婦は介護を協力し合う事例が大部分を占めているが、夫が率先して面倒をみたり、妻に指示を与えている事例が少なからずあり、夫の役割が大きかったことを示唆している。少なくとも妻に介護が集中していた様子は看取できない。以上の分析結果は、第一章で検討した『仙台孝義録』と同様の結果に至ったことになる。

『孝義録』の編纂は寛政改革における民衆教化政策の一環として進められたものである。この点を踏まえるなら、『孝義録』のイデオロギー性は、血縁・非血縁を含めて広い人間関係のなかで介護の実践を促し、しかも男女の別なく携わるように導いたものとみることができる。『孝義録』はまた、さまざまな地域、身分・階層における介護の方法について、衣食住の調えかたをはじめ、心の安らぎ、医者や薬の求めかた、宗教的行為に至るまで、子細に説かれている点で、介護のハウツウ本としての体裁を備えてもいる。

ところで、『孝義録』では介護の担い手に男女の性差がみられない点を指摘したが、全体の略伝数は男性が一六一例、女性が五二例で、男性が女性の三倍以上を占めており、したがって介護の全体件数も男性の姿が女性の三倍みえている。この点から、男性への期待ならびに男性の役割の要因について、あらためて考えてみる必要がありそうである。次節で検討してみることにしたい。

二　介護知識の啓蒙

1　介護をめぐる教説

正徳三年（一七一三）儒学者貝原益軒によって上梓された『養生訓』八巻は、益軒八四歳のときの著作であり、日常における衛生管理や健康維持の方策、病気のさいの療法など、医学的な知識を満載し、民間に広く流布していた。この『養生訓』第八巻に、「養老」と題して、老人自身がもつべき心構えと、介護する者の心得とが説かれている。(5)親の養いを子供の義務として位置づけたうえで、介護の心得について、精神面、および居住環境、食事の調えかたという三つの視座から叙述しているが、要点を整理すると次のようになる。まず精神面では、人は老齢になると欲が増え、怒りや恨みが増してくるので、子供はこれをよくわきまえ、父母の怒りが生じないように心を配るべきこと、老人の心を慰め楽しませることがなにより大切であり、そのために時々側で古今の物語などを話して聞かせたり、温暖な日には外気に触れさせ自然の生物を観賞させて心を開かせるべきであるとする。次いで住居については、冬は暖かく夏は涼しくする工夫を心がける、飲食については、弱った胃腸に合わせた調理を工夫し、酒・食物ともに良質で味のよいものを用意する、病もまず食事療法で治すことが肝要であり、治らない場合に薬を用いるべきであるとする。『養生訓』はすでに老齢期に達した益軒自身の体験を踏まえているだけに、介護の心得も具体的な実践の仕方も、老人の精神面・肉体面の特徴に基づいてきめ細やかである。とくに老人の心を安らかにするという介護の精神面の重要性が繰り返し説かれているが、老人医療がさほど発達していなかった時代であるだけに、心の安定が今日以上に長寿の秘訣として重視されていたのであろう。ともあれ、高齢者の性質をとらえたうえでの介護法を提示している点で、本書は説得的な教本として重宝されたものとみられる。

それでは、こうした介護知識の習得者もしくは実践者は、家族のなかで誰が想定されていたのだろうか。益軒は正徳二年、家を治める理念と実践の方法とを説いた『家道訓』六巻を版行しており、このなかで父母への孝養について、つぎのように記している。

父母につかへて常に力を尽し、時々の見まひ、膝下のつかへおこたらず、古語に、夕にさだめて朝にかへりみるといへるがごとくすべし、ひまなき人も朝夕の間、時々つとめて父母の前に侍べりつかふべし、つねに養をかへりみ、飲食の味よくして、みづから寒温の節をこゝろみてすゝめ、冬は父母をあたゝかにし、夏は涼しくすべし、外に出れば必ず父母に対面し、内にかへれば必ず父母をかへり見る、父母に対しては、顔色を温和にして言をあらくすべからず、父母の心をよろこばしめ、父母の身を養なふ、このつとめ欠べからず、是皆人の子たる者の定りたる法也、此法にそむくべからず、父母の事をつねに思ひ慕ひて、心にかけてわすれざるを孝とす(6)

ここで孝行の具体的な行為として述べている内容は、前述した「養老」における介護の説明と基本的に同じである。「養老」ほど詳細ではないものの、親に対する孝養の実践が、老齢となった親を精神面、住居、食事の三つの視点から説かれており、しかも「みずから寒温の節をこゝろみてすゝめ」とあるように、介護をたんに知識として覚えるだけではなく、直接手を下して実行すべきことを促している。

そこで、こうした介護の担い手であるが、「凡家の主として家をおさむる人は、まづ父母によくつかふるを第一のつとめとし、次に妻をみちびき、子弟をおしゆるを以要とし、其次に下部をつかふに心を用ひる(7)」とある。つまり、一家を治める主人の仕事の第一に、親に対する孝行が挙げられているが、いうまでもなく孝行は儒教道徳において、子供の親に対する絶対的価値として説かれており、したがって一家を統括する立場にある家長に対して、孝行の責務が課せられたのである。とすれば孝行の実践行為としての介護についても、家長が具体的な知識を持ち、まずはじめに実践すべき立場におかれたものとみられる。

『家道訓』では男は外、女は内という男女の役割分業を前提として、妻の仕事は夫の主導のもとに「家事」を行い、裁縫などの「女工」に励むこととされており、親の介護における妻の役割についてはとくに言及していない。益軒は親の介護をあくまで一家の主人の責任としてとらえ、妻は夫に導かれて補助する立場に位置づけたのである。

次に、同じく儒者の室鳩巣による『六諭衍義大意』をみてみよう。『六諭衍義大意』はその名のとおり、鳩巣が徳川吉宗の命で享保七年（一七二二）「六諭衍義」の概要を説いた著作であり、府内の手習い師匠に頒布され、「五人組帳」の前書きにも組み込まれるなど、民衆の教化に広く利用されていた。孝行についての記述をみてみると、「貧富貴賤」の「分限相応」が肝要であるとしたうえで、父母が老齢となったならば、なるべくそばを離れず、出入りには手を引いたり、後ろから抱えたりして体を支えるべきこと、寝起きにさいしては、夜は気を静め、朝は様子をうかがうこと、罹患のさいには、昼夜を問わず他事を捨てて看病に専念し、医者と薬の調達に努めること、そしてなにより大切なのは父母の心の安らぎに努めることであると説いている(8)。このように『六諭衍義大意』も孝行の中身として介護に言及しており、とくに、老後や罹患にさいしての介抱、看病が孝行の実践のなかに明確に位置づけられている点が注目される。

続いて、農民を対象とした教化書として、『百姓分量記』を取り上げたい。『百姓分量記』は享保六年、下野国烏山村出身の俳人常盤潭北による著作であり、農業の精神と人倫の大道を論じたものである。孝行については、多くの苦労をして育ててくれた親の恩にいかにして報いるかを強調したうえで、次のように説く。すなわち、孝行の第一は、親の心をよく知り、これを和らげることであり、そのためには親を敬い、行跡を正しくし、病気に罹らないように精進し、喧嘩口論、大酒、好色を慎み、芸能も親が嫌うものは避けて、万事にわたり親に苦労をかけないことが肝要であるとする。次いで、「もし煩ひ給はゞ看病は申に及ず尿糞迄も人手にかくべからず、それを気遣に思ひ給はゞ、親の気に入たる召使にいたさすべし」[9]として、親の病気にさいしては二便の世話を自ら行い、親がこれを遠慮したならば、親の気に入った下部に指示を与えて任せるべきであると述べている。このように、潭北の孝行論でも、親の心を安定させ、罹患のさいには下の世話までするという、直接的な介護の実践を促している。そこで、こうした介護の担い手であるが、「夫婦の睦」[10]の項目をみると、「扨婦の勤方は第一舅姑に孝を尽し」とあるように、妻の務めとして、舅姑への孝養を第一に挙げているものの、「孝行は妻子より怠る物なれば油断すべからず、妻を迎ては前々より心を尽して孝行すべし、然れば妻も順て孝行する物ぞ」として、妻の舅姑に対する孝行は怠るものであるとみなし、妻の孝行を促すうえでも一家の主人の孝行こそがなにより大切であることを強調している。つまり、孝行の第一の実践者たるべきは、一家の主人である夫ということになる。これは、妻子、とくに妻は、舅姑と血縁がないから十分な孝養を尽せないという認識に発している。潭北は享保一〇年に版行した『民間童蒙解』[11]巻下之二においても、「婦を娶るは父母に奉養給仕の助け、且子孫相続の為、且家を守らする為」として、妻の役割を、主人が行う孝行を補助する役目に位置づけており、妻を孝行の主体としてはみなしていない。ともあれ、『百姓分量記』において介護は孝行の実践として説かれており、その責務は一家を統括する主人におかれていたとみることができよう。

なお、『百姓分量記』は京都・江戸で版行されているが、約一〇〇年後の文政一〇年(一八二七)に江戸・京都・大坂で刊行された大蔵永常による『民家育草』[12]は、孝行の説きかたにおいて『百姓分量記』とほぼ同文である。『百姓分量記』は約一世紀の間に民間に広く流布し、孝養の尽くしかたについての教訓もこの間に深く浸透していったものと思われる。

最後に、『家内用心集』三巻を取り上げる。享保一五年（一七三〇）、仙台の頓宮咲月が版行し、没後に再版されて普及した家政書である。家族のそれぞれがわきまえるべき役割と、各身分ごとの日常生活の指針が具体的に説かれているが、このなかに「看病人用心之事」と題して、病人を看護する者の心得を詳しく記した項目がある。[13]病人は看病の仕方次第で良くも悪くも変わるものだと述べたうえで、看病の心得として、食物は素材の善し悪しや、本人の嗜好、食欲を吟味したうえで準備すること、大小便など排泄物や、膿血、痰を厭わず、慈悲の精神で看病すること、病状に合った薬を調合すること、病人の気持ちを和らげることがなにより大切であり、本人の気にいらない者は側に呼ぶべきではなく、病状が悪化して医者や付添人が匙を投げたならば、薬による治療は打切り、自然の姿で最期を迎えるようにすべきであると諭している。一方、「夫婦用心之事」[14]の項目では、女性は男性より愚かであるので、大切なことは知らせるべきではなく、ただ孝行の仕方と家事の治めかたを静かに納得するまで何度でも教えるべきであると説いている。つまり、女性を劣等視する性別観念により、妻には家政を全面的に任せるべきではなく、何事も夫の指導と助言が必要であることを述べているのであり、したがって家において介護の知識を習得すべき者は、妻ではなく、家長である夫の役割とみるのである。

以上、民間に広く流布した医学書や、民衆教化の書物、家政に関する文献のなかから、介護についての記述を拾い出し、その論理と担い手について検討を加えてきた。いずれも親の介護を孝行の実践行為として説き、その責務を家長の男性にあるものとし、介護の具体的な知識も家長が備えるべきものとしている。一方、女性＝妻は介護の主要な担当者として位置づけられてはおらず、ここには女性を劣等視する差別意識が潜んでいる。

2　介護教育における性差

それでは、将来一家の家長、主婦となる子弟・子女に対して、介護はどのように教えられていたのだろうか。男女それぞれの教育書を比較検討してみよう。

はじめに男子を対象にした教訓書二編を取り上げる。安永年間に手島宗義が著した『子弟訓』は、宗義が老父から教えられ、宗義自身も子弟に教諭したという「人の道」、すなわち道徳の実践のしかたを具体的に説いたもので、父母に対する孝行が一一ヵ条にわたって言及されている。このうち四条めに「父母老衰給はゞ」から始まる項目があり、老親の介護の仕方について、起臥の折には気を配り、心を安定させるように努める、外出のさいは用件を伝えてから出かけ、帰宅後はすぐに顔を見せる、無用で遠くへ出かけたり、近くであっても数日滞在してはいけない、近所に出かけるさいにも行先を知らせるなど、老人に孤独感を抱かせないための細心の注意を説いている[15]。また父母が煩ったさいの心構えとして、「必みづから看病しあつかふべし」として、子供自身が看護を担うことを求め、薬の煎じ方も他人に任せずに自分で行い、医者も親の生死を預ける者であるからよく吟味して選ぶべきであると説いている。このように『子弟訓』は、男子の心構えとして、親の老後や病気のさいの対処の仕方を具体的に示しており、しかも男子自身が自ら実践するように導いている。

同じく武家の男子を対象にした教訓書として、天明六年（一七八六）に林子平が著した『父兄訓』一巻がある。序文によると、当時の父兄は子弟に対する教育法を教えられずに成人したために、教育書の存在を知らず、人倫が乱れてきているという認識のもとに、父兄が子弟に教えるべき内容を綴ったものである。このなかの一条で「子弟には老を養ふの道を丁寧に教置べし」として、老齢の親の介抱の仕方を学ばせる重要性を説いている。具体的に取り上げているのは食事の調理法であり、老齢になれば歯が弱り、噛むことが困難になるので、壮健者と同じ食事を取ることは難しいことをよく教えるべきであるとする。そして、親の面倒はよくみているが、食事に気配りする余裕はないなどというのは、親の食事をおろそかにするばかりか、責任逃れの言葉を吐いているにすぎず、不孝の罪を隠す大罪人であると、厳しく戒めている(16)。このように『父兄訓』においても、食事の調えかたを中心に、老人介護の心得と方法とが明確に説かれている。

それでは、女子教育において介護はどのように取り上げられていたのだろうか。近世前期の女訓書については編者が儒教・仏教のほか、古典や漢籍の知識をふんだんに盛り込みながら女子に必要な徳目や教養を説いているのが特徴的であり、寛文元年（一六六一）に中村惕斎が版行した『比売鏡』はその典型である(17)。『比売鏡』では父母への孝養について、「孝経」や「礼記」を用いながら、「人の子たるの礼」として夏冬の過させかた、帰宅時の挨拶、衣食・起臥の世話に気を配るべきであるとする。また「人の子となり嫁となるもの」の心得として、老人の立居には介助を行い、舅姑の気持に背かず従うべきことなどを求め、舅姑への孝養を老人への配慮という視点から説いている。

『本朝女鏡』も前期の体系的な女子教育書の一つであるが、巻十二の「舅姑に仕ふる式」に、「男女ともに同じく勤むべきは孝行の道なり」として、「朝夕の立居起臥、又は煩ひいたはる時にも、舅姑の為には、嫁の手に掛りてこそ、扱ひをもせられめ(18)」とある。つまり、起臥の介助や病気の看護を嫁の舅姑に対する孝養の行為として実践を促しているのであるが、ただしここでの介護・看病は、嫁にとってこのような行為が舅姑に娘として迎えられる方策となるものだとする文脈のもとに説かれており、介護を嫁の役割として求めたり、知識の必要性を説いたものではない点は注意を要する。

元禄七年(一六九四)、松山藩の学士大高坂清介の妻維佐子によって書かれた『唐錦』[19]も前期の女訓書の部類に入り、女性による女訓書としても興味深いものである。ここには孝行の事例を列挙したなかに、阿波国の侍の妻が姑の看病に尽した話が登載されているが、筆者の言葉では触れられていない。

一方、宝永七年(一七一〇)、貝原益軒による『女子を教ゆる法』(『和俗童子訓』巻之五)[20]では、第一六条で、嫁する娘に父母が教えるべき一三の事柄の一つとして、舅姑に対する孝行を説いている。具体的に挙げられているのは、朝夕の見舞を欠かさない、命令には背かずよく教えを聞いて慎んで行う、舅姑に憎まれることがあっても怒り恨まずに接することであり、舅姑に対する孝行は重視されているものの、強調されているのは従順な態度を貫くことであって、介抱についての心得や実践法はとくに挙げられていない。嫁してのち妻の役目として重要とされているのは、紡績・裁縫といった衣料の調えと、舅、夫、来客のための食事の用意である。

近世中期以降、女訓書は庶民の女子の手習い用の教科書として普及したこともあいまって、種々の教訓の要旨を簡易に編集したかたちが中心となる。『女大学宝箱』『新撰女倭大学』[21]はその代表であり、ともに幕末後期まで版を重ねて広く流布していた。このうち『女大学宝箱』は、益軒の『女子を教ゆる法』を下敷に編まれ、妻として、主婦としての心得が一八ヵ条にわたって説かれている。孝行については、実の親よりも舅姑を大切にすること、そのためには朝夕の見舞を欠かさず、舅姑の命には絶対的に服従し恨まないなど、『女子を教ゆる法』の叙述を踏襲しており、女子の役割とされているのは、舅姑、夫のための衣服・食事の準備と洗濯、子育てであって、介護についての言及はみえない。天明五年(一七七五)刊行の『新撰女倭大学』も、舅姑の食事は下部に任せず手づから調えて孝をつくすべきことを求めているが、介護や看護についての知識を与えようとする記述はみえない。

以上、子弟・子女教育の教訓書を検討してきたが、男子の教訓書では介護を自ら行うべきものとして、その心得や知識を具体的に教えようとする姿勢が明白である。これに対して女訓書は、近世前期のものは嫁の孝養の示しかたとして介護の行為に触れているものがみられるが、中期以降は舅姑に対する精神的従属が強調されるようになり、老人の介護や病気のさいの看護については、言及されなくなっている。介護をめぐる教育は、とくに近世中期以降、男子と女子とで大きな格差が生じており、介護の責任は男子に対して自覚させるものとなっていったとみられる。

おわりに

本章では、近世前期から後期にいたる介護をめぐる教説・教育について検討してきた。近世社会において親の介護は孝道徳の重要な実践行為として一家の主人の責務とされ、このため男子には、将来一家の主人となるために介護の心得や知識が教え込まれることになった。一方、女性たちは、孝養の実践としても、家の仕事としても、家長の監督下におかれて積極的な役割を授けられることはなかった[22]。

ただし、こうした教説や教育は介護の責任のありようを説いたものであって、実際の介護行為そのものは、主人一人に任されたものではなかった。「家」において介護には多くの家族員が関わり、夫婦は夫と妻が同等に担い、また抱えの奉公人らも加わるのが、近世社会の姿であった。

一八世紀半ば以降、「家」の階層分化が進み、家族秩序が動揺し始めるなかで、老親や病人に対する介護の手が不足する事態が起こり始める。そこで公義としての幕府はこれまで以上に、血縁を中心に非血縁の関係も総動員して、民衆の自助努力による介護の維持・強化を図ることになる。『孝義録』編纂のねらいの一つはこの点にあったといえるだろう。

また、諸藩においても孝子表彰や、「孝義録」の編纂が盛んとなり、さまざまな教化・イデオロギー政策が登場してくる。こうした領主政策の展開や、現実の家族状況が、介護をめぐる女性たちの立場に少なからぬ影響を及ぼしたことが推測される。近世後期以降の介護の具体的な様相や、領主政策、さらに明治期に西洋の啓蒙思想の影響を受けて編まれた家政書の介護思想などについての検討が、今後の課題となる。

注

（1）平成元年度厚生省「国民生活基礎調査」によると、在宅寝たきり老人の主な介護者は同居親族が八七パーセントを占め、続き柄は子供の配偶者が三七・四パーセント、配偶者が二八・二パーセント、子供が一七・九パーセントとなっており、性別では女性が八七・四パーセントを占めている。また平成三年度労働省「介護を行う労働者に関する措置についての実態調査」によると、過去三年間に実際に一ヵ月以上介護を要する家族がいた労働者のうち、女性は四二・六パーセントが介護を行っており、介護が始まった時点で共働きであった労働者のうち妻の方は二割が介護のために退職したことが報告されている（総理府編『女性の現状と施策—新国内行動計画第二回報告書—』ぎょうせい、一九九二年）。

（2）『広辞苑』第四版。なお同書第三版までは「介護」の項目は立っていない。

（3）菅野則子「幕藩権力と女性—『官刻孝義録』の分析から—」（近世女性史研究会編『論集近世女性史』、吉川弘文館、一九八六年、のち同『村と改革—近世村落史・女性史研究—』三省堂、一九九二年に所収）。

（4）略伝の内訳は陸奥国二四二件、出羽国二二件で陸奥国の記載が圧倒的に多いが、これは実際の顕彰の多寡を示すものではなく、各藩から幕府への届け出数の差異によるものと考えられる。また菅野氏が示された、略伝の全国的な傾向と比べると、東北の場合、提出年である寛政元年分の略伝がかなり少ない。ただし表彰内容を検討するうえでは、こうした差異は支障ないと思われる。なおここでの表彰数は人数ではなく表彰の件数を示している。

（5）『日本教育思想大系　貝原益軒　上巻』（日本図書センター、一九七九年）、五八一〜五八六頁。

（6）「家道訓」巻之一（『日本教育文庫　訓誡篇上』同文館、一九一〇年）四一〇頁。

（7）同前、四一一頁。
（8）同前、五八五頁。
（9）『百姓分量記』巻二（『日本教育思想大系七　近世庶民教育思想　処世・教訓下』）二六二～二六三頁。
（10）同前、二六四頁。
（11）同前、六〇七頁。
（12）同前所収。
（13）前掲『日本教育文庫　訓誡篇下』、一六五～一六六頁。
（14）同前、一五七頁。
（15）前掲『日本教育文庫　訓誡篇上』、六五八～六五九頁。
（16）『新編林子平全集』三（第一書房、一九七九年）一一三頁。
（17）『日本教育文庫　孝義篇下』（同文館、一九一一年）二六二頁。
（18）『日本教育文庫　女訓篇』（同文館、一九一〇年）。
（19）『女大学集』（平凡社東洋文庫、一九七七年）一八頁。
（20）前掲『女大学集』所収。
（21）前掲『女大学集』所収。
（22）近世の介護思想については、新村拓『老いと看取りの社会史』（法政大学出版局、一九九一年）の示唆が大きい。ただし、介護役割の担い手を近世から近代を通して一貫して主婦とされている点については、本章で明らかにしてきたように、責務の中心という点からとらえ直す必要がある。

第三章　農民家族の扶養・介護と地域社会

はじめに

近世農民の生活と生産活動は個々の「家」では完結し得ず、族縁・地縁による共同性に基づいた地域社会の多様な扶助機能によって支えられていた。本章ではそうした「家」を取り巻く地域社会[1]の助力のなかでも、高齢や病気、あるいはなんらかの身体的な障害によって自力で生活することが困難となった人々に対する扶養・介護のシステムに関心を寄せてみたい。

老人や病人、身障者の生存をめぐる問題については、近年歴史学でも関心が高まり、近世史研究においても成果が蓄積されてきている。しかしながら、家や地域の福祉役割としてとらえる試みは、いまだ十分とは言い難い[2]。近世の農村社会において、家と地域は社会的弱者の生存をどのように担い、いかなる問題を抱えていたのか、理念と実態の両面から検討を加えてみたい。

一　「家」と地域に求められた扶養・介護像

1　「家」の扶養役割

近世において「家」は、成員の生存と生活を保障する社会の基礎集団であった。近世初頭は傍系親族や非血縁の隷属民を包摂した複合大家族の家が支配的であったが、一七世紀半ばにかけて、農業生産力の向上に伴い、傍系や非血縁の自立が進み、夫婦と直系親族からなる小家族の家が広範に成立する。現在は誰もが自明としている、人は家族のなかに生まれ、家族のなかで育ち、家族のなかで老いを迎えるという、家族中心のライフコースの起源は、近世の直系親族を主体とする小家族の家の成立にあったとみてよいだろう。

さて、小家族の「家」において、家族の役割の中心は、親が子供を養育し、子供は親の老後の面倒をみるという、親子間の生活保障にあった。とりわけ親の扶養は家族倫理の最大徳目とされた孝規範に支えられて、その実践行為として子供の責務とされ、郷中法度などの法令、五人組前書をはじめ、諸種の教訓書を通して教え込まれていった。一方、病人や障害者がいれば、症状により家に包摂される度合に差異はあったものの(3)、扶養の主体は「家」であった。たとえば加賀藩の郡方留書である『公整旧格録』には「病身片輪者の儀は相続の百姓はこ（ぐ）くみ候様に申付候」(4)とあり、三隅丈八編『座右手鑑』の文化六年「勧農規則」には「廃疾の究者となり候者は家主より厚く心を付養育可仕儀勿論に候」(5)とみえるように、家において家長の責任によって養うことが規範化されていた。

近世を通じて家族の扶養が儒者や領主権力によってとりわけ強調された時期が何度かある。第一の画期とみられるのは一八世紀前期であり、孝行の実践として高齢の親の扶養と介護、とくに介抱、看護の具体的な方法に言及した教説が目立ってくる。たとえば、儒者で福岡藩の藩医でもあった貝原益軒は、正徳二年（一七一二）に家を治める理念とその実践法とを説いた『家道訓』六巻を著し、このなかで父母に対する孝養を取り上げて、朝夕の見舞、飲食物の調えかた、住居の工夫など、老後の日常生活の快適な過ごさせかたを説いている(6)。翌三年には『養生訓』八巻を著し、老人自身の心構えとともに、老人を介護する者の心得に言及している。正徳六年には益軒に儒学を学んだ香月牛山が、『老人必要養草』五巻を刊行し、『養生訓』とともに版を重ねて民間に広く流布していく。

享保七年（一七二二）、幕府の儒官室鳩巣による『六諭衍義大意』は、分限相応の孝行を奨励したうえで、父母が高齢になったならば、なるべくはそばを離れず、日常の動作にも介添えをし、病気のさいには他事を捨てて寝ずの看病に専心し、父母の心を安心させることが大事とする介抱の心得を述べている(7)。親の介抱を盛り込んだ養生論は、民間の日用啓蒙書の類にも登場しており、享保六年の常盤潭北による『百姓分量記』や、享保一五年（一七三〇）の頓宮咲月による『家内用心集』などを挙げることができる。

このように一八世紀前半には、親の扶養を中心に据えながら、家族が担う役割のなかに看病や介護を位置づけて、その具体的な方法の習得を説いた教説が盛んに登場していた。この背景には、前述したように直系親族を中心とした小家族の家の一般的な成立があり、家族役割の自覚化が強く促されたのである。老齢の親を扶養し介護する方法は、子供がみな心得ておかなければならない事柄とされ、なかでも一家の主人である家長の責任は重大とされた。家長を中心に家族が協力して親を養い介抱することが期待されたのである。

一八世紀半ば以降、寛政年間を中心に、幕府や藩はさらに家族の扶助役割に踏み込んだ教化策を展開してゆく。これが第二の画期である。孝行や貞節など、家族倫理に照らして人々の手本となる善行に対する褒賞が、この時期以降全国的に急激に増加していく傾向がみられる。表彰事例を集めて刊行する動きも盛んとなり、幕府は寛政元年（一七八九）、幕領・私領の別なく過去の表彰者の書き上げを命じ、享和元年（一八〇一）これを編纂して『官刻孝義録』として刊行する。

『官刻孝義録』には約一〇パーセントにあたる九〇六人について、善行の内容を記した略伝が掲載されているが、その多くは、老親や病気の夫などを見離さずに養い、看病した者の事例で占められている。東北地方の登載事例でみると、二六四件の略伝のうち、七一・六パーセントが介護に関わっての表彰事例であり、なかでも「孝行」の表彰では九一・四パーセント、「貞節」では七五パーセントに看病や介護への関与がみられる。(8)「忠義」を賞された事例でも五六パーセントが、商家などの奉公人が主人に対する介護行為を称揚されている。血縁家族に擬制した関係性のなかで、病人や老人の養生が期待されたのである。

当該期は宝暦・天明の飢饉を経て農村の疲弊が進み、家族の分解が全国的に進行していた時期であった。幕府や藩はそうした現実を前に、家による扶養、家による看病・介護をあらためて規範化することで、家の自助努力を涵養し、扶養・介護の主体としての家の位置づけをいっそう強調していったのである。

2　地域の扶養責任

親族および五人組・村共同体など家を取り巻く地域社会は、家のもつ扶助機能を補完する役割を担った。こうした地域社会の役割は、日常の生活と生産の共同関係に基づいて、自然発生的に生まれていたものが、村請制・五人組制度のなかに権力的に制度化されていったものと考えられる。

幕令や領内法度によると、五人組や村が果たすべき扶助役割には、二つの側面があった。一つは寛永一九年（一六四二）の幕府「覚」[9]のなかに「独身之百姓、或相煩、又ハ無人ニ而耕作成兼候輩ハ、為其一村互助之可申事」とあるように、単身世帯に対して耕作を手伝うという生産面での助力である。単身者が病気になったり、人手がない場合、五人組や村は、労力を提供して家の再生産維持を援助することが要請されたのである。

一方、村による扶助の対象は、いわゆる鰥寡《かんか》孤独者や、重病人、盲人などの障害者にも向けられていた。享保一四年（一七二九）の松本藩「戸田光慈領内法度」[10]において「鰥寡孤独廃疾にして自立なりかたき類ハ、其親類に教へ諭し所を不失様に可致也、親類無之者ハ同村之者力を合せ、窮死にいたらさる様に可致介抱事」と定めているように、家族を持たず、かつ親類の援助が得られない要介護者については、村全体で面倒みるべしとされた。村には身寄りのない老人、病人に対する家族機能そのものが求められたのであり、とくに村役人たちは、援助を必要とする人々を放置して死に至らしめるようなことがあれば、落度とされ、責任は重大であった。

以上、地域は独身世帯や病人世帯には経営維持のための労力を提供し、家族を失った高齢者、病人、身障者に対しては、彼らの生活そのものを支えるという、二つの面での扶助役割を担ったのであるが、こうした地域の機能を支えていたのは家族イデオロギーである。前述した室鳩巣の『六諭衍義大意』には、同村同郷の者どうしは親族・家族の情愛に通じる親近感で結ばれているとして、村を親族・家族の血縁に擬制する論理が説かれている[11]。孤児や寡婦、身寄りのない老人や病人、障害者、生活困窮者を保護する地域の役割も、一家の和という、家族倫理を一村・一郷の地縁に拡大させて果たされるものであった。

二　地域社会による扶養と介護

1　病人世帯に対する介護支援

それでは、地域は実際、どのような方法で社会的弱者の生活を支えていたのだろうか。はじめに仙台藩の善行者表彰の記録である『仙台孝義録』から二、三の事例を挙げてみよう。

文化六年（一八〇九）、名取郡袋原村の農民十兵衛の弟十吉が善行を表彰されているが、十兵衛一家は疫病で倒れたさいに、「隣人之扶」を受けていたとある。[12]十吉は家族のなかで疫病の回復が早く、ひとり耕作に励んで一家を飢渇から救ったことが賞されたのであるが、十吉自身「五旬」、すなわち五〇日間も病に臥しており、その間に隣人による助力を受けていたものとみられる。病人世帯に対する助力であるので、寝込んだ家族をしばしば見舞って介抱したり、食事や洗濯など家事の介助があったのだろう。

文化一二年、刈田郡沢内村の農民又市は、三年間病気で寝込んだ母親の面倒をみたことが孝行であるとして賞された。[13]又市はやむを得ず母を残して外出するさいには、「扶持」を隣人に依頼していたとある。

右のような近隣の家族による援助は、『仙台孝義録』が領主表彰の記録である点で、模範的な例が書き上げられた側面が否めないが、実際の家と近隣社会との関わりの一端を映し出していることは間違いないだろう。療養のための入院施設がなかった時代、重病人であっても家族が在宅で世話をしなければならなかった。看護や介護とはいっても、医学的に高度な技術を要するような行為ではなく、『仙台孝義録』によると、病人の食事の用意のほか、日常生活の介助、すなわち食事や起居、排泄が不自由な場合に体を支えてやるという行為や、薬を煎じる、そばにいて様子を見ることなどが、家族介護の姿である。しかし、病気が長引けば、とくに小家族ほど、稼業と介護の両立は困難となった。そうした点で、介護や家事に差し向けられた隣人たちの助力は、小家族の介護を支える大きな支援となっていたと考えられる。

一方、病気が伝染病や疫病の場合はどうであろうか。幕末にコレラが流行するまで、患者を家から隔離するという観念は希薄であったといわれている。疱瘡に罹った子供や孫は家のなかで療養しており、親戚や近隣の者たちの見舞いも頻繁である。[14] ただし、大村藩では疱瘡は難病として恐れられており、患者は人里離れた山中の掘っ立て小屋に収容されていた。[15] 藩権力による強制がはたらいた結果であったが、疱瘡患者が家や村から遠ざけられ放置された地域もわずかながら存在していたことになる。

らい病の患者も南奥の会津藩、三春藩、仙台藩では領内数ヵ所に建てられた「癩人小屋」に収容されていた。[16] 一方、右の藩のなかでも、患者が家族によって看護されていた例が前述の『仙台孝義録』や『官刻孝義録』のなかに散見されるので、すべて家族や地域から排除されていたとみなすことはできない。地域のなかで病人世帯をめぐる対応には、全国的にみればかなり幅があったことを確認しておく。

2　病人世帯に対する経済援助

名主をはじめとする村役人や富農・豪農層のなかには、地域の困窮した病人・単身世帯に対して、米金などを施行したり融通する活動を行う者もいた。ここでは土佐藩安芸郡野根郷の文久二年（一八六二）一〇月「指出帳」[17] によって、そうした地域内部の経済援助の様相をみてみよう。

この「指出帳」は、郷内の池村・相間村の名本（小庄屋）から野根村庄屋大井平左衛門・惣老代（北野）良五郎に対して報告された窮民救恤の記録であり、大部分が郷内池村の農民官作による慈善活動の記録で占められている。官作の経済援助は弘化三年（一八四六）から文久二年（一八六二）までの一七年間に延べ三九件に上り、総額で米二石六斗・麦四升・唐芋八貫五〇〇文・古着四着・莚四枚・八銭四九匁八分の施行と、米一石五斗六升の無利息貸付が行われている。援助の対象は、病人を抱えた世帯や、後家、病気の独身老人で、なかでも病人世帯が二四件と大半を占めている。病人を抱えて難渋した家族が多数存在し、救済の中心におかれていたのである。さらに、村内のみならず野根郷内の他村の農民や大工、木挽、そして座頭やえた身分にまで救済が及んでいる。施し物は銭や米麦などの食糧が大部分であるが、生活状態に合わせて古着の袷・襦袢などの衣類もあり、安政三年（一八五六）一二月二八日には、多数の幼児を抱えて病を煩い貧窮した池村の利三郎一家に対して、年越しの助力として白米一斗のほか単物古着一つ、敷むしろ四枚を与えている。

官作は単独で窮民を救済したばかりではなく、この間に五回ほど、自ら世話役となって、地域のなかに「衆義講」と呼ばれる救恤を目的とした金融組織を結成し、困窮者に無利息で貸し付けを行っている（ただし掛捨てによる親類助成が一回みられる）。たとえば弘化三年には、山仕事の駄賃稼ぎで家族を養っていた隣村の相間村孫作が病気で働けなくなり、一家の生活が困窮したため、衆義講の結成を呼びかけて八銭一二〇目を融通し、この金で馬を購入して荷馬の渡世にあたらせている。

衆義講はいわば、地域社会における自治的な救恤組織とみることができるが、野根郷ではこの他にも、地域が広く結束して病人世帯に対して経済援助をした事例が見られる。大斗村の久次兵衛家に対する地域の助力はその一例である。久次兵衛家は夫婦と娘二人の四人家族であったが、妻が年来の病気のうえ、娘かつも万延元年（一八六〇）一〇月から病を煩って生活が難渋していた。そこで庄屋がたびたび援助を行い、「地下人」たちも米銭や唐芋を醵出して久次兵衛一家の生活を支えた。久次兵衛一家に対する村人の合力は、万延元年一一月から一二月までの二ヵ月間に、米九升五合（五人組頭一人、百姓八人）・八銭四匁六分（名元一人）・唐芋一五貫目（五人組頭二人、百姓六人）に上っており、この支援が効を奏してか、翌文久元年二月にかつの快気が報告されている。

以上のように、村の富農による経済支援や多数の地域民による合力など、地域のなかに病人世帯を支えるための生活互助のネットワークが形成されていた。このほか、病人を抱えた世帯に対して役を免除していた例もある。前述した『仙台孝義録』の寛政一二年（一八〇〇）川口村利惣治夫妻の表彰記録では、利惣治夫妻が失明した義母の扶養に当てるために田五畝を分与していたところ、村が夫妻の孝行に免じて「公役」を半減するという措置を取っている。(18)

村役人や富農層による救済活動については、近世中期以降、疲弊した農村を立て直し村落秩序の維持を図るという、彼らの地域内部での役割と結びついて、政治的な意図をもって行われた側面がこれまで強調されてきた。村役人たちにとって、こうした慈善行為を積むことは、苗字帯刀の身分的特権を得る機会でもあった。他方、地域の窮民に対する米金の貸付が、近世中期以降、農民層の分解や地主制の展開を結果として促進したことも、見落とすことができない事実である。しかしながら、地域社会のメンバーが、富農層を中心に社会的弱者の生存を支援する活動を展開し得たことは、近世の農村社会が自治的な救済の共済システムをつくりあげる段階に向かっていたことを示唆するものでもあろう。

近世の農民家族にとって、病人の発生は、貧困化の最大の要因であったといっても過言ではない。医療費の捻出のために田畑や家財道具を手放さざるを得なくなり、再生産基盤が脆弱で家族が皆稼ぎ手となって家計を支えなければならなかった下層家族の場合はとくに、家族の一人でも病で倒れてしまえば、生計の破綻に結果したのである。それだけに、病人世帯にとって地域による合力は、生活を支える救済であったと考えられる。

3　鰥寡孤独者の扶養

　次に、単身世帯に対する親族や五人組・村の対応に注目してみたい。文化八年（一八一一）二月、甲州都留郡の幕府領下谷村の五人組と立合人から、同郡玉川村の村役人に対して「差出申一札之事」という念書が出されている[19]。下谷村に住む後家のしもは、村内に血縁者がおらず、村で「皆々之世話」を受けて暮らしていた。やがて病気を患い歩行も困難となったため、五人組が毎日当番を決めて交替でしもの介抱にあたっていたが、しもは五人組から世話を受けることを心苦しく思い、これを遠慮するようになった。とはいえ村内に他にしもの面倒をみる血縁者はいなかったので、五人組の者たちは、しもの血縁が住む玉川村に相談をもちかけたところ、同村のしもの菩提寺である林照院が引き取って世話をすることになった。そこで下谷村の五人組は、玉川村の村役人との間で、林照院に病中のしもの世話代として一年に籾四俵の扶持米を送ること、しもの病気が治りしだい、下谷村に戻すこと、万一しもが玉川村で病死してしまったときは下谷村で対処し、玉川村に迷惑をかけないこと、などを取り決めて、念書を差し出したのである。

　念書によると、後家の扶養には下谷村全体が関わっていたようであるが、とくに五人組の役割と責任が大きかったことがうかがわれる。五人組は身寄りのない後家を養わなければならないとする自覚があったからこそ、後家を引き取って世話をすることになった林照院への扶持米の仕送りを取り決めたのである。しかしこれを逆にみれば、歩行困難となった後家を養い、さらに介抱することが、経済的な負担以上に深刻であったことが浮かび上がる。念書では後家自身が五人組の介抱を遠慮したので林照院が後家を預り面倒をみることになったとされているが、文面を深読みすれば、五人組は実質的な介護負担に耐えきれなくなり、林照院に扶持米の仕送りと引き換えに、介護の任を委ねた可能性も否めない。ここにはまた、実質的な介護を金銭で代替しようとする志向性が生まれていたこともみるべきだろう。結果的に林照院で後家を引き取ることになったのは、林照院が後家の菩提寺であったという個別の関係もさることながら、寺院がホスピタリティー機能を担う場であったことも示唆している。

一方、田畑を所持する一軒前の鰥寡孤独の農民に対して、彼らに家族を持たせるという方策も採られていた。安政四年（一八五七）七月、仙台藩領江刺郡浅井村は家族と死別した男女六人を「鰥寡孤独の者」として藩に書き上げている[20]が、この六人は皆、病身ないしは高齢、幼少の身でありながら、保護してくれる家族を失った貧民であり、親類組合による援助を受けて細々と生活を維持していた。このうち三七歳の今朝之助、五四歳のもよ、五七歳の喜之助の三人は、近々親類から「家督」、すなわち跡継ぎの養子を貰い受けて家を相続する手筈とされている。もう一人のえまという一〇歳の子供は、家族が皆死亡してしまい、幼少で家を相続できないので、親類に「添人」として寄宿していたが、親類側はえまの成長しだい、相続させることを予定していた。

このように、家族を亡くした病人や老人、子供は、親類に引き取られたり、生活の援助を受けていたのであるが、親類側は、保護した者にわずかではあれ所有田畑があれば、身内から相続人として養子を入れ、家を再興させようとした。これは、新たな家の家族のもとで、彼らの生活が保障され得たからである。単身世帯に相続人を付けるという方策は、領主側が農村復興をめざして人口増加と年貢負担者の確保をねらったものとするのがこれまでの一般的な見方であろう。一方で、村の側が単身の社会的弱者を家族持ちにすることにより、彼らの生存を保障しようとした試みとしても評価できるだろう。

4　村の扶養としての「乞食」稼ぎ

身寄りのない老人や身障者が土地を持たず、生産手段がないとなれば、放浪しながら人々の喜捨を乞う袖乞、勧進のなりわいが生き延びるための一つの手段となった。「乞食」稼業は、広い地域社会のなかで養われるという意味で、地域による救済システムの一つとみることができる。次の史料は、「乞食」稼業によって日々を暮らさざるを得なかった人々と、村社会との関わりを示している。

乍恐以書付奉願候

名子家
新蔵　印
六十七歳

右之者親兄弟妻子も無御座、村方并近村ニも諸親類壱人も無御座孤独者ニ御座候処、七、八ヶ年以来足痛行歩不叶ニ而乞食も相成り不申候付、是迄村方ニ而介抱仕置候処、打続作柄悪敷、別而去秋過分之悪作ニ而銘々当日を暮兼候体故、此節養育も仕兼迷惑仕候、当秋作方相応ニも御座候ハ、末々御願申上間敷候間、乍恐以御慈悲御手充被仰付被下置候ハ、渇命之場相凌可申難有奉存候、以上

安永四未年二月

梅木村

名主　彦助　印

宇兵衛　印

大庄屋所(21)

右の史料は、新発田藩の村方が藩に対して、村内の身寄りのない老人への手宛米の支給を歎願したものであるが、注目したいのは、申請に至るまでの村方の対応である。「七、八ヶ年以来足痛行歩不叶ニ而乞食も相成り不申候」という文言、すなわち身体を痛めたから「乞食」もできなくなったという言い分には、身寄りのない者はよほどの高齢や疾患によって歩くことができなくなるまでは、「乞食」をしてでも口過ぎするのが当然だとする村側の認識が垣間見られる。身体を痛めたり病気を煩って歩くことができなくなり、「乞食」稼業ができない状態になると、村は彼らを直接「介抱」「養育」することになった。ただし村による扶養は余裕があってできることであって、凶作が続いて難渋すれば、彼らの扶養は「迷惑」以外の何物でもなく、最後の手段として藩に「渇命」を願い出たのである。

村は身寄りのない高齢の一人者が「乞食」稼業を行うことを、彼らの当然の境遇とみなしていた。実際、「乞食」化は生活の糧を得るためのさしあたりの手立てではあった。ただし村は、一軒前の農民に対しては、前節でみたように、家の再興を図ろうとしたのであり、「乞食」を強要することはなかったと考えられる。ここに挙げた事例を含めて、村から孤独手当を申請した文書では、「乞食」をしていたとみられる者たちは、日用稼ぎをしていた老人一人を除いて、いずれも名子という一軒前ではない下層の者たちである。

「乞食」化は名子身分にあっては、孤独な老人たちの境涯ばかりではなかった。新発田藩「御在城御留守日記」から同様の村方からの申請を拾ってみると、たとえば寛政六年（一七九四）の大鹿新田名子家内の娘つねの場合は「孤独并片輪者」[22]、文化五年（一八〇八）の結新田村名子家内入ろよの場合は「孤独気不足之者」[23]という状態で、勧進、袖乞をしている。高齢の一人者に加えて、身体的に、あるいは精神的に障害を負い、通常の生業では暮らしてゆけない単身者の追い込まれた先が、「乞食」という生業であったのである。

既述のように、「乞食」稼業は広い地域社会が養うという意味では、地域による扶養の一つの形態としてみることができる。凶作や飢饉のさいに、飢えた農民が大挙して「乞食」稼ぎに出かけることが少なくなかったことが指摘されており[24]、一軒前の農民にとって、非常時を生きのびるための常套手段であったといえる。しかしながら、身寄りのない名子の老人や身障者にとって、「乞食」というかたちで地域の施しに依存して生活することは、地域のさげすみの視線にさらされることになった。弘前藩で江戸末期の安政年間に書かれた『秘系由緒伝』によれば、各種賤民のなかに「袖乞」が含まれており、「五常之道を守ると雖も、親・兄弟ニ立ち去られ、諸親類等も無之、殊ニ病身ニて無拠く門立物乞と成り露命を相続」ける者と定義されている[25]。「袖乞」は身寄りのない病身者のなれの果ての姿とされたのであり、地域社会の一員としての地位を失って共同体から疎外され、卑賤視される対象となったのである。

三　「家」・地域の扶養システムと領主権力

これまでみてきたように、近世の農村社会では、要扶養、要介護の人々の生存は、「家」を主軸として親族、地縁集団の順に広がる地域の重層的な扶助システムのなかで支えられており、実際に地域社会は相互の助力によって社会的弱者の生存を支えていた。そして、こうした重層的な扶助システムの外側に位置していたのが、幕府や藩などの公権力であった。

公権力による救済は、通常、「御憐愍」「御慈悲」を「乞う」という村（名主）からの申請に基づいて行われるものであった。「家」による扶養が困難となり、親族にも助力がなく、さらに扶助機能を担うものとされた五人組や村にも余力がないという段階に至ってはじめて、扶助システムの責任主体として位置づけられていた村が、公的救済を願い出たのである。言いかえれば、公的救済は、家族・親族・地縁による重層的な生活保障システムを前提として、それを制度的に補完しようとするものではなく、基本的には家族を失った独身の窮民に対して、一時的に「御憐愍」「御慈悲」の恩恵として施されるものであったのである。この基本原則のもとで、幕府や藩は、社会的弱者を救済するための恒常的な施策なり、制度を自ら積極的に打ち出すことはなかった。むろん幕府も藩も、公儀として領民の生活を見捨ててはならない責務があるとされ、とくに近世中期以降は公儀性が強調されて、高齢者や病人、障害者を抱えた貧窮家族や当事者に対する手当の支給が増えていった。ただし、救済の対象は極窮の者に限られ、高齢者を対象とした養老扶持にしても、八〇歳ないしは九〇歳以上という、いわば極老扶持とでもいうべき内容でしかなかった。とくに農村に対しては、江戸をはじめとする都市や城下町に比べれば、救済規模は小さく、応急措置以上の救済は行われなかった(26)。

領主の恒常的な救済が農村社会に及ばなかった要因には、血縁・地縁の絆による生活援助のシステムが、農村においては相応に機能していた実態があったものと考えられる。そして、公的救済は家族を持たない人々を基本として、地域の機能が限界に達した局面に至ってはじめて行使されるものであることが、領主側の意図ばかりではなく、地域社会においても根強く観念されていたのではないだろうか。

さて、近代国家の社会的弱者に対する救済政策は、これまでみてきたような近世社会の扶助システムを引き継ぎながら、あらたな展開を遂げる。慶応四年（一八六八）三月一四日、新政府は「五榜の掲示」を掲げて庶民政策の方針を示し、そのなかで「鰥寡孤独廃疾のもの」を「憫む」ことを奨励した。これを具体化したのが、明治七年（一八七四）一二月の「恤救規則」の制定であった。救済の対象は、七〇歳以上で重病人もしくは老衰者、一三歳以下の者、「廃疾者」、長病者であり、労働能力がないうえに地域や親族の扶助も得られない者に限定された、制限救助主義の制度であった。この「恤救規則」は、社会的弱者の救済を家族と地域の枠内に解消させた近世の扶助制度を受け継いだものであることは明白であり、そのうえで、将軍ないしは大名による「御憐愍」「御慈悲」を天皇の恩賜へと再編成したものであった。一方、天皇の慈恵としての救済制度が法制化されたことによって、近世後期以来進展しつつあった、地域のなかの自治的な相互扶助制度が、公共的制度として発展していくのを抑制されたという指摘もなされている。(27)以後、明治二〇年代にかけて、家族イデオロギーの強化が図られ、看護や介護が家族のなかで女性、なかでも主婦の役割として強調されていく。(28)そして、公的救済が基本的に家族を持たない者に対する国家の恩恵として施されるものとされ、国民としての生存権の保障が回避させられたことは、近代のみならず、現代の福祉をめぐる国家責任、さらには国民の生存権に対する認識にも大きな影を落としているといわざるを得ない。

注

（1）本章では「地域」の範囲を、親族・同族・姻族などの族縁集団と、五人組・村共同体などの地縁集団の両者を含めたものとしてみていく。

（2）近世の社会的弱者を扱った論考として、老人問題については、大竹秀男「江戸時代の老人観と老後問題」（利谷信義・大藤修・清水浩昭編『老いの比較家族史』三省堂、一九九〇年）、新村拓『老いと看取りの社会史』（法政大学出版局、一九九一年）、同『ホスピスと老人介護の歴史』（法政大学出版局、一九九二年）、柳谷慶子「近世家族における扶養と介護」（渡辺信夫編『近世日本の民衆文化と政治』河出書房新社、一九九二年、本書第二部第一章）、同「近世社会における介護役割と介護思想」（『総合女性史研究』一〇号、一九九三年、本書第二部第二章）、菅野則子「養生と介護」（林玲子編『日本の近世　第一五巻　女性の近世』中央公論社、一九九三年）などがある。また病人、身障者については、加藤康昭『日本盲人社会史研究』（未来社、一九七四年）、同「近世の障害者と身分制度」（朝尾直弘編『日本の近世　第七巻　身分と格式』中央公論社、一九九二年）、立川昭二『病いと人間の文化史』（新潮社、一九八四年）、生瀬克己『近世日本の障害者と民衆』（三一書房、一九八九年）、新村拓『死と病と看護の社会史』（法政大学出版局、一九八九年）などがある。社会福祉の観点から論じた、池田敬正『日本社会福祉史』（法律文化社、一九八六年）、同『日本における社会福祉のあゆみ』（法律文化社、一九九四年）も重要な研究である。

(3) 障害者についてはとくに存在形態がさまざまであり、加藤氏の盲人研究において詳細な検討がみられる。

(4) 小野武夫編『近世地方経済史料　第八巻』（吉川弘文館、一九五六年）四三三頁。

(5) 同前『近世地方経済史料　第二巻』、二九二頁。

(6) 「家道訓」巻之一（『日本教育文庫　訓誡篇上』、同文館、一九一〇年）四一〇頁。

(7) 「六諭衍義大意」（『日本教育文庫　訓誡篇上』）五八五頁。

(8) 本書第二部第二章。

(9) 荒井顕道編『牧民金鑑上巻』（刀江書院、一九六九年）二六五頁。

(10) 『長野県史　近世史料編　第五巻1』（長野県史刊行会、一九七三年）一一七頁。

(11) 前掲「六諭衍義大意」五八九～五九〇頁。

(12) 『仙台叢書』第一巻（仙台叢書刊行会、一九二三年）九〇頁。

(13) 同前、九八頁。

(14) 真下道子「出産・育児における近世」（女性史総合研究会編『日本女性生活史　第三巻　近世』東京大学出版会、一九九〇年）。

(15) 前掲『病いと人間の文化史』一三〇～一三四頁。

(16) 部落問題研究所編『部落の歴史―東日本篇―』二〇七～二一二頁。

(17) 『高知県史近世史料編』（高知県、一九七五年）二〇一～二一四頁。

(18) 『仙台孝義録』（前掲『仙台叢書』第一巻七九頁）。

(19) 『都留市史　資料編六近世Ⅱ』（都留市、一九九四年）三二一～二三頁。

(20) 「浅井村鰥寡孤独の者書上」（『江刺市史　第五巻　資料篇4近世3』、江刺市、一九七六年）五五九～五六〇頁。

(21)「梅ノ木村新蔵孤独につき手宛米願」(『新津市史　資料編第三巻近世二』、新津市、一九九〇年) 五一五頁。
(22)「子成場九左衛門ほか二人孤独困窮につき手宛」(同前)。
(23)「結新田ろよ孤独病身につき手宛」(同前) 五一八頁。
(24) 菊池勇夫『飢饉の社会史』第三章「飢人と施行小屋」(校倉書房、一九九四年)。
(25) 前掲『部落の歴史―東日本篇―』二二二頁。
(26) 江戸の場合、享保七年(一七二二)の小石川養生所設立や、享保六年九月の鰥寡孤独者・老衰者に対する救恤政策、寛政年間以降の町会所救済などが挙げられる。
(27) 前掲池田敬正『日本における社会福祉のあゆみ』五八頁。
(28) 近世社会では看病・介護の知識はもっぱら家の統率者となる男子に対して向けられていた(本書第二部第二章)。これに対して近代社会では明治二〇年代以降、家政学や女子用教科書のなかで病人の看護と看取りが主婦の責務であることが強調されるようになる(前掲新村拓『老いと看取りの社会史』一七〇～一七七頁)。

第四章　武家社会の「看病断」について

はじめに

近世の武家史料のなかで、しばしば「看病断」（かんびょうことわり）という言葉と出合う。「看病断」は幕府をはじめ、新発田藩などの史料にみられ、これに類した用語として、「看病願」（高崎藩・徳島藩）、「看病御暇願」（小田原藩・仙台藩・八戸藩・秋田藩）、「看病引願」（沼津藩・挙母藩）、「介抱御暇願」（盛岡藩）、「付添御断」（弘前藩）、などがある。ほかにも久留米藩・米沢藩で同内容の断や願の存在を確認することができる。

「看病断」（以下、この言葉をもって代表させる）とは、武士が身内に病人が出たさいに、出仕遠慮を願い出ることをいう。そしてこの願い出は基本的に、受理・許可されていた。つまり近世の武家社会では、身内の病人を〝看病〟するために休暇を取ることが、制度的に認められていたのである。役方・番方の任務についている武士は、勤務を退いたり休むときには上司の許可を得る必要があった。病気を患った当人が、治療や静養のための休みを申請して認められることとは、今日的な感覚からしても当然のことだろう。一方、家族や親族に病人が出た場合に帰宅や退勤を願い出れば、一定の条件で許可されていた。身内の病人に付き添うことが、看病断の制度によって公認されていたからである。武士の日記には、当主が家族や親族の病気にさいして勤務を休み、付き添っている様子がしばしば見られる。そうした武士の姿は看病断の制度を背景としたものであったのである。それでは、看病断はいつ頃成立し、制度化されたのだろうか。また、適用の範囲や運用の条件はどのようであったのだろうか。本章では、そうした看病断の具体的な内容について明らかにしてみたい。

「看病断」の検討を研究史のなかに位置づけてみると、次の二つの視点が浮かび上がる。一つは、近世社会において社会的弱者の生存を支えるシステムが、どのように存在し、展開していたのかという問題である。近年は人口の高齢化にいかに対処すべきかという現実の課題と関わって、介護をめぐる歴史に関心が寄せられ、近世史においても研究が蓄積されてきている(1)。近世は周知のように身分制社会であり、要介護の人々の実態や、介抱の具体的な方法などについて、身分や階層ごとの検討を必要とするが、看病断の制度の解明は、武家社会の看病・介護をめぐるシステムと、その実態に迫るものとなる。

二つめは、武家の家族関係への関心である。近年、女性史の視点から家族のなかの性別役割に着目した研究が蓄積されており、育児をめぐる分担や社会的なシステムについても再検討が行われている。子育てにおける父親の役割や、地域社会の相互支援の様子などが、下級武士の家族の分析を通して明らかにされてきているが(2)、これまで武家の家族についてはとくに、育児と家事は女性の領域であることが自明視されてきただけに、通説的な分業論の見直しが迫られることになった。一方、家族の役割のなかには病人や高齢者の看病・介護もあり、武家の家族でそれらがどのように担われていたのか、検討を要している。看病断の制度は、家族の役割とどのように関わり、これにいかなる規定性を与えていたのか、興味深いところである。

本章では以上二つの観点を念頭におきながら、第一節では幕府の「看病断」の成立の経緯について、第二節では諸藩における制度化と運用の実態を考察してみる。

一　幕府「看病断」の成立

冒頭で述べたように、「看病断」は、勤役中ないしは勤番中の武士が、身内の看病のために出仕を控えることを願い出るものであるが、幕府において看病断が制度として明文的確定をみたのは、現在確認し得る限りでは寛保二年（一七四二）七月の規定であったかと思われる。

看病断之義、父母妻子之外断不相立候、乍然兄弟姉妹伯叔父母其外近き続之もの難見放躰ニて外ニ可致看病もの茂無之族者、其節相達候上之儀たるへく候

これは七月二七日に老中本多中務大輔忠良から御奏者番衆・寺社奉行衆および大目付に対して渡されており(3)、翌二八日には大目付松波筑後守正春御渡の同文があるので(4)、大名に対して通達されたことが知られる。また二九日には同内容で若年寄西尾隠岐守忠尚御渡があり、旗本・御家人に通達されていた(5)。

法令の内容は、看病断は父母と妻・子供が病気のとき以外には認められないこと、ただし、兄弟・姉妹・伯叔父母、その他の近親者が病気で見放し難い状態にあり、しかも看病する者がいない場合には、そのつど願い出れば受理を検討するというものである。この達が「看病断之義」という言葉ではじまっている点からすれば、看病による退勤自体はこれ以前から存在し、一定度認められていたことが推測される。つまり、前々から申請のあった看病での退勤について、あらためて適用される条件を定め、父母・妻・子の看病については「断」すなわち届け出のみで済むものとし、兄弟以下の親族については条件つきで申請を認めることを明示したのが寛保二年の規定であったと考えられるのである。

それでは、看病の申請はいつごろから始まり、受理されていたのだろうか。この点を明確に知り得る史料はいまのところ見出すことができないが、一七世紀半ばの時点において、番士の家族に病人が発生したさいの措置がすでに定められていたことが注目される。正保三年（一六四六）九月一日に、親・子・妻の患いで「断」があったならば、夜詰中であっても宿所へ帰すようにという通達が出されている(6)。この達は、勤番中の番士を対象としたものであるが、当時は家族の病気の知らせを受けて帰宅を申し出る者が少なくなかったことがうかがわれる。幕府はそうした番士たちの現状に対処するべく、父母と妻子が病気の場合にのみ、夜番の途中であっても番を解いて家に帰すことを認めたのである。

正保三年の達では、「看病断」という名称自体は確認できない。しかし、家族の病気にさいして帰宅することを認めたのであるから、「断」の名目として、病人に付き添うという行為が認識されていたことは想像に難くない。実際、病人や老人に対して身内の者が付き添うことは古代からみられたことであり、「養老令」巻第四、戸令では、八〇歳以上の老人、篤疾者に「侍」をつけることを定めている(7)。近世の武家社会には「看病人」が存在しており、慶安三年（一六五〇）一〇月には看病人の出仕遠慮の規定が出されている(8)。この規定は疱瘡・麻疹・水疱の三つの病気について、罹患したり、家内に患者が出た者だけでなく、「疱瘡相煩候看病人」は発病より五〇日、「疹藪いも相煩候看病人」も同じく三五日間の御目見遠慮を定めている。以後、同様の出仕遠慮規定は幕末まで繰り返し出されており、藩にも通達されていたが、それは疱瘡・麻疹・水疱が伝染病としてとりわけ恐れられていたからである。疱瘡は幕末に種痘がもたらされるまで、医学的な治療法はなく、いったん流行すれば大勢の生命を奪ってしまう病気であったし、麻疹・水疱も同様に恐れられていた病であった。そこで幕府は、看病人に出仕を控えさせることで、幕府内での感染の予防を図ろうとしたのである。つまり慶安三年の触書は、特殊な伝染病を対象とした感染予防のための措置であったが、注目したいのは看病人の存在である。この触書の背景には、病人の発生にさいして、身内から看病人を立てることが一般的な風習として根づいていたことをうかがわせる。とすれば、これより四年前の正保三年の時点でも、病人に対して当主をはじめとする家族が看病人として付き添う姿があって、幕府も看病を理由に勤番の途中で帰宅を願い出る者があれば、その申請を受理せざるを得なかったことが考えられる。看病断は名称は別としても、実態としては正保三年以前から存在し、幕府は正保三年の時点で、これを受理するための基準を定めたものとみられるのである。

寛文四年（一六六四）一二月一四日には「親類煩ニテ御番断之覚」が出され、番士に対して、親・子・兄弟・祖父・祖母・伯父・伯母・孫・甥・姪・舅・妻の病気が重く、他に看病する親や子・兄弟がいない病人に限り帰宅を認めること、このうち親子は格別であることを申し渡している(9)。親と子供が格別とされたのは、この二者の病気に限り、無条件で番を解いて家に帰すことを定めたことになるが、妻を含めていない点は、正保三年の達の内容を後退させたことになる。しかし、全体的には条件しだいで祖父母・孫などの病気まで対象を広げて帰宅を認めており、正保三年の規定が拡充されたことになろう。

それでは、「看病断」という名称自体はいつごろから使われていたのだろうか。管見では前述した疱瘡・麻疹・水痘の出仕遠慮規定のなかで、正徳三年（一七一三）の「覚」のなかに、初めて看病断の語がみえている。すなわち、慶安三年に始まり延宝八年（一六八〇）、宝永七年（一七一〇）、正徳三年と続いた出仕遠慮規定では、正徳三年令がそれまでの「看病人」という表現を「看病断ニて病人ニ付罷在候者」という言い方に変えている(10)。ここでの看病断は、あくまで疱瘡・麻疹・水痘という特別な病気にさいしての出仕遠慮の手続きであるが、看病断という名称が正徳年間には存在していたことになり、とすれば一般的な病気にさいして提出された断も、当時は看病断と呼ばれるようになっていたことは想像に難くない。

以上みてきたように、家族に病人が出たさいに、看病のため退勤を願い出るという、看病断の実態は、正保三年以前からあり、幕府はそうした申請に対応するために、正保三年番士を対象に父母・妻・子が病気の場合は届け出のみの無条件で帰宅することを認め、寛文四年にはさらに、親類が病気の場合についても、他に付き添う近親者がいない場合に帰宅を許可するという方針を定めていた。こうした実態に即して、正徳年間には看病断という名称が生まれていたのである。

その後、幕府が看病断について明確に通達したのが、冒頭に掲げた寛保二年の法令であったことになる。寛文四年の覚が出されてから約八〇年を経ていたので、受理の基準が曖昧になったり、申請の処理に手間取るなどの事態が生じていたのだろう。そこで、これまで出されていた規定を調べ上げ、あらためて適用の条件や範囲を検討した結果、寛保二年の規定が定められたものと考えられる。「断」すなわち届け出だけで退勤を認める対象が父母と妻子とされたのは、当主を中心とする三世代家族への適用がめざされたもので、これは現実の同居家族に照応させたものとみられる。ただし、家族に看病人がいない場合の扶助の人員も必要とされて、祖父母や叔伯父母などの親族のための看病も条件しだいで認められたのである。

寛保二年の規定は以後、看病断の基本令として文化末年まで受け継がれていった(11)。幕臣のみならず大名へも触れ出され、実際、後述するように、盛岡藩では幕府の看病断の規定を受けて藩の規定が定められており、藩における制度化にも影響を与えることになった。看病断は寛保二年の段階で、幕府の出仕遠慮願の制度の一つとして確立したとみてよいであろう。

二　諸藩の「看病断」

1　盛岡藩の場合

（1）「介抱御暇願」の制度化

本節では諸藩の看病断について、盛岡藩を中心に検討してみよう。盛岡藩では看病断を「介抱御暇願」と称しており、寛保三年（一七四三）九月二日に運用の規定が定められている。きっかけは、藩士下田茂左衛門から出された暇の申請であった。茂左衛門の兄下田覚蔵は、病気のために江戸御暇を願い出て、前月二三日に江戸を出立し、来る五日に下着する予定であった。本来なら覚蔵の倅の覚七が迎えに出るはずであったが、覚七は幼少のため、覚蔵の弟である茂左衛門が、代わりに「見届」のために道中まで出向きたいと暇を願い出ていた。[12] この願書が藩主の伺に立てられ、願いの通りに認められた。そのさい、藩主から側役永田進を介して目付山本藤兵衛へ渡された書付に、「従公義もケ様之類去年被仰出御座候、国風之外は右准候様可被致候」とあり、前年の寛保二年七月に出された幕府の看病断の規定が判断の拠りどころとされていたことが知られる。

さて、藩主はこのとき側役の永田進を介し、目付の山本藤兵衛と家老席に対して、介抱御暇願の規定を申し渡した。その内容は、父母の介抱御暇は「格別」のことであるので、願の通り即座に認める、幼少で介抱御暇を申請しても自ら駆けつけることができない者の場合は、代わりに暇を取る親類の名前を記した申請書を提出させる、ただし幼少で御目見が済んでいない子供であっても願書の提出は認める、というものであった。これを受けて家老席は、子供がいない者の場合は兄弟が暇を願い出てよいか否かの判断を求めたところ、側役永田進は、その都度吟味して取り次ぐようにと答えている。

右のように盛岡藩では、寛保三年に父母の介抱を目的とする介抱御暇願の運用規定が申し渡されていたが、これは従来、同藩には看病断の明確な規定がなかったことを示唆するものであろう。おそらく申請自体はそれ以前から提出されていて、個々に処理されていたものと思われ、前年に幕府が看病断の制度を確立させたことで、藩主自ら運用規定を定めたのである。

寛保三年の規定は父母の介抱のみを対象としたものであったが、その後明和六年（一七六九）に、祖父母と兄弟の介抱御暇が検討されている。同年、祖母の看病のための一五日間の「付添介抱」の申請があり、目付は近年、両親の介抱御暇の申請以外は記録がないと申し出ていた。しかし家老席が調べたところ、祖父母の願い出の前例があったことが確認された。そこで目付に対して、以後は祖父母・兄弟の申請も取り次ぐようにと指示が出されている[13]。

一方、介抱御暇に代替する休暇として「対面御暇」もあった。安永六年（一七七七）三月二三日に藩士の高橋平作は、実父牧田一応の大病のため介抱御暇を申請したいが勤番中の身であり、とくに為御登穀御用で多忙の時期であるので、対面のための往来四日の暇を願い出て、許可されている[14]。勤務を優先して介抱御暇を取ることを遠慮し、代わりに対面を果たすのに必要な日数を申請したのであるが、この点を斟酌すると、対面御暇の主旨は、基本的には介抱御暇と相違はなく、日数を介抱御暇より減らして認められるものであったことがわかる。

（2）「介抱御暇願」の運用

それでは、「介抱御暇願」は実際、どのように運用されていたのだろうか。『御当家重宝記』巻二のなかの「介抱御暇願」と題した項目には、宝暦二年（一七五二）から寛政七年（一七九五）に至る四七件の申請書が掲載されている。これを整理したのがつぎの表22である。[15] ここにみえる申請は、すべて藩によって許可されているので、史料の性格として許可事例だけが収載された可能性が高い。ただし、許可された申請すべてについての記録ではなく、実際は受理されても掲載されていない申請が少なからずある。ともあれ、まとまった記録であり、介抱御暇願についての全体的な検討が可能である。そこで以下、表に分析を加えながら盛岡藩の介抱御暇願の実態に迫りたい。

まずは、表中で介抱御暇の申請者の項目に注目してみよう。申請者は大方が介抱者、すなわち暇の当事者と一致している。しかし暇を申請した者と実際に暇を取る者とが異なる事例も若干あり、その場合は暇の取得者の名前を括弧にいれ、申請者との関係を示した。申請者と介抱御暇の当事者とが異なっている事例の大半は、両者が親類の間柄になっている。このうち9・33・36の三例については、申請者が幼少であったり、病気のために、親類が代わって暇を取り、介抱にあたることになっている。3・22の場合は、暇の当事者が遠方にいたり、忌中であったりなどの事情により、親類が申請の名代をしている。一方、1・21・28・29・38・40・46は申請者と暇の当事者とが親子の間柄であるが、このうち38・40・46は、被介抱者が自ら子供の暇を申請しており、残りは自身が取るべき暇を勤務の都合などから子供に代替させている。

以上の点に留意したうえで、介抱御暇の当時者と被介抱者との関係、すなわち実際に暇を取得した者が、誰の介抱にあたっていたのかに注目してみよう。全体的には父母の介抱が多く、養子に出た者が実父母を介抱するというケースも少なくない（8・10・11・16・19・26・37・44）。とくに明和年間までは、もっぱら父母の介抱を対象としており、唯一、9の事例が親類の介抱のための暇を取っているが、これは藩主の参勤の伴で上府中の父親が病気となり、暇を取って駆けつけるべき子供も病気であったため、親類が代わりに暇を取り介抱することを申請したもので、やむを

期　　間	申　請　内　容
往来17日	妻が実母の介抱中に病気.倅による「病気見届介抱迎」のための暇を申請
	父が花山勤番中に病気.帰宅の道中を迎える暇を申請
	大森遠右衛門が痢病を罹患.倅による介抱御暇を親類と遠右衛門自身が申請
	父が病気で帰府.介抱のため道中迎えの暇を申請
	中症の父を見捨てがたく,「一通介抱」のため江戸勤番の出立の「日延之御暇」を申請
快気迄	父の病気で往来20日の介抱暇を取得.再度,快気までの暇を申請
	母が極老で大病.御用中ながら介抱暇を申請.上司も伺を申請
7日	実母の介抱のために往来15日の暇取得.快方に向かい,再度7日の暇を申請
	父が上府中に病気.介抱暇を申請するべき自分も病気のため,親類による暇を申請
往来15日	実母が大病.普請惣奉行として勤務中だが暇を申請
往来10日	実母が黒森参詣の途中,病気で逗留養生.道中介抱と療治のため暇を申請
	蟄居で親類預中の源五右衛門が癪病.親類の付き添いでは療治できず,倅による介抱の暇申請を親類が連名で申請
	父が参宮途中,江戸で病気逗留のため,介抱暇を申請
15日	父が痰癪で大病.勤番中だが帰宅し付添介抱の暇を申請
往来5日	親類が御伴で上府の途中,大病.「見届介抱引取」のため暇申請
15日	実母が大病のため介抱暇を申請.倅も「介抱旁召連」願
	実父嫡子が病気で帰府の途中,逗留.連れ帰るための暇を申請
	父が病気で帰府の途中,病状が悪化.連れ帰るための暇を申請
	実父が病気.自身も病気で欠勤中だが暇を申請
2,3日	江戸表で勤務中の父が老衰で病後の身.上府予定を早め暇を申請
	母が老衰.介抱のため嫡子の派遣を申請
10日	弥兵衛は母の大病のため10日の暇取得.再度の暇を親類が忌中の弥兵衛に代わり申請
	親類が江戸で病気.その嫡子は幼少のため,親類として暇を申請
10日	母が前月中旬より大病で介抱暇を二度取得.三度目の暇申請
15日	母の看病暇を三度取得.四度目の暇を申請
往来20日	実弟方で養生中の母が大病.番所勤め中だが付添介抱の暇申請
	実母が大病.付添介抱の暇を申請
10日	同姓本家が大病.手廻も皆疫病で心配され,見届介抱のため暇申請
	親類が帰府の途中,大病で逗留.近親者が皆病気のため,親類として嫡子による介抱の暇を申請

表22　盛岡藩士「介抱御暇」の申請

No.	申請年月日	申請者(介抱者)	被介抱者
1	宝暦2年(1752)2月19日	西野金之丞(倅・儀右衛門)	妻(儀右衛門母)
2	宝暦2年(1752)4月5日	松岡宇八郎	父・東伍
3	宝暦2年(1752)5月3日	大森金之丞(親類・大森定之丞),大森遠右衛門	親類(大森定之丞父)・大森遠右衛門
4	宝暦2年(1752)12月6日	西川豊後	父・小左衛門
5	宝暦3年(1753)4月4日	久慈弥太夫	父・友心
6	宝暦5年(1755)11月15日	一戸五右衛門	父・隠居清心
7	宝暦8年(1758)8月26日	宮小左衛門	母
8	宝暦8年(1758)11月6日	新渡戸文助倅伊八郎	実母・高橋市郎兵衛妻
9	宝暦12年(1762)9月10日	梶熊太郎(親類・斗内久兵衛),斗内久兵衛	父(斗内久兵衛親類)・梶藤内
10	宝暦13年(1763)7月12日	木村市郎兵衛	実母・佐々木甚五兵衛母
11	明和4年(1767)4月19日	馬場政右衛門	実母
12	明和6年(1769)12月13日	一条金兵衛他(親類一条軍右衛門)	親類(一条軍右衛門父)・隠居源五右衛門
13	明和8年(1771)4月21日	漆戸舎人	父・隠居茂叔
14	明和8年(1771)8月16日	寺本勝左衛門	父・隠居惣内
15	安永3年(1774)3月27日	御掃除坊主宗齋	親類・大沼作右衛門
16	安永3年(1774)7月1日	田中武左衛門	実母・千葉庄左衛門母
17	安永4年(1775)2月21日	石井久米之助	実父嫡子・清十郎
18	安永4年(1775)4月22日	田鍍金六	父・六兵衛
19	安永5年(1776)4月10日	吉田九右衛門	実父・奥瀬要人祖父隠居関水
20	安永6年(1777)3月12日	上田永宅	父・隠居永久
21	安永6年(1777)9月18日	川口弥兵衛(嫡子十蔵)	母(十蔵祖母)
22	安永7年(1778)7月9日	伴金右衛門(親類川口弥兵衛)	親類(川口弥兵衛母)
23	安永7年(1778)閏7月11日	山田軍平	親類・布施牧太
24	安永8年(1779)1月6日	川口弥兵衛	母
	2月26日	弥兵衛実弟川口甚右衛門	母
25	安永8年(1779)1月13日	蛇口八十右衛門	母
26	天明元年(1781)5月1日	江渡文右衛門	実母
27	天明4年(1784)6月23日	江釣子官右衛門	同姓本家・江釣子栄左衛門
28	天明4年(1784)8月14日	七戸隼人(嫡子盛人)	親類・北左衛門

往来15日	実兄が大病.御用繁多で暇を申請できず,嫡子による暇を申請
10日	父が大病.自身も病中で勤務を退いているが介抱暇を申請
往来2日	中症を患う父が湯治に出るため,付添見届の暇を申請
	御用で上府の父が77歳で癪病.道中・江戸勤務中の介抱暇を申請
往来10日	父が代官所勤番中に病気.自身は幼少のため親類による介抱暇を申請
代役到着迄	父が代官所勤番中に病気.代役到着まで付添介抱の暇を申請
快気迄	父が代官所勤番中に病気.快気まで付添介抱の暇を申請
	父が江戸で大病.自身も病気のため親類による介抱暇を申請.ただし父は帰府の途中病死
10日	実母が大病.代官所勤番中だが付添介抱の暇を申請
快気迄	黒沢尻御蔵勤番中に中風で大病.嫡子による介抱暇を申請.
10日	実弟も付添介抱の暇を申請
15日	父の病気で15日の介抱の暇を取得.まだ快気せず再度暇を申請.
代役到着迄	代官勤務中に持病の脚気.代役到着まで介抱のため嫡子の「直々差置」を申請
	預の御徒目付が病気で帰府の途中,大病となり,倅が付添介抱の暇を申請.預かり人も病人の倅による暇を申請
	親類が役所で病気.弟による介抱暇を申請.
代役到着迄	代官所勤番中に病気.代役到着まで嫡子による介抱暇を申請
15日	実母が大病で15日の暇取得.快方に向かったが再度大病の連絡あり,再度の暇を申請
往来20日	母方祖父が代官所勤番中に癪病.祖父の嫡子が暇を取得し連れ帰ったが,一人で介抱不可の連絡あり,勤役中の父に代わり引添介抱の暇を申請
	持病の疝癪のため,嫡子による介抱の暇を申請
快気迄	老母が病気で付添介抱の暇取得.病気が長引き,他に扶養者がおらず,再度快気まで滞留し付添介抱のための暇を取得

関係を（　）に示した.

29	天明6年(1786)閏10月12日	太田忠助(嫡子良右衛門)	実兄(良右衛門叔父)・小川惣右衛門
30	寛政2年(1790)1月17日	中居所右衛門	父・隠居円休
31	寛政2年(1790)2月15日	藤本伯船	父・隠居庭峨
32	寛政2年(1790)10月1日	駒木理右衛門	父・新兵衛
33	寛政3年(1791)10月1日	土岐唯八(親類田鍍甚之丞)	父(田鍍甚之丞親類)・土岐伊右衛門
34	寛政4年(1792)3月2日	栃内左弥太	父・源左衛門
35	寛政4年(1792)4月12日	渋民金作	父・忠右衛門
36	寛政4年(1792)8月20日	和井内栄蔵(親類・和井内十右衛門)	父(和井内十右衛門親類)・遠右衛門
37	寛政4年(1792)9月20日	花坂理右衛門	実母
38	寛政4年(1792)11月24日	川井小弥太(嫡子清六) 小弥太実弟中野武兵衛	本人(清六父)・小弥太 兄・小弥太
39	寛政5年(1793)9月2日	金田一重左衛門	父・隠居太兵衛
40	寛政5年(1793)10月10日	田鍍良左衛門(嫡子和右衛門)	本人(和右衛門父)・良左衛門
41	寛政5年(1793)10月19日	照井良助 沢田作左衛門(照井良助)	父・吉左衛門
42	寛政5年(1793)12月7日	彦八(弟南続)	親類・野沢彦右衛門
43	寛政6年(1794)3月10日	立花万右衛門(嫡子・金左衛門)	本人(金左衛門父)・万右衛門
44	寛政6年(1794)7月25日	太田丹右衛門嫡子左右	実母・斉藤才右衛門母
45	寛政6年(1794)9月20日	長峰兵作嫡子茂吉	母方祖父・立花万右衛門
46	寛政7年(1795)7月3日	夏村嘉右衛門(嫡子條右衛門)	本人(條右衛門父)・嘉右衛門
47	寛政7年(1795)7月25日	今井元安	母

注　「申請者」欄は申請者と介抱者が異なる場合のみ，介抱者を（　　）に示した．
「被介抱者」欄は申請者との関係を示す．申請者と介抱者が異なる場合のみ，介抱者との

得ない事情から発した例外的な事例とみなされる。一方、安永年間以降になると、祖父母（21・45）や兄弟（17・38）、親類（15・23・27・28・29・33・36・42）の介抱御暇の申請が少なからず出てきている。親類の暇は前述の9のように、本来は介抱御暇を取るべき子供の役割を、親類が代替するという事例もあるが、15・42などは、親類の介抱自体が目的となっている。これらは明和六年（一七六九）に父母についてのみ、ほぼ無条件で暇を認めていた従来の規定を見直して、以後は祖父母と兄姉の介抱御暇の申請も取り次ぐことになったことによる変化であろう。この方針が実際に運用されて、祖父母や兄弟、親類を介抱するための暇の申請が増加したものと考えられる。なお、親類の系譜は大概が父方であって、父系の係累の強さがうかがわれるが、45の長峯茂吉の場合は、母方の祖父の介抱にあたっており、女系の親族の介抱に携わった唯一の事例である。

次に、介抱御暇を取るさいの人数に着目してみよう。単独で暇を申請しているケースが大多数を占めているが、なかには複数の親族で同時に申請したり、交代で申請している事例も見られる。24の川口弥兵衛は、母親の介抱を自分だけではできかねるとして、弟甚右衛門と二人で暇を申請して認められている。弥兵衛の介抱は足かけ三年にわたっており、21にみえるように、この二年前には自身の嫡子十蔵を介抱にあたらせており、22によると前年は二度の申請で二〇日の暇を取っている。38は黒沢尻御蔵勤番中の川井小弥太が中風に罹り、嫡子である清六と、実弟の中野武兵衛の二人が同時に暇を取っている。このように一人で病人を介抱しきれないとなると、兄弟や親族間で同時に暇を申請することもあり、藩もこれを認めていたのである。このほか単独で暇を申請し、実質的には複数の親族で出向く場合もあり、たとえば16の田中武左衛門は、実母の大病にさいして倅を「介抱旁召連」とあるように、子供を同行させている。

一方、病人の身内が交代で暇を取ることによって介抱の負担を分け合っていたのは、前述した川口弥兵衛の事例である。21・22・24をつなげてみると、子、孫などで三年の間に一〇度の暇を取り母親の介抱を交代していたことになる。43と45も同様で、立花万右衛門の癪病にさいして、嫡子の金左衛門が一人では介抱が行き届かないとして、外孫にあたる長峯茂吉が半年後に暇を取っている。長期にわたる介抱には複数の身内が交代で暇を取ることにより、負担の軽減を図り、また介抱の担い手を確保するという手段が取られていたのである。

続いて介抱御暇の申請期間をみてみよう。暇の期間が書かれているものをみると、往来二日から「快気迄」という長い幅があるが、全体的には往来一〇日から一五日といったところが最も多い。往来とあるのは、病人と暇の申請者とが、参勤ないしは領内での勤番や勤役の関係で離れて暮らしているために、病人のもとに駆けつけたり、病人を連れ帰る日数を含めて暇の期間を願い出たのである。一方、往来の暇を繰り返し申請することによって、介抱の日数を確保している事例もあり、たとえば8は、実母の介抱のために往来一五日の暇を取ったのち、快方に向けて様子をみるために再度七日を申請している。39・44も、ともに親の介抱のために一五日の暇を二度ほど取っている。21・22・24については前述したように、足かけ三年にわたって何度も申請を通した様子が知られる。さらに6の場合は、父親の介抱のために往来二〇日の暇を得たうえで、「快気之内」の暇を申請、同様に47も母親のために一度目の日数は不詳であるが、二度目は他に扶養する者がいないことを理由に快方に向かうまでの長期の「付添介抱」を申請して、受理されている。いわば無期限の休暇を要求することになる「快気迄」という申請は、他にも35・38の事例がある。状況しだいでは介抱御暇を繰り返し申請して、病人が快方に向かうまで休暇を取り続けることも可能であったのであり、これにより実質的に病人に長期にわたって付き添うことができたのである。

それでは、介抱御暇はどのような状況において申請されていたのか、介抱される側からみてみよう。申請書はいずれも形式的で短い文面で書かれており、病気の症状が子細に記されているわけではないが、たんに「病気」とのみ書かれている事例が一八件、「大病」と書かれているものが一六件ある。具体的な病名が記されているものとしては、癪病五件、中症（中風）三件、老衰二件、痢病一件、脚気一件という程度である。しかし、大病に加え、中症、老衰という差し迫った病状がうかがえる事例を足してみると、全体の半数近くを占めており、これに病人が申請者の父親や祖父母、叔父という間柄で年齢の高さが推測されることを考え合わせると、介抱御暇は基本的に、身内の病人や高齢者の最後の看取りの段階で申請されていた様子が浮かび上がる。

一方、勤務中に病を患い、自ら身内を介抱に呼び寄せたり、身内が駆けつけている例も少なくない。1・2・4・9・15・17・18・20・23・28・32・34・35・36・38・40・41・42・43・45の一九例が数えられる。介抱御暇は藩士の勤務中の病気に対応する制度ともなっていたのである。暇を取った藩士自体の役割に注目してみよう。1・2・4・11・17・18・36・41は、病人が盛岡城下の自宅に戻る道中まで出向いて引き取ろうとしている。7・10・14・25・37の五例は、勤役あるいは勤番中で遠方にいながら、父母の大病を聞いて駆けつけており、早急に対面して最後の看取りに付き添うことが要されたものとみられる。これに対して12・16・19・21・26・27・39・44は、被介抱者が別居の父親や実母、本家などであるので、自宅から通って、あるいは親類宅に泊り込んで介抱したのであろう。このほか、5は中風に罹った父親を残して江戸勤番に上ることが忍びないとして、「一通介抱」のために出立の延期を申請している。32は江戸御用を務めることになった父親が七七歳の高齢で、しかも癪病を患っていたため、子供が道中及び上府中の付き添いを願い出たものである。高齢で病気持ちであっても勤務を強いられており、上府中は息子が父のそばに居たことになる。47は病気で高齢の母親を他に介抱する身内がいないという理由で、息子が快気まで家で看ていたようである。

以上、介抱御暇願の運用状況を考察してきたが、暇による藩士の役割は多様であって、身内として病人の移動の道中に付き添ったり、病人を引き取りに出かけるといった行為があり、その一方で、病人の傍らに何日間か付き添ったり、快方に向かうまで様子を見ていることもあった。全体的には病状が思わしくない高齢の身内にたいして、往来一〇日から一五日の暇を申請して駆けつけている例が多く、家族の最後の看取りの段階で、看取りの介護をしていた姿が浮び上がるが、これは当時の病気のありかたと関わるものであろう。大病であれば、当時の医療技術の水準では大概は長く寝込むことなく死亡に至るケースが多かったとみられる。高齢者が介抱を要する事態となれば、特別な延命手段はなかった時代であるから、現在と比べてはるかに早く自然死を迎えていたであろうことは想像に難くない。このように老齢や病気が即、死と直面していたとすれば、介抱は基本的には死を間近にした看取りの介抱として短期間の行為であったことが推測され、看病断の多くは、そうした事態において申請され、機能していたものと考えられる。ただし、病状が長引く場合には、親族間で交代で暇を取ったり、快方に向かうまで暇を取り続けるといったように、長期にわたって看病・介護のための休暇を取ることも可能であった。盛岡藩の介抱御暇の制度は、身内の病人の病状にあわせた実質的な看護休暇制度として機能していたとみることができよう。

2　その他の藩の状況

前節では盛岡藩の「介抱御暇願」が幕令の影響を受けて寛保三年に制度化されたことを確認したが、ここではその他の藩の制度について概観しておきたい。看病断の規定の存在が知られる早い例としては、久留米藩が挙げられる。正徳三年（一七一三）八月の触書のなかに「看病にて出勤断の事」という書出しからなる一文があり、家内の父母・兄弟・姉妹・妻・子が病気の場合は、支配に届け出れば「引籠り保養」をさせること、祖父母・叔伯父母・外舅姑の病気にさいしては、他に看病人がいない場合に限って支配頭へ報告の上、指示を受けるものとされている[16]。

新発田藩でも正徳六年に、御番・御伴番・諸役人を対象とした「看病之断」の規定が確認できる。適用の条件は久留米藩とほぼ同様で、親・子・兄弟・妻が重病のさいに組頭・支配頭に断を申し出ることとし、病状が軽い場合の願い出を禁じている[17]。忌懸親類と婿・舅の病気については、特別の事情がある場合に限定され、病家に看病人がいながら看病断を出すことは禁じられていた。また、自身の病気を申し立てて親類宅へ出かけることも禁じられているが、当時は実際、さまざまな手段を使って親類の看病に出向く者が少なくなかったことをうかがわせる。

以上のように久留米藩、新発田藩では一八世紀初頭での看病断の規定の存在を確認できるが、これらの規定は以前から存在した看病断を、その時点で適用の範囲や手続きの方法を明確にして制度化したものとみられる。看病断が認められた身内の範囲は、基本的に久留米藩は家内の父母・妻・子・兄弟姉妹であり、新発田藩も父母と妻子・兄弟であるが、いずれも寛保二年に定められた幕府の規定より対象が広い。藩によって相違があり、前述したように盛岡藩では、届け出しだい許可される対象は父母に限定されており、弘前藩では父母と妻・嫡子となっている[18]。また高崎藩では寛政七年（一七九五）に、妻の病気にさいしての看病願は、倅が出仕している者については「親の儀に付、倅看病願候筋」とし、倅が勤務を離れることに支障が出る場合に限って、夫による妻の看病断の提出を認めている。これは、「倅無之者妻看病之儀は是迄之通」という一条があるので、従来は親子と夫婦の間の序列がなく、寛政七年の段階で親子関係を夫婦関係よりも重視したことがうかがえる[19]。

高崎藩ではさらに、年代は不詳であるが、妻子を対象とする看病断は五〇石以下に申請を認め、六〇石以上の面々には許可しないとする「御規定」があった[20]。禄高の大小によって許可の対象が定められていたのは、おそらく家内にいる奉公人や下男下女の数を考慮して区別を設けたものと思われるが、妻子の看病が親の看病に比べて軽んじられていたことも示唆している。いずれにせよ看病断の制度は、寛保二年の幕府の規定が大名にも通達されたことからすれば、おおかたの藩に存在していたことが推測される。

一方、看病断を届け出るさいの手続きとしては、代わりの役方や番方を補充することも必要であった。基本的にはどこの藩でも看病断を申請した当人が、交替要員を自ら探すことが条件とされていたようだが、交替要員の確保と看病断の申請の順序は藩により相違があった。久留米藩では、番所の当番中に身内に急病人が発生した場合、仲間に交替を依頼して承諾を得たならば、交替員の到着を待たずに用人中に断って帰宅してよいとし、相番がいる場合には相番に報告し、代わりの者が来るのを待たずに用人中へ届け出て帰るように定めている(21)。看病断を出す前に、まず交替の者を探すことが先決であったが、交替要員が決まれば任務に支障がないものとして、その到着を待たずに上司への断しだい帰宅が許されたのである。これに対して高崎藩では明和二年、月番を代わる助月番は看病断を提出したうえで申し合わせるように定めており(22)、看病断が受理されないうちは、助番を依頼することはできなかった。

最後に暇そのものの中身についてもみておこう。前述の盛岡藩では、病人と暇の申請者とが知行地や勤務地、城下に別れて暮らしていたり、あるいは江戸・国元間の旅中に病人が発生したために、看病断が病人を引き取って連れ帰るための往来の旅程を含んで申請されている場合が多く見られた。小田原藩でも幕末の嘉永元年(一八四八)から安政三年(一八五六)にいたる「看病御暇」の申請一〇件をみると、塔沢・蘆ノ湯・湯河原といった温泉へ療養に出かける病人への「看病付添」が三件申請されている(23)。三件の申請が実際に受理されたものかどうかは不明であるが、申請が複数出ていることからすれば、こうした願い出は従来から許可されてきたものとみられる。つまり、看病という行為は、自宅や親族宅で病人を傍らで見守るだけではなく、病人の移動に付き添ったり、療養に連れて歩くこともその範疇にふくまれていたことになろう。一方、藩によっては別の手段に流用されたこともあったようで、次の史料はそうした実態を示す一例である。

是迄親急病ニて死去致し候ても隠置、倅看病引相願、其上ニて死去届有之候仕来之處、以来親隠居、又は婦人ニて相続ニ差支等も無之候ハヽ、実事を以死去届可致、別段看病願ニ不及候旨、尤相続人ニ差支等も有之候へハ別段之義、此段諸支配ニて相心得居候様被仰聞候間、御役人之向え及通達置候事(24)

右は、挙母藩の弘化二年（一八四五）九月二五日の触書である。従来、親が急死したさいにはしばらくこれを隠し、倅が看病引願を提出したうえで死亡を届け出る習わしであったが、今後は親が隠居の身であったり、女性で相続に関わらないのであれば、看病引願を提出せずに実際の死亡を届け出るようにせよ、ただし相続人の決定に支障が生じている場合は例外とする、というのが主旨である。挙母藩では看病引願が長い間、親の急死にさいして次の当主を決めるまでの工作に用いられていた様子が知られる。相続人が決まらないうちに親が死亡した場合、次期当主の座をめぐって子供どうしで対立が起こり、騒動となったり、ひいては家断絶の事態にもなりかねなかった。そこでこれを事前に防ぐ手段として、看病引願を利用した時間稼ぎが行われ、藩もまたこれを黙認していたのである。だが、実際にはそうした手段を要した当主の急死という場面ばかりでなく、相続に関わりのない母親の急死時や、子供が当主の座を譲りうけて父親が隠居していた場合にも提出されるようになっていたため、以後、必要な場合に限って提出するように定めたのである。

このように挙母藩では、看病引願が親の死亡後に提出されるという本末転倒の使われかたがなされたことがあった。しかし、この挙母藩の事例をもって看病断の機能や役割をみることは、妥当ではない。前項で考察したように、盛岡藩では看病断が実際の病人の発生の場面で提出され、介抱の実質に即して運用されていた。ここでは看病断の制度が、本来の目的に加えて、ときに流用もあり得たことを確認しておく。

おわりに――「看病断」の意義――

武家社会の「看病断」は、どのような事情から生まれ、制度化されたのだろうか。一つの仮説として、近世社会の病気に対する認識が挙げられるだろう。本論で触れたように、幕府と藩は慶安三年以降、疱瘡・麻疹・水痘に罹った病人を看病する武士を出仕遠慮の身とする規定を定めていた。病人に看病人を付けてその出仕を禁じたのは、病気に対する穢れ意識に発したものであり、そうした穢れ意識が看病断という制度を生み出す背景にあったと想定してみる。だが、右の規定はあくまで疱瘡・麻疹・水痘という特別な伝染病に限っての予防措置であって、近世の武家社会があらゆる病気を穢れとして認識し、これを避けるシステムをつくり出していたとみることは妥当ではない。しかも、疱瘡・麻疹・水痘の出仕遠慮の心得は慶安三年が初出とみられるので、この規定の成立が看病断の成立に影響を与えたとは言えないことになる。

とすれば問題は、武士が身内の病気にさいして「看病」を名目に付き添うという行為のなかにこそ見い出されるべきであろう。それは家族に対する家長としての役割、責務という側面からとらえられる。近世社会において「家」は成員の生存の拠りどころであり、家族員に病気や障害、高齢などで看病・介護を要する者があれば、彼らの看取りは家長のもとに「家」として解決すべき事柄であった。このように近世の「家」が成員の生存を支える存在であれば、そうした「家」の成立のうえに立つ幕府や藩は、家長ないしは跡取りに対して、家族員の看病を名目とする休暇を認めざるを得なかったであろう。武士には役方・番方の任務があったが、家族員の生活を統轄し保護・扶養する家長としての責任は重大であって、実際そのために、武家の子弟教育においては看護の具体的な知識の習得が行われていた(25)。

武家社会の頂点に立つ幕府および藩は、家長の家族に対する介抱役割を保障するために、看病断の制度を設けたものと考えられる。

なお、看病断の提出は、幕府や藩だけでなく、大名と幕府の間で暇乞いの手続きとしても制度化されていた。藩主は参勤交代以外の江戸・国元往来は基本的には認められていなかったので、離れて暮らす家族や親族が病気のさいには、幕府に看病断を申請して帰国していた。秋田藩佐竹家は寛文一一年（一六七一）、元禄一五年（一七〇二）、同一六年（一七〇三）、正徳五年（一七一五）、寛延二年（一七四九）、宝暦三年（一七五三）、同八年（一七五八）の七回、藩主の「御看病御暇」を申請している。[26]ただし、申請の大半は病人の症状が悪化した段階で出されており、藩主の到着を待たずに病人が死亡している。また、藩主の親が病気であっても、藩の財政しだいでは看病断の提出を見合わせることも検討されていた。[27]大名による看病断は病人の臨終の段階で提出されることが多く、一般の武士の場合のように介抱の実態を伴うことは少なかったようであるが、暇乞いの制度の一つとして実質的な機能を果たしていたのであり、この背景には、家族を看取るべき当主の役割が自覚されていたものと考えられる。

以上、本章では看病断について制度論的なアプローチを試みてきたが、看病のための休暇を得た武士が、実際、家内にあって看護や介護にどの程度関わっていたのかについて、具体的な考察を要している。

注

（1）　近世の高齢者問題を扱った論考に、大竹秀男「江戸時代の老人観と老後問題」（利谷信義・大藤修・清水浩昭編『老いの比較家族史』三省堂、一九九〇年）、新村拓『老いと看取りの社会史』（法政大学出版局、一九九一年）、同『ホスピスと老人介護の歴史』（法政大学出版局、一九九二年）、柳谷慶子「近世家族における扶養と介護」（渡辺信夫編『近世日本の民衆文化と政治』河出書房新社、一九九二年、本書第二部第一章）、同「近世社会における介護役割と介護思想」（『総合女性史研究』一〇号、一九九三年、本書第二部第二章)、菅野則子「養生と介護」(『日本の近世　第一五巻　女性の近世』中央公論社、一九九三年)、菅原憲二「老人と子供」(『岩波講座　日本通史　近世三』岩波書店、一九九四年)などがある。

(2)真下道子「出産・育児における近世」(女性史総合研究会編『日本女性生活史　第3巻　近世』東京大学出版会、一九九〇年)、太田素子『江戸の親子』(中公新書、一九九四年)など。

(3)布施弥平治編『百箇条調書』第六巻(新生社、一九六七年)二〇〇〇頁。なお法令が出された宛先や月日は書かれていないが、『御触書寛保集成』(岩波書店、一九五九年)二九六一号、『徳川禁令考』前集第二(創文社、一九六一年)一二二八号に同文を収録。

(4)「諸例類纂」五(内閣文庫一八〇―五三)。

(5)「憲教類典」三ノ十四(『憲教類典』(三)、内閣文庫所蔵史籍叢刊第三九巻二一九～二二〇頁、汲古書院、一九八四年)。なお「憲教類典」では法文のうち「難見放躰ニて外ニ可致看病」の一二文字が脱落しており、したがってこれを掲載した『古事類苑』政治部三(吉川弘文館、一九八三年)四六二頁でも脱落のままである。

(6)「御当家令條」(『近世法制史料叢書二』創文社、一九五九年)二九四号。

(7)『日本思想大系三　律令』(岩波書店、一九七六年)二二八頁。

(8)「憲教類典」三ノ十四(前掲『憲教類典』(三))二一一～二一二頁。

(9)前掲「御当家令條」二九九号。

(10)前掲『御触書寛保集成』九三五号。

(11)文化一四年(一八一七)九月に御使番大草主膳より勘定奉行の内藤隼人正に対して、祖父母の看病断を受理すべきか否かについて問い合わせがなされたさい、内藤が、寛保二年に父母と妻子の他は認められないとする「申付」があったことを述べており、寛保二年令がこの時点でも判断の拠りどころとされていたことが知られる。大草主膳の問い合わせについては、申請者の祖父に他に看病する者がいなければ願い出を認める方針を示したが、申請者に妻子がいることがわかったため、申請は却下された(「的例問答」二、内閣文庫一八一―一四三)。なお『古事類苑』政治部三、四六二頁では寛保の年号が寛政と誤記されている。

(12)「御家被仰出」巻二、二〇八号(『藩法集九　盛岡藩上』一〇二～一〇三頁、創文社、一九七〇年)。

(13)同前六一五号(同前二七七頁)。

(14)「御当家重宝記」巻二、一五〇号、(『藩法集九　盛岡藩下』四七四頁)。

(15)『藩法集九　盛岡藩下』四七五〜四八四頁。
(16)「御書出ノ類」二五九号（『藩法集一一　久留米藩』一二八〜一二九頁、一九七三年）。
(17)「御家中欽之覚」（『藩法史料集成』一四五頁、一九七〇年）。
(18)「御用格」附添之部（『御用格』上巻八六九〜八七二頁、弘前市、一九九一年）。
(19)「規矩帳」四（『藩法集五　諸藩』二五三頁、一九六四年）。
(20)「目付要書」十七（前掲『藩法集五　諸藩』三二一頁）。
(21)前掲「御書出之類」二五九号。
(22)前掲「規矩帳」百七（前掲二七九頁）。
(23)「諸願書目録」下二六（『藩法集一二　続諸藩』四六〇〜四六三頁、一九七五年）。
(24)「諸被仰出留」一七〇号（前掲『藩法集一二　続諸藩』二七〇〜二七一頁）。
(25)本書第二部第二章。
(26)「国典類抄」前編凶部六（『国典類抄』第七巻凶部一、一六五〜一七〇頁、秋田県教育委員会、一九七九年）。
(27)享保一六年、五代藩主義峯の実母聖相院の容体が悪化したため、江戸屋敷では義峯を上府させるための「看病御暇願」の申請が検討されたが、国元では参勤交代で帰国したばかりであり藩財政も窮迫していることを理由に申請を見合わせる意見がだされていた。合議の末、結果的には養子問題とからめた利害を見出して上府が決定したが、聖相院はその後すぐ死去している（同前『国典類抄』第七巻、四四二〜四四九頁）。

第五章　武士の病気療養と藩

――沼津藩「水野伊織日記」の分析から――

はじめに

だれもが避けがたいといえる病気に対して、人々はどのように向きあい、対処してきたのだろうか。そこには各時代の社会体制や、疾病観・養生観が深く関わっていたものとみられる。病気療養や介抱のありかたに歴史的な照射を当てる試みは、近年、近世史研究においても活発化しつつある(1)。本章ではそうした成果を踏まえながら、武家社会における病気療養の諸相の一端を明らかにしてみたい。多数の死者が出る流行病の発生にさいして、藩権力はいかなる施策を展開していたのか、個々の武士の治療・養生や看病・介抱はどのような方法で行われていたのか、具体的に検証してみる。

分析の素材に用いるのは、沼津藩士水野伊織による日記である。伊織は天保九年（一八三八）、沼津藩の重臣で禄高一〇〇石の金澤家に生まれている。実父の金澤八郎には伊織を含めて三人の男子がおり、このうち伊織の兄貢は、母の実家である徳田家を継ぎ、京都の公家の梅園家に仕えた後、藩に帰参した。弟の俵三郎（文久三年に弥兵衛と改名）は沼津藩の重臣黒澤家の養子に入っている。伊織も成人後、藩の重臣水野助左衛門の妹婿となり、水野家を相続した。金澤家は三人の実子が皆他家へ出て、養子の久三郎が家を継いでいる(2)。

伊織の養父水野助左衛門は、文久三年（一八六三）伊織の実父金澤八郎とともに、年寄役に就任している。伊織自身も幕末の沼津藩において、慶応二年（一八六六）七月に城代兼公用人となり、翌三年には御側御用人に昇進するなど、要職を担って活躍した。そうした公務の傍ら執筆された日記は、文久元年（一八六一）から明治二五年（一八九二）まで二三冊が残されており、このうち慶応四年一月までの五冊分が、「水野伊織日記」と題して『沼津市史　史料編近世1』に収録されている。(3)

本章では「水野伊織日記」の記述のうち、文久二年夏に江戸で麻疹（はしか）が流行したさいの勤番藩士たちの療養生活と、藩の施策について検討を加える。

一　水野伊織の療養生活

文久二年（一八六二）の六月から八月にかけて、江戸は麻疹の猛威の真っ只中にあった。麻疹は疱瘡と並び、幕末にコレラが進入する以前は最も多くの人命を奪っていた伝染病の一つである。一度罹患すれば終生罹らない免疫性の流行病であったが、俗に「命定め」といわれたように、致死率がきわめて高く、古来周期的に流行して大量死をもたらしていた。一九世紀に入ってからは、享和二年（一八〇二）、文政七年（一八二四）、天保七年（一八三六）と三度にわたって流行し、それから二六年を経た文久二年も全国的な大流行となり、とくに江戸では六・七月の二カ月間で数千人の死者が出るという惨事を呈していた。(4)

麻疹の猛威は沼津藩の江戸屋敷に勤務する武士たちにも容赦なく襲いかかった。水野伊織は前年の文久元年一二月一〇日に御物頭兼頭取として一カ年の江戸勤番を命じられ、同月二〇日から上府していたが、立場上、罹患した藩士、とくに勤番足軽たちの応対に奔走することになる。のみならず、伊織自身、当時は二五歳で前回の流行以降の生まれであったので、当然ながら免疫はなく、感染を免れることはできなかった。

伊織が発病したのは、奇しくも麻疹予防の療法を受けた日のことである。小川町の榊原小兵衛という旗本が麻疹除けの「ましない」をしていると評判に聞いて、六月二一日の早朝五時頃、実弟の黒澤俵三郎らとともに出かけていって入門し、午前七時頃から授けてもらった。江戸では当時、漢方医のほか、蘭学の医者も多数活躍するようになっていたが、そうした専門的な医療の一方で、民間療法やマジナイ・祈祷などの呪術的療法も相変わらず盛んであった。とくに予防という点では、疱瘡にはすでに種痘が導入され、安政五年（一八五八）に神田お玉が池に伊東玄朴ら八二名の蘭方医によって種痘所が開設されていたが、麻疹には医療的な予防法はなかったことから、流行時には藁にもすがる思いで祈祷などに頼る者が少なくなかったのである。伊織は自身に麻疹の免疫がないことは承知していたはずである。同僚や部下の足軽たちが次々に感染し、勤務を退いて病床に就いていたなかで、自分もそろそろ危ないという思いを強くしてマジナイの評判に関心を寄せたものと思われる。ただし、伊織はこの日の前夜から発熱感があり、自覚はなかったものの、すでに麻疹の前駆期に入っていた。榊原小兵衛のマジナイを受けた後、午前八時頃にいったん帰宅し、その日は当番日であったので定刻に藩邸に出仕したところ、発熱で耐えがたい容体に陥った。すぐに帰って床に臥せたものの、なにぶん単身の旅宿住いで、十分に療養できる環境ではない。そこでその日のうちに、定府の身で江戸に家族とともに暮らしていた実弟の黒澤俵三郎の屋敷に引き移り、療養することとなる。

以来、八月一〇日までの療養期間中、主に伊織の治療にあたっていたのは、江戸木挽丁に住む伊東玄民という町医者である。玄民は伊織が発病する以前から、沼津藩邸の勤番たちの治療を一手に請負っていた。伊織が倒れた六月二一日も、ちょうど御徒士勤番部屋に往診に来ており、川口恭助を介して診療を依頼したところ、その日の昼前には訪れて、おそらく流行の麻疹であろうと診断し、薬を出している。玄民は伊織が快復するまでほぼ毎日、黒澤邸に往診に来ており、ほかに伊東玄益、程田玄悦の二名の医者も伊織の治療に加わっていた。

麻疹は一般的な経過として、一〇日ほどの潜伏期間の後に、発熱と咳、目やになど、風邪に似た症状の出る前駆期が四日ほど続き、次いで顔や胸に発疹が現れて全身に広がっていく発疹期を迎える。発疹期は三日から五日ほどであるが、赤い小斑点がやがて高熱を伴いながら暗黒色に変わるあたりが峠となる。これを乗り越えると、以後は急速に快復に向かい、熱が下がって発疹も消失してゆく。(5) 伊織の症状も、発熱から始まって四日目にあたる六月二四日から発疹が出始め、二六日からはとくに苦痛が強まり、発疹も増加して、翌六月二七日に峠を迎えた。二九日には容体がややよくなり、少しずつ快方に向かっていった。だが、伊織の快復と引きかえるかのように、献身的に看病にあたっていた家来の時三郎が、おそらく伊織から感染したのだろうが、発病し、六月二八日から床に臥せてしまった。のみならず、寄宿先の黒澤家の家臣も、下男下女たちも、さらには江戸詰の実父金澤八郎の家臣たちも皆、一挙に病床に就いてしまった。親族も家臣も頼ることができなくなった伊織は、この間、旅宿から「房司」（「包仕」のことで台所仕事をする下男をさす）を呼び寄せて、世話をさせている（文久二年七月四日条）。その後七月半ばにはだいぶ容体が安定し、中元の時節の七月一四日には、伊東玄民に金二五〇疋、伊東玄益に一〇〇疋、程田玄悦に一五〇疋を診療費として支払った。この日は家来の時三郎にも、日頃の「実貞」と、このたびの病気での「看病篤実」を賞して、金一朱を遣わしている。

七月二〇日過ぎには沼津の家族や親族に書簡をしたためることができるようになっていたが、その後もしばらく大事をとって休養し、八月九日に明日出仕する旨を御用部屋へ届け出て、翌一〇日に約五〇日ぶりに公務に復帰した。五〇日に及ぶ伊織の療養は、同僚の鈴木主税が三七日間であったのと比べてみても、かなりの長期であるが、のちに自分は重症であったと述べている（同二年八月一五日条）。その後八月一四日には世話になった伊東玄民のところへ挨拶に出かけてゆき、肴料として金二〇〇疋を遣わしている。

このように伊織は、麻疹の発病にさいして、実弟の黒澤家に寄宿して療養生活を送り、全快まで連日のように医師の往診を受けて、無事に病を切り抜けることができた。伊織が黒澤家に身を寄せたのは、単身の仮住まいであった自身の旅宿と比べて衣食住のすべてが整う環境にあったことや、なにより病気にさいして肉親が側にいる安心感を求めたものだろう。ただし、約一ヵ月半に及ぶ伊織の療養生活のなかで、実際に伊織の看病にあたっていたのは、家来の時三郎であり、弟の俵三郎や、その妻などの近親者には看病の形跡はみられない。病気が流行の伝染病であったし、俵三郎には藩邸での勤務があり、彼の妻も当時は臨月の身であり、付き添える状態にはなかったのであるが、ともあれ家来の時三郎がもっぱら看病を担い、伊織はそうした時三郎の行為が「篤実」であったとして、中元に金一朱を遣わして賞したのである。時三郎はおそらく、伊織が病床に就いていた間中、付き添って食事の介助や排泄の世話などをしていたものとみられる。看護という行為が、武士の主従関係のなかで、家臣の献身的な仕えとして行われていた様子が知られるが、このような看護のありかたは、将軍や大名をはじめ、大身の旗本や上級家臣の場合は珍しいことではなかった。たとえば平戸藩主の松浦静山による『甲子夜話』のなかに、幕府老中を務めた松平定信の最後の病床で、伏すこともできなくなった定信を、近習頭が昼夜なく後ろから抱えて支え通したというエピソードが書留められている。(6) 当主の病床や臨終にさいして家臣が看病・介護を担うことは、家臣としての忠義の証でもあったのである。

以上みてきたように、伊織は単身赴任の身でありながら、幸いにも親族が近くにおり、藩の頭取という立場と、これに伴う経済条件にも恵まれて、当時としては万全な療養環境のもとで養生に専念することができたのである。

二　足軽の療養と療養改善の要求

足軽たちも六月半ばから八月半ばにかけて、過半数以上が発病して病床に臥せていた。彼らの療養生活は、上級藩士である伊織とは雲泥の差がみられる。

江戸藩邸に勤務する足軽には、家族ともども江戸で暮らす「江戸足軽」と、国元の沼津から単身一年の任期で上府する「勤番足軽」とがあった。勤番足軽は全部で四〇人ほどおり、このうち「半髪」と呼ばれる一〇人は別部屋を宛てがわれていたが、残る三〇人の「平足軽」たちは、三五畳敷きの大部屋での雑居生活で、炎暑の時節には就寝もままならない住環境におかれていた（文久二年五月二三日条）。平足軽たちは病を煩えば、十分な養生がかなわないことになり、ましてや麻疹のような伝染病ともなれば、感染を免れることは難しい。このため彼らはしばしば直接の上司にあたる小頭を通して、藩の上層部に療養環境の改善を要求している。伊織は頭取という立場上、そうした足軽たちの応対に奔走することになる。

六月一八日に小頭が水野伊織に対して、足軽たちへ藩の小人二人を貸して欲しいと願い出た。「勤番足軽二九人（平足軽）のうち、一七、八人もが麻疹で寝込んでおり、健康な足軽たちは日々の奉公があるので看病には手が回りかねるというのが、その理由であった。要するに小頭は、平足軽たちが大部屋で病床に就いたまま、十分な手当も受けられないでいる様子を見かねて、彼らの看護にあたる人員を要求してきたのである。これに対して伊織は、足軽たちには房司二人が付いているので、いきなり二人の増加はできないとし、奉行へ相談したうえで、とりあえず小人一人を貸し付けるよう手配している。

多数の病人が出れば、世話をする人手も多くを要することになる。だが平足軽たちには、病人の数に見合うだけの看護人が付けられていなかった。小頭の訴えにより、いくぶん看護態勢の改善が図られたようであるが、小人一人の増加ぐらいでは看護が行届くはずもなかった。なにより大部屋の雑居生活自体が、養生に適する環境ではなかった。このため江戸に縁者がいる足軽の患者のなかには、勤番部屋を出て一時的に親類宅に身を寄せることを願い出る者も出てきた。六月二九日には竹内鍠次郎、七月四日には亀嶋由太郎が、いずれも「勤番先ニ而手当等不行届」という療養条件の悪さを理由に、快方まで江戸の親類宅に引き移ることを申請し、藩はこれを許可している。なお、この年江戸では麻疹だけでなく、コレラも流行していた。沼津足軽の西坂國太郎は、藩の許可を得て江戸の松前伊豆守屋敷内にある岡田助右衛門方に入塾し、剣術修行を積んでいたが、コレラを発病し、岡田家にも病人が出て看病する者がいないとして、八月二二日、沼津藩に対して、藩邸内に療養の部屋と小人一人の拝借を願い出ている。藩は即刻これを認め、長屋を貸して療養させた。だが國太郎は、閏八月一七日に全快の見込みが立たないとして、沼津への帰国を願い出る。同じ足軽の身分でありながら、西坂國太郎には専属の看護人の拝借が認められたのは、コレラという病気の性格によるものだろう。

一方、江戸に頼れる親戚がいない大部分の勤番足軽たちは、そのまま大部屋で療養を続けざるを得なかった。藩主水野忠寛は七月八日、家中に対して、人員不足の折ではあるが養生の途中で急いで公務に復帰する必要はないと命じている。だが七月半ばから八月半ばにかけて、徐々に出勤してきた足軽たちは、全快の状態で復帰できた者はわずかで、なかには歩行もままならないまま出てくる者もあった。こうした状況の中で八月一五日、勤番足軽の半髪と平足軽たちは、しばらくの間養生のために国元へ帰りたいと小頭を通して伊織に帰国の暇を願い出ている。彼らは江戸藩邸での療養生活に堪え忍んでばかりもいられなくなり、集団でいわば全面的な休養の要求に出たのである。これを聞いた伊織は、いまだ全快できずにいる足軽たちの難儀に深い同情の念を寄せながらも、立場上、前代未聞の帰国願をそのまま聞き届けるわけにはゆかず、対応に逡巡している。近いうちに勤番の交代で沼津に帰国する者の取り調べがあるかもしれないと思い立ち、内々に調役に聞いてみたところ、その件の調査はまだないが、近々藩主が幕府に隠居を願い出て世子が家督を継ぐことになっており、これが決まれば若殿が帰国するので伴の者の帰国もあるかもしれない、という思いがけない情報を得ることができた。(7) そこで組下の足軽たちに、小頭を介して、年内に藩主の家督相続によって帰国の可能性があるが、半年での勤番交代は元来認められないことであり、麻疹は国元の沼津でも流行中で難儀は皆同じである、早期に全快の見込みがない者のみ、帰国を認めるので、一同で話し合って名前を提出するように、という書付をしたためて、説得を試みている。書付には「吾體ハ君ニ奉り候事故、右御不都合も不顧此上若帰国之儀願立候而は不忠不義ニ陥可申」という一文もみえる。部下の足軽たちを国元に返して養生させてやりたいという、上司としての気持ちの一方で、藩への忠義心に背くような行為を責めないではいられなかったのである。

勤番足軽たちの帰国願の件は、その後一ヵ月間、御用部屋で審議された。御用部屋から意見を求められた伊織は、足軽たちを帰国させても差し支えないだろうと答えている。御用部屋の方では、近々藩主忠寛の隠居と世子忠誠の家督相続による大礼があることを勘案して、大礼が終わるまでは四〇人いる勤番足軽のうち一〇人は江戸に残し、残留メンバーには半髪を宛てたいとしていた。これに対して伊織は、半髪を江戸に残しても門の守護より役に立たないので、先手組の足軽を残した方がよいと意見を述べて、容れられている。こうして閏八月一三日に、二六人の先手足軽のなかから鬮引きによって江戸残留の一〇人が選出され、小頭を通じて足軽たちに伝えられるとともに、沼津で養生することになった残る三〇人の足軽たちには、同月一六日、「御用少ニ付勤番御免」という帰国令が出された。足軽たちはこれに従い、二日後の一八日に江戸を出立する。国元での療養は一〇月中までと厳命された。藩は麻疹を煩った足軽たちの快復を優先させて、彼らにおよそ二カ月半もの臨時休暇を与えたのである。

一年の任期が定まっている勤番足軽を任期途中で多数一時帰国させたことは、彼らの療養が差し迫ったものであったとはいえ、藩としては思いきった策を採ったことになる。しかも藩は、家督相続の大礼という重要な儀式を控えて人員確保が必要な時期であった。ただし、閏八月一六日に足軽たちに渡された書付には、前述したように「御用少ニ付勤番御免」とあって、この帰国令が病気療養を目的に出されたことは記されていない。任期途中の勤番士を一度に番を解いて帰国させることは、藩の立て前上できないことであったのである。

麻疹の治療には多額の費用も要していた。このため藩士のなかには、藩に対して「人参代」の名目で治療費の拝借を願い出る者も少なくなかった。とくに下級武士である足軽たちは、病を煩えば治療費の負担が大きく、生活を圧迫していた。運よく発病を免れることができた足軽たちも、仲間の病人の看護役を担わされ、日頃から生計を補填する手段としてきた内職が不可能となり、生活に窮していた。こうした足軽たちは、個別に拝借を願い出ていたのでは埒があかないとみて、しばしば集団で藩に拝借を訴えている。

六月二三日には小頭の柳沢喜太郎が、この件で療養中の伊織のもとを訪れている。勤番の御先手組足軽三九人のうち過半数が発病し、かなりの重病人もいるので、健康な者たちで看病してきたが、治療による経費が嵩み、健康な者たちも看病のために内職ができなくなり、病人とともども生活の困窮が著しいとして、一人につき金一〇〇疋の拝借を認めて欲しいと願い出たのである。喜太郎自身が前の晩に勤番部屋を見舞ったところ、あまりに難儀の様子であったので、とりあえず持ち合わせの金子を少しばかり置いてきたという話も付け加えている。療養中の伊織は直接話を聞かなかったが、これには大いに同情を寄せて、表向き拝借は可能であろうと判断して、同役衆へ事の処理を頼むことにした。この日は午後に同僚の鈴木主税が見舞いに訪れたので、早速この件の処理を依頼している。また喜太郎には、差し迫っての入用に宛てるようにと一人に付き金一疋宛、合計七両一分を中借りのうちから遣わした。藩の対応は早く、二日後の六月二五日には拝借金を認める旨の達を出している。

八月二二日にも小頭からの申し出を受けて、伊織は御用人の土方縫殿助に対して、勤番の半髪一〇人と平足軽二六人が医師に診療費も支払えないでいるという実情を伝え、彼らへ金二〇〇疋ずつの拝借を認めて欲しいとする要望書を提出した。縫殿助は評議を約束したが、その後一カ月近くの間、何の沙汰もなかった。伊織は閏八月一五日に再度、同僚の鈴木主税と両人で縫殿助に対応を迫ったが、縫殿助は相変わらず、懸案事項とする程度の返事しか示さなかった。そこで伊織はもう一度、せめて要求の半額でも認めて欲しいと懸命に訴えたところ、これが効を奏してか、翌一六日になって縫殿助は拝借金二〇〇疋ずつを認めることを決定し、今後の先例には一切ならないと言い渡している。

このように藩は、麻疹を患った足軽たちに、江戸勤番を一時的に解いて養生に専念させたり、診療費の支払いを名目とする拝借金を認めるなどの特別措置を講じていた。いずれも足軽たちの集団的な要求に突き上げられるかたちで講じられた措置であり、いわば療養環境の改善を求める足軽たちの運動が成果をみたということになろう。

三　「家」と家族をめぐる藩の対策

麻疹の流行は藩士の家や家族にも大きな影響を及ぼしていた。藩はそうした実情を踏まえて既存の制度や規定の遂行にも柔軟な対応をみせている。

罹患した足軽たちのなかには、治療の甲斐なく死亡する者が少なからず出ていたが、死亡時に跡目が決まっていない足軽の家があった。当主が相続人が定まらないまま死亡すれば、その家は原則的には取り潰しになるのであるが、麻疹による死亡者に対して、相続のための特別措置が採られている。たとえば六月二四日に死亡した勤番足軽の高橋儀作の場合は、跡目がいない事情を頭取の鈴木主税が内々に御用部屋へ上申し、その結果、死後三日目にあたる六月二七日に、本人名で人参拝借願が申請され、七月五日に同じく本人の名前で、病気を理由に勤番御免の願書が提出されている。七月八日には御目付から儀作の名代に対して、勤番退役の許可が下りたので江戸を出立するようにという達が出され、五日後の一三日には小頭から、儀作が明日国元へ立つことを届け出ている。つまり藩は、儀作の死を承知のうえで、本人が生存していて病気のために退役を希望し、帰国したかのように工作したのであるが、これは、帰国するまでの期間を利用することで、高橋家の遺族に相続人を決めさせるための方策であった。麻疹の流行やこれに伴う死亡という出来事は、不測の事態であったので、藩として家の相続規定の厳格な適用は避けて、家を継続させるための手段を講じたのである。儀作の跡目は沼津へ帰国の措置を採った後もなかなか定まらなかったが、一一月三〇日にようやく養子願が出され、一二月六日に受理されている。

一方、藩士の家族の罹患にさいして採られた「看病引願」に関する措置も興味深い。幕府をはじめ多くの藩では、勤務中の武士が身内の病気にさいして出仕遠慮を願い出れば、これを認める「看病断」の制度が設けられていた。武士は身内に病人が出れば、勤務を退いて付き添うことが認められていたのである。これは、近世社会が「家」を構成体として成り立っており、幕府と藩は役務めや番務めを行う武士に対して、家族員を看病・介護する当主としての責任を全うさせようとしたものと考えられる(8)。届け出のみで休暇が認められる病人の範囲は、幕府では本人の親と妻と子供であったが、藩によってはこれに兄弟を含めるという程度の相違もみられた。

沼津藩にも「看病引願」と称する制度があり、ほかに、勤番などにより別れて暮らす家族のもとに駆けつける場合は「立帰御暇」、短期間の暇の場合は「対面御暇」という名目で看病の休暇が認められていた。表23は、「水野伊織日

表23　沼津藩士の「看病引」申請（「水野伊織日記」文久二年～慶応四年一月）

年月日	申請者(身分・役職)	申請内容	備考
文久二年二月一〇日	嶋崎大作(勤番足軽)	母(沼津)の大病で「対面御暇」願(往復六日・逗留五日)	
七月一六日	湯山源作(勤番足軽)	母(沼津)の大病で「立帰御暇」願(往復六日・逗留五日)	実は兄が流行の麻疹で大病
八月一一日	天明助十郎	妻の大病	
八月一三日	石坂作平	妻の大病	閏八月五日快気につき出勤
八月二七日	田中滝之助	娘の大病	
文久三年四月二二日	天野郡平(足軽)	母(江戸)の大病で「対面」願	
六月二四日	中村孫助(江戸勤番)	妻(沼津)の大病	
七月二〇日	堀重五郎	実父・織田又平(江戸勤番)の大病で「対面」願	
九月一三日	小槫清次郎	妻の大病	
九月一四日	岡田作之助	養父・勇左衛門の大病で「対面」願	
慶応二年三月三日	河野勝太郎	妻の病気	四月一日快気につき出勤
三月一二日	海野時三郎	養母の大病	三月三〇日快気につき出勤
	山崎柳蔵	母の病気	四月四日快気につき出勤
	柏崎雄平	娘の病気	六月一三日快気につき出勤
一一月二七日	星野市太郎	妻の大病	
	遠藤長造	妻の大病	
慶応三年一月八日	水野伊織(御側御用人)	実父・金澤八郎の病気	二月五日死去、三月二六日忌明けにつき出勤
五月二日	松崎太助	母の大病で「看病対面」願	
五月一三日	古地立斎	父・保作の大病	
六月一〇日	芹沢文悦	父の大病	
慶応四年一月二七日	□田安太郎	妻の病気	

注　申請内容の欄は「看病引願」以外の名称を括弧で入れた

記」のなかから、「看病引」および「対面御暇」「立帰御暇」の申請を拾い出したものである。日記の記載は伊織が役所に出仕した日の情報が中心であるので、ここにみえる「看病引」は、藩に提出されていた申請のすべてではなく、一部ということになるが、文久二年から慶応四年までの七年間に、日記の書き手である伊織の申請も含めて二一件の「看病引」の申請が確認できる。看病の対象をみると、母親・養母が六件ずつ、父親・養父が五件ずつ、妻が八件、娘が二件となっており、実父母と養父母の看病は同じ扱いであったことがうかがえる。申請にさいしての病状に注目してみると、大部分が「大病」と記されており、病人が重体となって暇の申請がなされたことが推測される。実際に日記の筆者である水野伊織の場合、実父の死を覚悟した慶応三年一月八日の段階で「看病引願」を提出して勤務を退き、それから実父が亡くなるまでの約一カ月間、実家に戻って兄と弟とともに付ききりの看病をしている。伊織は二月六日の実父の死亡後、喪が明けた三月二六日から勤務に復帰した。しかし、表のなかで石坂作平、河野勝太郎、海野時三郎、山崎柳蔵、柏崎雄平の五人の場合は、看病していた病人が快復して出仕している。実際に重体であったのが幸い治癒したものか、それとも形式的に「大病」と記しただけであったのかは判断がつきかねるところであるが、いずれにしても藩士にとって「看病引願」は、公然と公務を退いて家族の側に付き添うことができる制度であった。

さて、話を文久二年の時点に戻して、この年勤番足軽湯山源作に対して採られた看病の休暇措置についてみてみよう。源作は国元の家族が皆麻疹で倒れ、とくに兄は重篤で医者も見離す状態となり、看病はもちろん、万事に差し支えているという連絡を受けていた。そこで小頭の渡辺富五郎を介して七月一六日、療養中の伊織に「立帰御暇」を願い出たのであるが、沼津藩の規定では兄の病気は暇の条件としては認められていなかった。伊織は二年前に柏崎又四郎が勤番中、兄の大病にさいして母親の大病と繕って願書を出し許可が下りた先例を思い出して、これにならおうと富五郎を調役のところへ相談にゆかせ、源作には母の大病を理由とした往復六日・逗留五日の「立帰御暇」を申請させたところ、即刻帰国の許可が下りている。このような源作の暇申請にさいしての伊織の対応からすれば、「看病引願」は、事情しだいでは上司が機転を利かせて兄を母に変えるくらいの改竄は行い得たことになる。いずれにせよ、「看病引願」の制度は、藩士の家族の実状に合わせて、また藩士の意向を優先させるかたちで運用されていたのである。

以上、沼津藩では文久二年の麻疹の流行にさいして、罹患した藩士の家の相続や、藩士の身内の看病のために、規定外の措置を講じて対応していた。こうした対応が、あくまで麻疹の流行という非常事態での特例であったのか、あるいは通常から藩の規定そのものが、原則と実際の運用が区別されることが少なくなかったのかについては、検討が必要であるが、ともあれ藩は、流行病の発生という不測の事態にさいしては、規定や制度の原則的な運用は避けて、柔軟に対応するという姿勢をもっていたことは確かであろう。とりわけ藩の構成員である家中の家の相続に関する事態であったり、他に看病人がいないという差し迫った家族状況であったことが、特例措置を採らせた要因であったと考えられる。

おわりに

本章では幕末の沼津藩江戸藩邸を舞台に、麻疹の流行をめぐる勤番藩士たちの療養生活と藩の対応について検討を加えてきた。水野伊織のような上級藩士の場合は、医薬や治療に不足はなく、連日医師の往診を受けて、万全な療養環境のもとで養生に専念することができた。一方、足軽たちは、環境的にも経済的にも療養生活は悲惨をきわめていた。だが足軽たちもそうした劣悪な療養環境に堪え忍んでいただけではなく、改善を求めて集団で藩に働きかけを行い、その結果、勤番の任期途中に養生のために二カ月半もの帰国休暇を認めさせるという成果を勝ち取っている。麻疹で当主が死亡した家や、国元で家族が罹患して看病の休暇を必要としていた藩士に対して、藩は制度の原則的な適用は行わず、病者の家を保護する柔軟な対応を図っていたことも注目される。ただし藩は、これを契機に規定や制度のありかたを抜本的に見直したり、変更するという方向までは至らなかったのである。

注

（1）近世の療養や介抱に関する近年の研究成果として、立川昭二『近世病草紙』（平凡社、一九七九年）、新村拓『死と病と看護の社会史』（法政大学出版局　一九八九年）、同『老いと看取りの社会史』（法政大学出版局　一九九一年）、同『ホスピスと老人介護の歴史』（法政大学出版局、一九九二年）、大竹秀男「江戸時代の老人観と老後問題」（利谷信義・大藤修・清水浩昭編『老いの比較家族史』三省堂、一九九〇年）、菅野則子「養生と介護」（『日本の近世　第一五巻　女性の近世』中央公論社、一九九三年）、柳谷慶子「近世家族における扶養と介護」（渡辺信夫編『近世日本の民衆文化と政治』河出書房新社、一九九二年、本書第二部第一章）、同「近世社会における介護役割と介護思想」（『総合女性史研究』一〇号、一九九三年、本書第二部第二章）、同「近世武家社会の『看病断』について」（『日本歴史』五七三号、一九九六年、本書第二部第四章）、同「日本近世における家族・地域の扶養・介護」（岩本由輝・大藤修編『家族と地域社会』早稲田大学出版部、一九九六年、本書第二部第三章）などがある。

（2）『三百藩家臣人名辞典』第四巻（新人物往来社、一九八八年）、六三〜六四頁。

（3）水野伊織の日記は仙台市在住の水野襄二氏の所蔵にかかる。小稿では『沼津市史　史料編近世一』（一九九三年）所収の「水野伊織日記」を用いるが、引用にさいしては本文中に年月日を括弧で示した。なお、「水野伊織日記」の所在については鯨井千佐登氏、曽根ひろみ氏の御教示を得た。

（4）富士川游『日本疾病史』（平凡社東洋文庫、一九六九年）一八四〜一八八頁。

（5）『ブリタニカ国際大百科事典』一六巻二一二頁「麻疹」の項目による。

（6）『甲子夜話続篇二』（平凡社東洋文庫、一九七九年）三一二頁。なお、氏家幹人『小石川御家人物語』（朝日新聞社、一九九三年）

二二七頁にも紹介されている。

（7）沼津藩主水野忠寛の隠居とこれに伴う世子忠誠の家督相続は閏八月二〇日に許可された。

（8）本書第二部第四章

第六章　高齢者介護と家族

はじめに

本書第二部では、近世社会の看病・介護をめぐる「家」と地域の役割を問い、政治権力の関与のあり方にも言及してきた。本章ではこれまでの検討を踏まえ、高齢者の介護に焦点を絞り、家族の担った役割とジェンダー規制について考察を重ねてみる。(1)近世社会の高齢者介護のありかたを追究してみることは、とくに二つの点で現代日本の問題に繋がるものと考えている。

一つは、近世は前代に比べて高齢まで生きる人々の割合が増大し、これに伴い老年期の生きかたや、高齢者の介護に人々の関心が及ぶようになったことが挙げられる。平均寿命は約二世紀半の間に一〇歳近く延長して、幕末には三〇代後半となっていた。(2)乳幼児期の病気による死亡率は高かったが、幼児期を無事に通過することができれば、六〇歳まで生きのびることが珍しくない時代となった。人口に占める高齢者の割合も、平均的には五パーセント前後で推移していたが、地域によっては一八世紀半ばから一九世紀前半にかけて、若年労働力の流失や、産児制限などの要因が重なり、六五歳以上の高齢者の割合が一〇パーセントから一五パーセントに上っていた。(3)

老年期の拡大と高齢者比率の上昇は、人々に老年期は家産・家業を跡取りに譲って自身のために悠々自適の生活を送りたいとする楽隠居願望を抱かせることになり、老年期をプラスのイメージでとらえる人生観を生み出していた。(4)

一方、高齢者の生活と生存をいかにして支えるかという、老いを養うことへの関心を高めることにもなった。一八世紀初頭以降、老年期を健康で過ごすための知恵を説いた養生論の類や、高齢者を扶養・介護するための心得や実践法を説いた家政書、教訓書が盛んに登場してくるが、まさに社会のなかで高齢者の扶養・介護の切実さが認識されはじめた証といってよい。

二つめは、多くの人々にとって、生まれて成長し、やがて老いを迎えて亡くなるまでのライフコースを血縁の家族を中心とする家において描き得るようになったのは、一七世紀半ば以降のことである。傍系の親族や下男を含んで大経営を営んでいた複合大家族の農民の家が、開発や農業生産力の向上によって、親族や下男に土地を分与し、彼らを独立させることが可能となって、一組の夫婦を中心にその子供と親世代が同居する直系の小家族の家が、全国的に簇生していった。この小家族の家が、生産や経営と同時に、生活の単位ともなり、家族の生存の拠りどころとなったのである。

家を基盤とする家族の生活は、親族・同族・姻族などの相互扶助によって支えられており、介護についても親族ネットワークが果たしていた役割は小さくなかった。さらに、五人組や村共同体などの地縁組織も扶助機能を発揮して介護の一部を担っていた(5)。だが、介護の中心的な場は家であり、家族の役割が大きい時代であったのである。

このように近世は、長寿の可能性が広範な身分・階層に及ぶようになったことに加え、家ごとに、家族を主体とする介護が行い得るようになった点で、近代以降の家族介護の態勢の根幹がかたちづくられた時代であったといえる。この点を押さえたうえで、近世の家族は実際、高齢者の介護をどのようにして担い、そこにはいかなる問題が生じていたのか、検討してみる。

一　介護の態勢と担い手

1　上層庶民・上層武家の介護

庶民の家の大半は、構成員が家族のみであったことから、介護の主役はおのずと家族となった。『仙台孝義録』や『官刻孝義録』の分析により、[6] 中下層の家では家族が総出で介護を担い、なかでも当主や跡取りの男性の役割が大きかったことを明らかにしてきた。そこでここでは、上層の庶民と武家を対象に介護の態勢と担い手についてみておくことにしたい。

（1）　武州橘樹郡生麦村関口家の千恵の介護

関口家は生麦村で代々名主を務める上層農民の家柄である。寛政九年（一七九七）名主の藤右衛門の次女として生まれた千恵は、前半生を江戸商人の妻として、やがて江戸城大奥の女中として過ごした後、天保一〇年（一八三九）四三歳の夏に、生まれ故郷の生麦村の実家に単身で戻ってきた。晩年の千恵の暮らしぶりは、弟の東作や、その跡を継いだ甥の東右衛門ら、関口家の当主によって記された日記のなかに垣間見ることができる。そのなかから、千恵が亡くなるまでの病歴と、そのさいの介護の様子を整理したのが表24である。[7]

千恵は四六歳になった年の天保一三年（一八四二）二月、高齢というよりはその入り口にさしかかった年齢といってよいだろうが、歯痛に襲われ、やがて胸や肩、背中にまで痛みが生じるようになった。痰、咳、発熱も加わって病状

表24　関口千恵の病歴と看病介護

病気の年	年齢	病状と対応
天保13(1842年)	46	2/13～4/22 歯痛･胸痛･肩背中痛,痰気咳出,発熱.2/20 小林伯老頼み煎薬.2/24 昨今両日清水久保よりおよねが来て昼夜共看病.2/26 介抱人お銀･およねを頼み毎夜世話.4/22 床上げ
嘉永4(1851年)	55	3/3～ 重病.3/5 清水久保およね夜伽,止宿
安政4(1857年)	61	1/18 不快,昨夕より清水久保およね逗留し介抱
文久2(1862年)	66	11/27 時候あたりで臥す,北おそのが来て看病
文久3(1863年)	67	1/25 2,3日風邪,痰で不快,小島将監に見せる.2/28 少々不快,小島来る.10/27 不快,おのふ介抱に来る
元治元(1864年)	68	10/21 先日より少々不快,北おそのが来て世話
慶応元(1865年)	69	1/14 風邪,持病で臥す.17 日まで北おその止宿.9/8 少々不快,末吉屋老母昨夜より泊.9/9 小島医師頼む.9/10死亡

が悪化したため、往診の医師に煎薬を調合してもらうなどの治療を受けている。

以来、約三ヵ月の間病床に就いているが、そうしたなか、二月一三日と二四日の両日、清水久保のおよねという女性が関口家に呼ばれて昼夜の看病にあたっており、二六日にはおよねのほかにお銀という女性も「介抱人」を頼まれて、毎夜世話をしている。幸い千恵は少しずつ快方に向かい、四月二二日には全快した様子で、床上げをして赤飯が配られている。

その後千恵は一〇年ほどを元気で暮らしており、毎年、半年近くも家を離れて江戸に滞在する生活を繰り返している。だが嘉永四年（一八五一）三月、五五歳のときに重病を患い、六〇歳を過ぎてからは体の不調を覚えることが多くなった。亡くなる四年前の六六歳から、毎年秋に数日ほど寝込んでいる。それでも六八歳の年には三月から六月まで江戸に出向いていたが、秋になって体調をくずし、翌慶応元年（一八六五）一月半ばに風邪をこじらせたのが原因で、床に就いた。その後、陽気がよくなると体調は快復し、外出の機会が増えていたが、九月八日に再び体調をくずして寝込み、二日後の九月一〇日の夕方、容体が急変して息を引き取った。最期はわずか三日床に就いただけで亡くなるという、大往生を遂げている。千恵の晩年の病床においては、先述した清水久保のおよねのほかに、北おその、おのふ、末吉屋老母などの女性たちが専属の世話係として呼ばれ、昼夜にわたって付き添っている。

このように千恵の介護において特徴的な点は、第一に、病床の千恵の世話に専念する「介抱人」の女性が家の外から呼ばれたことである。そうした介抱人たちのほとんどが、泊まり込みで世話をしており、逆にみれば、昼夜付ききりの介護が必要になった状況において、家族や女中などの家の者以外に外部に介護の手を頼んでいたことになる。当時の関口家の家族構成は、千恵の父で隠居の藤右衛門と母伊恵、当主で千恵の弟の東作とその妻子がいた時代から、父が亡くなり弟も他界して甥の東右衛門が当主となり、その妻子たちが中心となる時代へ移り変わっている。こうした家族員のほかに、女中も常時数名いたようであるが、家族や女中たちの介護への関わりは、日記には記されていない。だがこれは、当主による日記が家内の人間の日常的な行動を書く性格のものではないことを考えると、家族が介護に携わっていなかったのではなく、おそらく世話をしていても記録されなかったとみるべきであろう。ただし、家族が付き添ったり女中たちが世話をすることがあっても、病状が悪化して昼夜付ききりで面倒をみなければならなくなったときには、緊急の措置として家の外部から介護に専念できる要員を入れていたのである。

なお関口家では、介護の一部が家の者以外にも担われていたのは、千恵の病気のときばかりではない。千恵の母の伊恵が文久元年（一八六一）に最期を迎えたさいには、清水久保のおよねが呼ばれて世話をしており、千恵の弟の東作が病床にあったときには、末吉屋老母が女中がいない十数日の間、手伝いに来ている。関口家では介護を家の者ばかりでなく、家の外部に人手を求めて対応することがならわしになっていたようである。

次に「介抱人」の立場であるが、いずれも関口家と親戚関係にはない。おそらく、村内に居住していて日頃から関口家や千恵自身と付き合いの深かった女性たちが呼ばれたものと推察される。北おその、ぎんの二人は、千恵の墓参や参詣などの外出にも一度同行している。清水久保のおよねと末吉屋老母は、前述したように千恵の母や弟の介護にも呼ばれており、このうち末吉屋は、村内の商店の一軒である。家どうし、女性どうしの日常の付き合いを通して、援助が必要なときは頼みあえる関係が築かれ、介護の場面で機能していたものとみられる。

家族の役割については、とくに当主の立場が注目される。千恵の容体の変化はすべて、当主である弟の東作や、甥の東右衛門の日記に記されており、治療にあたった医師の名前、治療法なども詳細に記述されている。つまり、当主は病床の千恵の様子を随時把握していたのであり、そのうえで医師を呼び、治療方法を確認し、介抱人を決めるという介護の態勢のすべてに判断を下すことで、その責務を担っていたのである。

（2）　八戸藩士遠山庄太夫祖母の介護

遠山家は八戸藩で一二五石の知行を有する上級藩士の家柄である。文政八年（一八二五）、庄太夫は父庄右衛門の跡目を継いで八代目当主となり、同一一年から父の日記を書き継いでいる。父が病死した文政一二年以降、家族は庄太夫の妻と娘、継母、妹三人のほかに、養子であった亡き父が実家の中里家から引き取った祖母が同居していた。この祖母の晩年の病歴と、そのさいの介護の様子を整理したのが表25である。(8)

祖母は七三歳から他界する七九歳までの六年の間、一ヵ月近く病床に就く長患いを何度か繰り返しており、そのつど投薬や針治療などの専門的な医療が施されている。七五歳であった天保二年（一八三一）の八月二六日には、夏風邪をこじらせて病状が悪化し、医者は仙貞老一人の投薬治療では快復に至らなかったために、三意老が呼ばれ、両者の相談で医薬の調合法が決められている。この間の家族の様子をみると、当主の庄太夫は八月二七日、以前から知人と約束していた引網の漁を祖母の病気を理由に断って家に籠もっており、さらにこの日は殿様付き納戸役として泊番の

表25　遠山庄太夫祖母の病歴と看病介護

病気の年	年齢	病状と対応
文政12(1829年)	73	1/8～2/30 病気,連日尚賢老(医者)より薬取り寄せ
天保2(1831年)	75	8/26 夏風邪で吐瀉,仙貞老と三意老を招き相談で薬調合.8/27 庄太夫,引網漁の約束を断る,泊番も代役を依頼,夜詰人を頼む.8/28～29 庄太夫欠勤.9/20 まで薬取り寄せ
天保5(1834年)	78	2/9 昨夜より持病の癪,俊庵老より薬取り寄せ.2/10 北沢元達老の針治療,薬変更.2/11 下女1人で手不足のため看病旁源次郎妻頼み泊置.2/11～18 連日薬取り寄せ針治療も.2/19 快気で休薬,針治療も休止.2/21 床上げ.8/9 居間の縁側から落ちて怪我.9/6 まで俊庵老より連日薬取り寄せ
天保6(1835年)	79	1/4～5 元達老の針治療.1/22～2/6 針治療.2/13～ 俊庵老の投薬治療に切り替え.2/19 薬変更.2/20 病気が長引き知行地に下女の支度を要請.2/26 下女つえ到着.2/30 病人の望みで医者を如庵に変更.3/8 快復せず再度俊庵に治療依頼.3/11 内丸清右衛門(親戚)から法霊別当の祈禱の守札届く.3/23 太田小十郎(親戚)から豊山寺の祈禱守札と護符が届く.3/26 病状が悪化,源之助に夜詰を依頼.3/27～4/1 源次郎泊.4/6 快復せず,俊庵・如庵に「持続の薬」貰い服用.4/7 源次郎泊.4/9 志津磨殿内方,見舞泊 昨日から絶食.4/10 小十郎,源之助,源次郎泊.4/12 夕方死亡

日にあたっていたのを、他の者に代役を頼んで出勤していない。翌二八日、二九日も同様に庄太夫は代役を頼んで出勤を控えている。また二七日には祖母の看病のために「夜詰人」を呼んでいる。

天保五年（一八三四）には二月九日に持病の癪が発症したため、投薬と針による治療が一八日までの一〇日間にわたって続けられ、二一日に快復により床上げした。この間の二月一一日には家の下女一人では介護に手不足であるという判断から、親類の源次郎妻に看病がてら泊まりを頼んでいる。約半年後の八月九日、祖母は今度は居間の縁側から落ちて怪我をしたのがもとで床に就き、投薬治療を受けた。そのさい、下女のさきという女性がもっぱら世話にあたっており、さきには九月一〇日の暇取りにさいして、祖母の看病の労により一〇〇文の褒美が下されている。

翌天保六年、祖母はいよいよ衰弱して、一月四日から始まった治療の効果もなく、四月一二日に永眠した。この間四カ月にわたる最期の闘病生活も、当主の庄太夫の判断による医療と介護の態勢によって支えられた。一月四日から二月六日までは針治療の医師が呼ばれ、いったんは治療の効果が出て祖母は快復に向かったが、二月一三日に再び病状が悪化した。このため治療は投薬に切り替えられ、その薬も薬効をみて二月一九日に変更された。二月晦日には祖母自身が長患いを苦にして医者の交代を求めたので、久慈から町に越してきていた如庵という医者が呼ばれ、新薬が投じられた。だが如庵の薬も効き目はなく、途中で別薬に変更されたが、快復の兆しがみられなかったため、三月八日に再び俊庵による治療に戻されている。治療方針はこのように、医者の対応や薬効をみながら、庄太夫の判断で継続や変更がなされている。医学的な治療ばかりでなく、三月一一日には親戚の内丸清右衛門が祈祷の守札を届けたのをはじめ、三月二三日には同じく親戚の太田小十郎が豊山寺の祈祷札と護符を届けるなど、親類たちも気遣いをみせている。

長期に及ぶ看病・介護は家の人員だけでは担いきれなくなり、庄太夫は二月二〇日に遠山家の久慈の領地の村に対して介護に専従する下女を派遣するように命じ、二六日につえという女性が到着した。祖母は三月二六日にはいよいよ重篤となり、親戚の源次郎が連日、夜詰に来ており、四月六日には延命の薬が投じられた。臨終が近くなると、親戚の者数人が泊まり込み、そうした人々に見守られながら、祖母は静かに息を引き取っている。

以上、遠山家の祖母の介護をめぐる状況から指摘できる点は、第一に、常時の介護が家の下女の仕事となっている点である。病気の長期化、悪化により人手が不足すると、下女の増員が図られている。その間、家族の女性たちは、日記上に介護にあたった様子はみえない。これは、前述した関口家の場合と同様に、関わらなかったのではなく、記されなかったとみるべきだろう。ただし、祖母が亡くなる年の天保六年正月、家族の女性たちは病床の祖母を家に置いたまま、年始の挨拶に外出している。家族はそれぞれ家のなかで果たすべき役割があり、下女が介護に専従する態勢が採られていたものとみられる。

次に、家族と下女の介護力では足りない場合に、親戚の者に泊まりでの看病を頼み、そして最期の段階では血縁の親戚が泊まり込みで看ていたように、親族も介護の重要な要員であった。とくに看取りの最期には臨終を見守るメンバーであった。

第三に、当主である庄太夫の役割を挙げておきたい。治療方針を決定する主体は当主の庄太夫であり、投薬治療にするのか、針治療にするのかを判断し、効き目があらわれなければその変更を決断し、なにより治療に使われる薬の種類をよく掌握している。治療法や療養の様子を日記に詳細に記録していることは、治療の全体に自ら責任をもっていた姿がうかがえる。日記自体が子孫に介護の知識や技術を伝えるものとして書かれていたといってよい。

庄太夫はさらに、祖母の病気にさいして泊番を交代してもらい家に籠もっていたが、当主として家族の病人に付き添う責任を全うしようとしたものといえよう。

（3） 沼津藩士水野伊織実父・金澤八郎の介護

金澤家は沼津藩の家臣で禄高一〇〇石の重臣の家柄であり、幕末期の当主八郎は年寄役を務めた人物である。八郎には三人の男子がおり、長男の貢は妻の実家である徳田家を継いで京都の公家の梅園家に仕え、二男の伊織は藩の重臣水野家の養子となり、三男の弥兵衛も藩の重臣黒澤家の養子に出て、金澤家の名跡は養子の久三郎が継いでいた。このうち、水野家に養子に入った伊織が公務の傍ら執筆していた日記には、実家の父金澤八郎の病状と介護の様子が克明に記録されており、これを整理したのが表26である(9)。

八郎は還暦を迎えた文久二年（一八六二）九月六日、藩命で江戸出府中に中風を再発して左半身付随となり、蘭法医

表26　金澤八郎の病歴と看病介護

病気の年	年齢	病状と対応
文久2(1862年)	60	9/6 江戸で中風再発,緒方洪庵ら(医者)を呼び手当て.9/18 養嫡子久三郎が江戸出府願,伊織は医師元雄を同道させる.9/30 帰国養生許可出る.10/5 伊織出迎え.10/8 伊織,実父の湯治に付添い願許可.10/12～11/8 熱海へ湯治,伊織付添い.12月まで伊織は実家に頻繁に見舞い
文久3(1863年)	61	10/14 兄弟親戚で相談し,金沢家の下女かぐを江戸に世話役に送る
慶応2(1866年)	64	4/23 中風再発,医者が毎日往診.4/23～25 伊織欠勤.5/2まで伊織は実家に泊.5/8 久三郎,暇取り江戸より帰府.5/14 快復.6/20 復職.11/10 伊織と兄,八郎の暇願いを上申.11/12 八郎に帰国養生令出る.伊織は以来実家に頻繁に通い泊りも.12/13 伊織,終日付添い手当て
慶応3(1867年)	65	1/4 病状悪化,伊織実家に泊.1/7 医者が快復の見込みないことを告知.伊織は江戸の兄弟に病状を通知.1/8 伊織は藩に「看病引願」を提出し,以来毎日付添い介護.1/9 八郎,息子たちに遺訓を作成,詩作.1/10 同僚,下役を呼び別れの挨拶.1/12 伊織の兄弟帰府,医者が毎日交代で宿泊.1/12 伊織兄弟3人で大便の世話.1/25 八郎,伊織兄弟に遺言.1/26 形見分けの指示.1/28 自ら医者へ礼金.2/3 自ら投薬による延命拒否,辞世の句を詠む.2/5死去

の緒方洪庵らの手当てを受けた。知らせを聞いた沼津の留守宅では、養嫡子の久三郎が藩に出府の願いを提出、伊織は実父のために信頼する地元の医師を久三郎に同道させた。伊織はさらに久三郎の留守中は連日当主不在の実家に詰めている。八郎の容体は九月三〇日には安定したようで、帰国して養生する許可が下りて、一〇月五日に久三郎に付き添われて沼津に帰ってきた。八郎は一〇月一二日から一一月八日までの約一ヵ月間、熱海温泉に湯治に出かけるが、これには伊織が藩に付き添い願を提出して同行した。付き添い願の文面には、湯治には介抱が必要であり、とくに薬用などの世話は召使いの者では無理であるとし、実家の養兄は眼病で行けないので、実子である自分が付き添いたいと理由を述べている。藩は病人の介抱役が必要であることを認めて、この願いを受理したものとみられる。伊織は湯治の付き添いから帰った後も、

家で療養する実父のために、一二月まで実家に頻繁に見舞いに通っている。

八郎は国元での療養によってほぼ快復したようで、翌文久三年春には再び江戸藩邸での勤務のために出府した。国元では伊織の兄弟たちが、他の親戚を交えて相談し、金澤家から下女一人を八郎の世話役として送っている。「何事の御世話も婦人ニ而ハ都合宜敷事」というのが理由であり、家で日頃仕えている下女であれば世話が行き届くだろうというはからいからであった。

それから三年後、八郎は六四歳になった年の慶応二年（一八六六）四月に再び中風に罹ったが、医者による連日の往診により小康状態を得て二ヵ月で復職し、江戸での勤務に戻った。しかし、全快という状態ではなく、高齢でもあることから、伊織と兄弟は半年後の一一月一〇日、実父の暇願を藩に上申し、これが受理されて一一月一二日に八郎の帰国養生が叶えられた。

八郎は以来、ようやく自宅で療養に専念できることになったのであるが、すでに病状は思わしくなく、一二月に入るといよいよ重篤となった。年が明けて一月七日、医者は快復の見込みがないことを伊織に告げる。一二日から医者が毎日交代で宿泊する二四時間の医療態勢がとられたが、こうした手当ても寿命の前には甲斐がなく、二月五日、八郎は六五歳の生涯を閉じた。

八郎の最期の病床では、家族や親族によって、それまで以上に手厚い看護が行われている。とくに伊織は、八郎が帰国した一一月二〇日以降、頻繁に実家に出向いて父を見舞い、一二月一三日には早朝から終日付き添って看病しており、この間、泊まり込んでいる日も少なくない。これは実家の養嫡子である久三郎をはじめ兄たちが皆、出府中で、伊織は養子に出た身とはいえ、実家の金澤家の親族として、実父を見守る立場にあったからである。一月七日に医者から宣告を聞いたのも伊織一人であり、早速兄たちに父の病状を知らせる一筆をしたためた。翌八日には藩に勤務を退いて父に付き添うことを願い出る「看病引願」を提出し、以来毎日付ききりで看病した。一二日には兄たちが帰国し、実の兄弟三人で排泄の世話をするなど、そろって看護にあたっている。

金澤八郎の晩年から臨終に至るまでの療養生活において、特徴的な点として挙げられるのは、第一に、息子たちによる看護の手が尽くされていたことである。他家に養子に出た三人の実子が皆、通ったり泊まり込んで世話をしている。その中心が二男の伊織であり、これは一つには、実家の嫡子の立場にあった養兄の久三郎や、実兄たちがこの時期、出府中で、伊織がいちばん父に近いところにいたという事情が関係している。また、実家の兄嫁が舅の八郎と不仲であったようで、伊織はしばしば実家に見舞いに訪れるなかで、看病の中心となるべき兄嫁が世話をしないと不満をもらしている。こうした家族・親族の事情や人間関係に加え、伊織自身が実父に対してとりわけ敬愛・思慕の情を厚く抱いており、伊織が看護役の中心となったのである。

次に、息子たちによる看護の中身に注目してみると、終日病人に付き添い、容体の変化をうかがい、背中をさすり痰を取り、排泄の世話をするなど、直接的な介護に携わっている。

看取りの最期の段階では、同居の家族と養子に出た息子たちが、病人に尊厳ある死を迎えさせるための臨終の準備に心を尽くしている。自ら死を覚悟した八郎は、息子たちに家の由緒や主家の御恩などを語り、遺訓をしたためた。同僚や下役を呼んで今上の別れの挨拶もした。形見分け、医者への礼金の手配も病床の八郎自ら指示を下した。そして、いったんは息子たちの懇願によって受け入れた、延命のための投薬を、死の二日前には「最早思切候様」と諭して断り、平臥したまま筆で六行の辞世の句をしたためた。最期まで明瞭な意識を持ち続け、まさに人生を全うして永眠するという見事な大往生を遂げている。八郎の臨終における一連の所作は、当時、人が現世を去るにあたり踏むべきとされた、死の作法ともいうべきものである。伊織をはじめ家族と親族が、八郎の人格をなにより尊重し、人とし

ての尊厳のある死を実現させる臨終看護の知識を備えていたことにより対応できたのである。(10)

2 介護費用の負担をめぐって

武士も庶民も上層の家では介護の直接的な担い手を家の外部から雇い入れる場合があったことをみてきたが、その費用はどのように用意されていたのだろうか。介護に要する費用の負担のありかたを二つの事例からみておこう。

一つは氏家幹人氏が紹介された、幕臣の小野直賢の家のケースであるが、(11)安永二年（一七七三）七八歳になる祖母が病床に就いたさい、当主の直賢と祖父のほか、養子に出た直賢の叔父、および叔母の夫の四人が費用を出し合い、下男を給金三分で雇っている。下女ではなく下男を雇うことにしたのは、火事があった場合に祖母を無事に避難させるために男手が必要であると話し合われていたからである。ただし、小野家では介護の中心は同居の家族であり、これに状況に応じて親族が加わるのが普段の介護の態勢であった。祖母の介護では家族に加えて直賢の叔父や、従兄弟などの近親者が昼夜通ってきている。したがって、下男の雇用は、あくまで緊急用に考えられていたものである。

ともあれ、介護要員の補充にあたって同居の家族だけではなく、親族も費用を負担していたことに注目したい。これは小野家では介護が日頃から家族だけでなく、親族も交えて行われる態勢が組まれていたからであり、介護の一部が金銭化される場合も、そうした方法をもとに家族と親族が平等に費用を負担しあったのである。

もう一例は、前述した武州生麦村関口家のケースである。当主の藤右衛門の娘千恵は、江戸城大奥の奉公をやめて実家に戻っていたが、藤右衛門は千恵の老後を心配してその備えを用意している。(12)藤右衛門は天保一二年（一八四一）、隠居地の一部を当時四五歳になる千恵に「養方手当」として譲る証文を作成する一方、千恵の弟で商家に婿入りしていた可吉にも譲り地を決めて、二年後に証文を作成している。千恵には自身が大奥奉公によって貯えた財産があり、これに父から隠居地の一部を譲られたことで、実家での晩年の暮らしは経済的に万全であり、いわゆる扶養の問題が生じることはなかっただろう。したがって、藤右衛門が千恵の弟にも財産を分けたのは、他家に出ていた弟の生計を案じてより、千恵が老いて介護を要する身となり、可吉もまた親族として介護を担うことになったときを思い描いて、いわば介護の負担分を分け与えたものであったようである。藤右衛門は、人生の後半を独身で実家で暮らすことを選択した娘の将来をことのほか心配していたのであろう。とくに老齢となり介護が必要になったときの家族や親族の対応が気がかりとなり、こうした措置を採るに至ったものと推測される。

慶応元年（一八六五）には、千恵の姉の滋の嫁ぎ先である六郎右衛門方に、関口家から千恵の手当て分となる土地が預けられている。滋の家も千恵が頻繁に行き来していた間柄にあり、そうした日頃の交流から、介護が必要な状況になれば、これを頼む関係にあったといえる。介護を負担することになるであろう親族に対して、あらかじめその負担分を財産分けしておこうとする親の配慮があったのである。

関口家のケースは逆にみれば、介護に伴う経済負担が家族だけでなく、親族にも分担されるものであったことを示唆している。はじめに挙げた小野家のケースと合わせてみると、親族は家族の介護を支える一方、金銭で代替する場合もその負担を分け合うことがあったのである。

二　武家の家族介護と支援対策

介護が当主を中心に同居の家族と雇用人を含めた家を単位として行われ、これを親族が支える態勢が維持されていたのは、近世の家の扶助機能を背景としている。さらに、庶民の家の多くは職住が未分離であったことで、家族の介護の対応が物理的に可能であったことを挙げてよいだろう。

一方、武士の家では、当主が役人や番士として勤務に就き、家を離れることが多かったが、幕府や藩は家族の看病や介護が必要となった武士に対して、「看病断」(かんびょうことわり)を認め、看病に専念するための一定期間の休暇を認めていた。(13) 藩によっては「看病願」「看病引願」などの名称で呼ばれており、休暇は「看病御暇」「介抱御暇」などと称されている。

幕府は一七世紀前期の段階から、番士に対して父母や妻子が病気のときには帰宅を認める措置を採っていたが、寛保二年(一七四二)これを制度的に整え、父母と妻・子の病気にさいしては届け出のみで退勤を認め、祖父母と叔父伯母などの親族の場合は病状や看病人などの条件しだいで許可するものとした。この幕府の規定と前後して、多くの藩で同様の制度をもうけているが、適用される親族の範囲は藩により異なっている。安房勝山藩では元禄一二年(一六九九)、藩主酒井隼人が家訓のなかに、「親子兄弟姉妹祖父母孫妻煩候節、又は伯父叔母甥姪舅姑婿大切相煩ひ候節は、誓状を以相断、引籠可看病、其外遠き親類傍輩といへども、外に看病無之難見放候はゞ、其委細相達、可応差図事」という一節を盛り込んでいる。(14) 三親等以上の遠い親族や傍輩についても事情によっては許可する方針を打ち出しており、幕府より広い範囲での適用を定めていたことになる。

実際に出された「看病断」を検討してみると、同居の病人への付き添いを願い出ているだけではなく、実家や親族の病人のもとに通ったり、病人の移動や引き取りに付き添うといった理由もあがっており、大概のケースが受理されて休暇が認められている。休暇の期間は数日から二週間前後が大半で、看取りの最期の段階で申請されているケースが多くを占めている。これは病気が即、死と直面していた時代を反映しているものといえるのであるが、なかには長期間患っている病人を抱えて申請を繰り返したり、兄弟や甥などの親族間で病人が快復するまで交代で休暇を申請しているケースもある。「看病断」は同居の家族の看取りの場面ばかりではなく、親族の介護にも適用される、柔軟な制度として運用されていたのである。

「看病断」によって休暇を取った武士は、実際家族の介護にどのように関わっていたのだろうか。日記等から、自宅に籠って病人の様子を見守るだけではなく、介護の実質に携わっていた武士が少なくなかったことが知られる。前述したように、沼津藩の水野伊織は実家の父の病状が悪化して快復の見込みがないことを医者に宣告された次の日に、藩に「看病引願」を提出し、以来死亡するまで約一カ月にわたり、実家に泊まり込んで父の世話に専念していた。秋田藩の上級家臣渋江和光は、実家の父が中風を再発すると、文化一一年（一八一四）一〇月八日から一一月二七日までの一カ月半の間、藩に「看病断」を提出し、連日夕方から夜中まで看病に通っている(15)。この間、一一月二日には日中訪ねてきた見舞客に対して、看病疲れで伏していることを理由に面会を断っている。和光は実家で夜中眠らずに父に付き添っていたのである。

このほか、看病を要する家族を抱えた武士に対して、藩が採った施策をあげておこう。下妻藩では一八世紀半ばの時期に、病気の母親を引き取って看病したいとする長屋住みの家臣に対して、あらたな部屋を認めたり、家族だけでは看病に対応しきれない家臣に病人の世話をする中間を貸し付けるなどの救済策を施している。また、母親が重篤となり、上洛の伴を断り母に付き添いたいと願い出たケースで、これを許可している。子として親を看取る責任を全うしようとする武士に対して、藩はその責任を勤務に優先させて認めていたのである(16)。

下妻藩でこうした措置がとられていたのは、同藩が定府の小大名で、家臣に地方出身者を多く抱えざるを得なかった支配構造にあり、家臣団を成り立たせるための扶助施策に迫られていた事情をみておく必要がある。ただ、この根底にあるのは、これまでみてきたように、家族の介護に責任を負おうとする当主の姿であり、幕府も藩も、介護を全うしようとする武士に対しては、基本的にこれを支援する方針を貫いていたのである。

三　家族介護の重圧

家において家族が担う介護は、家の外側に血縁・地縁による十分な扶助機能が存在しているか、介護の一部を雇用人に担わせることができるような家では、家族のライフサイクルにおいて一時期に発生して終わるに過ぎなかった。だが、こうした条件に恵まれていたのは、ごく一部の中層から上層の家に限られていたといってよい。個々の家や地域の実情をうかがってみると、介護の重圧にあえぐ家族の姿が浮かび上がる。

下層武士のなかには、家族の介護のために奉公を辞めざるを得ない事態に追いこまれたケースがみられる。前述した下妻藩では、一八世紀初頭から半ばにかけての約六〇年の間に、国元の親や親族を看病するためにやむなく「永暇」を願い出ている事例が一四件確認できる(17)。盛岡藩でも宝永五年（一七〇八）、城下に勤務していた下級武士が、父親の死亡により老いた母の面倒をみなければならなくなり、禄を返還して村に帰った例がある(18)。家族と離れて職務に就いていた武士の場合、親が老衰となったり病に倒れれば、当主として面倒をみる責任と職務の遂行との間で選択を迫られる事態となったのであり、介護が長期にわたれば看病断にも限度があり、武士を辞めなければならない者が出ることになった。

庶民の家族にとって、要介護者の発生は、家族の貧窮化の大きな要因となった。一例として会津藩の農民の事例をあげておこう。

乍恐以願書御訴訟

当村吉六儀高拾四石余始末仕、農業無油断耕作仕前々より御公借も無御座、勿論御手当之願不申上実躰ニ相勤罷有申候所、近年不作打続別而去年中太不作仕、出穀過分減少仕内々行詰至極迷惑仕候、然処母義四年以前午春より去暮迄中症ニ罷成、家内之歩行も不罷成而去暮病死仕候、吉六義兼而心掛出入三年之間諸人ニ勝レかん病宜敷仕候故、隣家之者も難見捨折々手伝等仕候得共、畢竟手間なし故母かん病子養育ニひかれ自然と困窮仕候、此度産子養育之儀重キ被仰付難有奉承知乍恐御披露申上候、右之仕合故四人之子共養育及兼申躰ニ御座候間、以御慈悲ヲ何分ニも御百姓相続仕子供養育仕候様被仰付被下置候ハヾ難有可奉存候、則高分限付紙ニ仕差上申候、以上

安永六年酉正月

中芽津新田村老百姓
貞右衛門
地首　治右衛門
肝煎　遠藤孫八

御代官様(19)

右は、会津藩領で赤子養育仕法が実施されていた安永六年（一七七七）正月に、中芽津新田村で養育手当てを願い出たさいの申請書である。吉六という当時三七歳の農民は、持高が一四石余、家族は三三歳の女房との間に一三歳の女子、九歳の男子、六歳の男子、二歳の男子の四人の子供がいた。一四石余という持高は、六人の家族の生活を成り立たせるうえでさほど不足のない高ではある。しかし近年の不作続きで生産高が大幅に減少し、そのうえ四年前からは、中風に罹り家の中での歩行も不自由となった母親を抱え、看病と子供の養育とで困窮した様子が知られる。母親の看病には時々隣家の手助けがあった。それでも寝たきりの病人の世話には多くの手間がかかり、夫婦が中心となって耕

作を維持しなければならない小家族にとっては、こうした生活が四年間も続くことは、困窮に追いやられる要因となったのである。

家族介護はこのように、家の経営困難を招いただけではなく、介護の中心となっていた跡取りが、結婚難・離婚・再婚難に直面して、あらたな家族形成に支障をきたすという事態も生みだしていた。本書第一章・第二章で明らかにしたように、『官刻孝義録』をはじめ、江戸後期に藩により編纂された孝義録には、家の跡取りが病気の親を抱えて嫁を迎えられず、高齢となった息子がさらに高齢の親を介護している、あるいは親の介護のために離婚となる、再婚できない、という事態が生じていたことが散見される。寛政二年（一七九〇）、下野国のよという女性のケースでは、嫁ぎ先で夫と親の看病などで苦労が多いために、実家の側が婚家と縁を切るように勧めたのを、断って献身的に舅と夫に尽くしたことで表彰されている。[20]「孝義録」は庶民教化を目的に編纂された刊行物であり、実際以上に美徳が強調されていることを加味して読まなければならないが、要介護の舅姑を抱える家に娘を嫁に出したくないとする意識が生まれ、介護の苦労を理由に嫁の実家が婚家に離婚を迫ることもあったのである。

家族や親族による介護が得られない者は、農村部であれば五人組や村共同体などの地縁組織による扶助に頼ることになった。だが、人口の流動が激しい都市部では、地縁のネットワークを頼みとすることは困難な状況にあった。京都では高齢の自殺者のなかに、貧困が原因とされるケースのほか、病気が理由と推定できる自殺が多発していた。[21]病気を苦にした自殺とはすなわち、看取る者に恵まれない最期を苦にして下した決断にほかならない。都市に生きる中下層の高齢者は、家族に恵まれなくなれば、病気や老弱の身となってから後、生き抜くことが厳しい状況のなかにおかれていたのである。

おわりに――介護役割とジェンダー――

近世の高齢者介護をめぐる家族の諸相について検討を加えてきたが、最後に、近代以降の家族介護との関わりで、特徴的な点を整理しておきたい。

近世の家族介護を特徴づけているのは、第一に、当主である男性の役割と責任の大きさである。第一節で述べたように、上層の家では家族に要介護人が出れば、当主は医者を選ぶことから始まり、投薬の種類やその効き目を見極めたり、家族のほか親族、さらに雇用人を動員した介護の態勢を主導することになった。治療をいわば医者任せにせずに当主が主導権を握り、当主自身が常に容体を把握するものとなっている。さらに当主は病状の推移や治療の子細を日記に書き残すことによって、治療と看病の経験を家の知恵として次の世代に伝える役目も果たしていた。

このように当主の役割が大きかったのは、「家」が家族員の扶養と介護を担う場であり、当主が家族員の生存と生活に責任を負う立場にあったからである。とりわけ親の介護は、当主である男性に対して、孝規範を実践する行為として内面化されていた。

第二に、介護における当主の役割の重要性は、ジェンダーの視点からみると、男性の性別役割を浮かび上がらせることになる。介護を担ううえでの具体的な知識や技術の習得は、男子の教育の領域とされ、男性を読者に据えた養生論や教訓書の類が多数刊行されている。これに対して女性たちには、代表的な女子向けの教訓書である『女大学』が、舅姑への従順は説くが具体的な介護知識を提供していないのをはじめとして、介護についての教育はほとんどなされなかった(22)。近世社会では、介護は家の扶助機能として当主の男性の責任において行われるものであったことに加え、女性は劣等視され、責任能力を期待されない男女差別の社会構造のなかで、介護役割をめぐる社会通念は、男性に役割を強いることになったのである。そのことは、『官刻孝義録』をはじめとして、全国の孝表彰やその記録集に、介護に関わる男性の顕彰事例が女性よりもはるかに多く集められていることによっても明らかである。(23)

それでは、立て前は別として、実際の介護に男女の性別差はあったのだろうか。これは、下男下女などの雇用人をおいている家と、血縁の家族だけの家との階層差や、家業のありかたにも規定されて、結論づけることは難しい。ただし、祖母の介護にさいして火事のときの避難を想定して下男を雇っていた幕臣の小野家の事例があるように、男性に対する期待があったことは、近代以降の介護との違いとして注目してよいだろう。少なくとも、家族や親族、さらに雇用人を含めて、女性であるだけで介護の現場に張り付けるような、性別の固定化はなかったものと考えられる。(24)

さて、こうした介護役割をめぐる状況は、近代以降に大きく変容し、女性が担い手の中心に据えられることになる。明治期以降の女子の学校教育では、看病介護は女性にふさわしい務めであるとする教えが説かれ、主婦予備軍の女子学生に対して、高齢者の処遇の仕方や看病・介護の具体的な方法が教授されていく。主婦には婦人雑誌などの読み物を通して、郡部の女子には修養講話や処女会、女子青年団の活動を通じて、介護の知識や技術が伝達され、(25)孝行者の表彰においても、明治期以降は近世の様相から逆転して、女性が表彰者の大半を占めるようになる。(26)

大正期以降、資本主義の発達を背景に職住分離のサラリーマン家庭が形成され、家を守る専業主婦層が登場するなかで、介護を女性の仕事であるとする社会通念が根深く浸透し、主婦や嫁の介護役割が定着する。介護はこのようにして、近世から近代にかけて、家を相続した当主の男性が責任を負った時代から、戸主の妻や長男の嫁の立場にある女性の手に全面的に委ねられる時代へと転換を遂げた。現代の日本で女性がもっぱら介護を担っている状況は、まさに日本の近代化の所産にほかならない。(27)

注

（1）ここで検討する介護の営みは、主に高齢者に対して行われていた、罹患時の看病と日常の身体的介助をあわせて考えている。「介護」という言葉は現代社会の高齢化を背景に受け入れられてきた新しい用語であり、一般的には病院で行われる医療的な看護行為とは別の、日常の生活レベルでサポートする営みを指している。近世社会は入院療養の専門的な医療施設がほとんどなく、現代に比べて病気を患うことが即、死に結びつく割合が高かった。看護も、いわゆる介護も、区別なく史料上に「看病」「介抱」「看侍」「扶持」「養育」などの言葉で表現されている。本章ではこのような近世社会の状況を踏まえ、老弱や病気で他者の手を借りて生きなければならなくなった高齢者に対する世話の全体を「介護」という言葉で捉えていく。

（2）鬼頭宏『日本二千年の人口史』（PHP研究所、一九八三年）一三二～一五二頁。

（3）松本純子「近世の子供と老人の扶養」（『歴史』八八輯、一九九七年）では東北地方南部の守山藩、二本松藩領の村々の状況として紹介しており、同「近世社会における人口の『高齢化』と『縁』」（『歴博』九一、国立歴史民俗博物館、一九九八年）でも武蔵国下丸子村などを確認している。

（4）太田素子「老齢期の誕生」（宮田登・中村桂子編『叢書〈産む・育てる・教える―匿名の教育史〉三　老いと「生い」』所収、藤原書店、一九九二年）。

（5）本書第二部第三章。

（6）本書第二部第一章、同第二章。

（7）千恵の介護については大口勇次郎「『御殿伯母』関口千恵の生と死」（横浜開港資料館他編『日記が語る19世紀の横浜』所収、山川出版社、一九九八年）を参照した。また表1も同著「表3」を加工して作成した。

（8）分析、表25はともに『八戸藩遠山家日記（上下）』（青森県文化財保護協会、一九九一・九二年）による。

（9）分析、表26はともに「水野伊織日記」（『沼津市史　史料編近世二』沼津市、一九九八年）による。

（10）日本では古代以来、仏教を基層にした看取りの文化が受け継がれてきたことは、新村拓『ホスピスと老人介護の歴史』（法政大学出版局、一九九二年）二二五～二二七頁。

（11）氏家幹人『小石川御家人物語』（朝日新聞社、一九九三年）二二五～二二七頁。

（12）大口、前掲論文。

(13) 本書第二部第四章。

(14) 『日本思想大系　近世武家思想』(岩波書店、一九七四年) 五六頁。藩の「看病断」についてはこのほか現在までに、弘前、八戸、秋田、盛岡、仙台、米沢、高崎、新発田、下妻、松代、小田原、挙母、沼津、久留米の各藩で確認できている。

(15) 『渋江和光日記』第一巻 (秋田県、一九九六年) 二一四〜二三九頁。

(16) 拙稿「武家の家族と看病—常陸国下妻藩の事例から—」(『比較家族史の視点からみた江戸時代における武家及び庶民の家族に関する研究』平成六年〜平成八年度科学研究費補助金研究成果報告書、一九九七年)。

(17) 同前。なお、親と同居して介護することは庶民の場合も基本の形であり、菅野則子氏は『官刻孝義録』の分析から、病気の親のために奉公を辞め家で働く者が少なくなかったことを指摘している (同「江戸時代庶民の養育」奥山恭子・田中真砂子・義江明子編『扶養と相続』早稲田大学出版部、一九九八年)。

(18) 『南部藩参考諸家系図』第五巻 (国書刊行会、一九八五年) 三七七頁。この武士は領内の鹿角郡毛馬内出身で、藩主の一族である七戸氏の家臣として仕えていた。禄を返還して村に戻ったが、その後地元の毛馬内の給人に取り立てられている。

(19) 太田素子編『近世日本マビキ慣行史料集成』(刀水書房、一九九七年) 二五三頁。

(20) 菅野則子校訂『官刻孝義録』上巻 (東京堂出版、一九九九年) 三三二頁。

(21) 菅原憲二「老人と子供」(『岩波講座　日本通史　近世三』岩波書店、一九九四年)。松本純子「近世町方の『老い』と『縁』」(『歴史』九四輯、二〇〇〇年) も奥州郡山という町方での老いに関わる社会問題の発生を指摘している。

(22) 本書第二部第一章。

(23) たとえば『仙台孝義録』では、掲載事例のうち男性の単独での表彰が約五四パーセント、女性が二四パーセント、複数での表彰が約二二パーセントで、男性の表彰が女性の二倍以上を占めており、男性の表彰の七割は家族や親族などの扶養介護に関わるものとなっている。

(24) 新村拓氏によれば、仏教を基層とする伝統的な看取りにおいては、肉親、とくに女性による看取りは病人にこの世への執着を起こさせるものとして避けられ、平常でも異性による看病は好ましくないとされていたことが指摘されている (新村拓『医療化社会の文化誌』三〇五頁、法政大学出版局、一九九八年)。ただし、本稿で取り上げた上層の武家や庶民の家の実態をみる限りでは、家族や雇用人による介護の現場でとくに性別が意識されていた様子はうかがえない。家族が介護の主体となる中下層の家においても、当主や跡取りとしての責任はあるが、性別が固定されたことはなかったのではないかと思われる。

(25)　新村拓『老いと看取りの社会史』（法政大学出版局、一九九一年）、同「文化としての老人介護」（青木保編『近代日本文化論』第一一巻、岩波書店、一九九九年）、折井美耶子「近代日本における老人の扶養と介護」（『歴史評論』五六五号、一九九七年）。

(26)　折井、前掲論文によると、一九三六年に全国の孝子・節婦らを集大成して刊行した『日本孝子伝』では明治・大正・昭和を平均して女性の表彰者が七六パーセントを占めており、節婦の大半は舅姑への介護に尽くしたことに関わっての表彰となっている。注(23)で示したような、近世社会での表彰のありかたからまさに逆転している。

(27)　とりわけ女性を介護の担い手として位置づけようとする動きは、一九七〇年代以降、一部の地域で行政により〝模範嫁〟表彰が行われ、その後も「優良介護家族表彰」と名を替えて実施されているように、現代まで続いている（熊沢知子「〝模範嫁〟表彰にみる『介護』と『嫁意識』」『女性文化研究センター年報』七号、お茶の水女子大学女性文化研究センター、一九九三年）。

あとがき

三〇代半ばを迎えた一九九〇年から女性史・家族史が研究の中心を占めるようになった。振り返ってみると、学会の潮流に大きく影響をうけてきたのは間違いのないことである。一九八〇年代後半以降、女性史研究が戦後第三期と呼ばれる隆盛をみて歴史学に根を張りはじめていた。総合女性史研究会の唱える女性史の視点の有効性に関心を呼び起こされ、近世女性史の手堅い実証研究になにより刺激を与えられることになった。同じ頃、比較家族史学会は家族の歴史と現状を問い直すという問題意識のもとに、学際的な視野から共通テーマを追究する研究大会を重ねており、大会報告を中心に編集された『シリーズ比較家族』に触発されたところも大きい。先行研究に導かれてささやかな考察を進めるなかで、従来の事例研究では見出されていなかった、いくつかの事実を明らかにすることになり、口頭報告と執筆の機会に恵まれて公表してきた。本書はそれらの論考の主だったものを収め、さらに全体にわたる論点を整理した新稿を序章として加えて、一書としたものである。

本書を二部仕立てで構成したように、私の関心は大きくわけて、「家」の運営と承継をめぐる女性の役割を検証すること、看病・介護における家族の姿を明らかにすること、という二つのテーマにあり、それを主軸に研究を進めてきたことになる。それぞれの研究史的な背景については序章において述べたが、個々の論考はさらに、多くの学恩とご支援に恵まれて書いてきたものであることも、ここに記しておきたい。

本書の第一部で最初に手がけた第三章は、山形大学で教えをうけた横山昭男先生の還暦記念論文集『山形地域史の研究』に寄稿したものである。この論考では新庄藩の系図書によって、女性の知行をもとに家の創設や再興がおこなわれる例を明らかにしたが、横山先生から還暦の祝賀会で、「なかなか面白い問題を発見しましたね」というお言葉をいただき、励みとなった。真冬の大雪の季節が巡るたびに、卒論の仕上げのため夜遅くまでご指導をいただいた学生時代が懐かしく思い出される。山形の地域史の掘り起しに徹する先生の研究者人生には、歴史学の根本を教えていただいたように思う。

女性が相続に関わる例があることに関心をもちはじめた頃、委員として加わっていた『石巻の歴史』の編纂事業で特別史編の刊行が決まり、テーマを探すためにみていた収集史料のなかに、根岸村の姉家督の慣行の形跡を発見した。それまで江戸時代の姉家督については立証されていなかったので、分析の作業は面白く心が躍ったが、不安もあった。ちょうど総合女性史研究会から例会報告の依頼があり、執筆の途中で批評を仰ぐことができたのは幸いであった（第五章）。

その後とりかかった第一章は、J・F・モリス氏、白川部達夫氏、高野信治氏の呼びかけで発足していた知行制研究会の集大成として上梓された『近世社会と知行制』に収録したものである。八戸南部氏の清心尼は地元で〝女性の殿様〟として有名な人物であり、以前、遠野市を訪れたさいに墓碑を見てはいたが、大正期に編纂された『上閉伊郡志』には歴代当主として挙げられていないことから、殿様といういいかたは伝説程度のことだろうと思い込んで、しばらく検討の対象とみなしていなかった。再度訪れた遠野市立博物館で、展示された系図に当主として繋ぐ罫線をみたときは驚いて、あらためて盛岡藩の系図書である『参考諸家系図』をめくって呆然としたことを覚えている。執筆の直前に宮城歴史科学研究会の例会で報告した折、独断となるところであった史料の解釈に、入間田宣夫先生、今野真氏、平川新氏からご助言を頂戴したことは、ありがたいことであった。入間田先生には山形大学に入学早々、教養部の講義で歴史学における論証の重要性を教えられたことが、忘れられない研究の原点となっている。仙台に移り住んで以来、東北大学に籍を移された先生と再度のご縁に恵まれたことで、いくつかの仕事を紹介していただき、生活の基盤を築くことができた。研究を続ける気構えを諭してくださった学生時代以来、激励される年月が今も続いている。

近世の女性領主の存在を明らかにした第一章は、発表後反響が少なくなかったが、近世初頭の歴史状況としてのみ結論づけたことを、すぐに考え直す必要に迫られた。系図における女性の記載の仕方が頭から離れず、東北諸藩の武家の系譜史料の検討をはじめたところ、岩手県立図書館で七戸氏の系図に一八世紀初頭の女性相続を発見したからである。このころ、長野ひろ子氏、桜井由幾氏、菅野則子氏のお三方から、近世のジェンダー史をテーマにした本づくりへのお誘いをうけることになり、盛岡藩に加えて仙台藩の家臣家の系譜史料から女性相続を検証し、『ジェンダーで読み解く江戸時代』と題した本に掲載することができた（第二章）。

大口勇次郎先生にはお茶の水女子大学大学院で教えをうけて以来、長くご指導を仰いでいる。一九九四年に先生が代表研究者となり、科学研究費補助金による共同研究「比較家族史の視点からみた江戸時代における武家及び庶民の家族に関する研究」が開始され、その一員に加えていただいた。三年間の共同研究の終了が迫った頃、先生のご退官の時期が近づいてきたことから、大口ゼミの卒業生で退官記念の論文集を捧げたいという話になったが、形式的なことを好まない先生のご意志を尊重して、研究会活動を母体にした論集づくりが計画された。こうして一九九七年九月に発足した研究会は二〇〇〇年春まで続き、その成果として『女の社会史』が編まれた。そこに収録した第四章は、仙台藩の奥向の態勢に検討を加えたもので、仙台市博物館に所蔵されている「御奥方格式」を分析の素材としたが、同館学芸員の高橋あけみ氏、菅野正道氏に史料閲覧の便宜をはかっていただいたうえに、多くの示唆をうけている。

二〇〇〇年春まで六年にわたり続いた大口先生を囲む研究会では、大学院時代のゼミさながらの活発な議論が繰りひろげられていたが、先生には忌憚のないご指摘をいただき、再度の学びの機会を得た喜びに浸ることになった。かつてのゼミメンバーとの定期的な交流も、逡巡の多い研究生活を継続するなによりのエネルギーとなって、今にいたるまでその恩恵に浴している。

第二部に収めた論考も、多くの出会いとご支援があって、書くことができた。

第一章は、東北大学教授として還暦を迎えられた渡辺信夫先生の記念論文集『近世日本の民衆文化と政治』に寄稿したものである。渡辺先生には教え子でないにもかかわらず、執筆の一員に加えていただき、これが仙台藩の史料と向き合うきっかけとなった。東北近世史研究会の例会やセミナーで報告するたびに、忌憚のないご批評をくださったことも、今となっては忘れられない思い出である。感謝の気持ちを十分にお伝えすることのないまま、二〇〇二年一月、永久の別れを迎えたことは、悔やまれてならない。

『仙台孝義録』の分析により家族の看病・介護の態勢を論じた第一章は、私にとって女性史・家族史の二つ目のテーマの開眼となった。総合女性史研究会から会誌への執筆依頼があったさい、男性の看病介護の割合が多い『仙台孝義録』での検討結果を再度確認してみたいという思いから、『官刻孝義録』の分析をおこない、合わせて教訓書からこの時代の教育のありかたを考察することにした（第二章）。同じ頃、比較家族史学会が仙台を開催地として「地域社会と家族」をテーマに研究大会を開くこととなり、実行委員長の岩本由輝先生から報告を勧めていただいたことで、看病・介護を地域社会の問題として考えてみることを思い立ち、執筆したのが第三章である。

東北各県の図書館で古文書調査を進めるなかで、武士が看病・介護のために休暇を申請する事例が数多く目にとまり、制度としての「看病断」の発見に至った。これを検討の中心に据えた報告の機会を与えられたのは、民衆思想研究会である。男性による看病・介護の姿を強調してきたそれまでの論考について、この場で長島淳子氏をはじめ、多くの方々から批評を頂戴したことはありがたかった。「看病断」についての関心が高かったことで、掲載を依頼された『日本歴史』に一気にまとめることができた（第四章）。

これらの論考を書くなかで、一九九五年に科学研究費補助金による研究「日本近世における老人扶養・介護に関する実態的研究」を開始することになり、その成果のひとつを職場の紀要に発表した（第五章）。分析に用いた「水野伊織日記」は鯨井千佐登氏、曽根ひろみ氏のご教示によって所在を知ることになったが、行間に書き手の感情のにじみ出る武士の日記というものを初めて読み、それが親を看取る日々の文章であることは、論考の検討とは別に、深く心に残ることとなった。一九九八年に比較家族史学会から「介護と家族」をテーマとする研究大会の報告依頼があったさい、そのことが頭をよぎり、正面から論じてみたい気持ちがあったが、論理の組立てができずに、課題のままとなっている（第六章）。

本書の論考と関係して多くのご批評とご教示を頂戴してきた学会、研究会は、現在にいたる厳しくも楽しい仲間との出会いと再会の場でもあった。お名前をあげる紙幅はなくなったが、ご厚情を頂戴してきたすべての方々に、この場を借りて、深く感謝の意を表したい。

本書が上梓できたのは、吉川弘文館の斎藤信子氏、石津輝真氏のお力添えによるところが大きい。斎藤氏とは『日本歴史』の編集を担当されていた当時、「看病断」についての拙論に目をとめてくださったのがご縁のはじまりである。その後、女性史の論集としての出版を勧められながら、過去の論文を見直す余裕が物理的にも精神的にもないまま年月が過ぎてしまったが、暖かく見守っていただいたお陰で、出版の決意を固めることができた。石津氏には本書の編集作業で多くの労をおかけしている。郷里にいる父の看病が始まったために、編集作業の中断を余儀なくされ、当初の作業予定が大幅に遅れることになったが、ご配慮のお陰でなんとか出版までこぎつけることができた。ひとかたらぬお世話をいただいたお二方に、心より御礼を申し上げたい。

最後に、本書は秋田で療養中の父、柳谷直正と、私の研究生活においていちばんの理解者であり支援者でもある夫、菊池勇夫に捧げる。

二〇〇七年小正月

柳谷慶子

（現姓・菊池）

索　　引

あ 行

か 行

さ　行

た　行

な　行

は　行

ま　行

や・ら・わ行

著者略歴
一九五五年　秋田県秋田市に生まれる
一九七八年　山形大学人文学部卒業
一九八一年　お茶の水女子大学大学院人文科学研究科（修士課程）修了
現在　聖和学園短期大学教授

〔主要論文〕
みやぎの女性史（共著、宮城県）
武家社会と女性（大石学編『日本の時代史16　享保改革と社会変容』吉川弘文館）
日本近世の「家」と妻の姓観念（『歴史評論』六三六号）
「杜の都・仙台」の成立と変遷（『仙台都市研究』Vol.5）

近世の女性相続と介護

二〇〇七年（平成十九）三月十日　第一刷発行

著　者　柳《やなぎ》谷《や》慶《けい》子《こ》
発行者　前田求恭
発行所　株式会社　吉川弘文館
郵便番号一一三—〇〇三三
東京都文京区本郷七丁目二番八号
電話〇三—三八一三—九一五一（代）
振替口座〇〇一〇〇—五—二四四番
http://www.yoshikawa-k.co.jp/

印刷＝株式会社　ディグ
製本＝株式会社　ブックアート
装幀＝山崎　登

ISBN978-4-642-03420-3